中国汉语水平考试（HSK）研究书系
A Series of Studies on the Chinese Proficiency Test (HSK) of China

HSK

语言测试专业硕士论文精选

Selected Theses of Master Candidates in Language Testing

北京语言大学汉语水平考试中心 编
主编 孙德金

北京语言大学出版社

中国汉语水平考试（HSK）研究书系

（京）新登字157号

图书在版编目（CIP）数据

语言测试专业硕士论文精选 / 北京语言大学汉语水平考试中心编. 孙德金主编.
—北京：北京语言大学出版社，2005
（中国汉语水平考试（HSK）研究书系）
ISBN 7-5619-1457-1

Ⅰ. 中…
Ⅱ. ① 北… ② 孙…
Ⅲ. 汉语—对外汉语教学—水平考试—研究—文集
Ⅳ. H195-53

中国版本图书馆CIP数据核字（2005）第067059号

书　　名：语言测试专业硕士论文精选
责任印制：汪学发

出版发行：北京语言大学出版社
社　　址：北京海淀区学院路15号　邮政编码：100083
网　　址：www.blcup.com
电　　话：发行部　82303648/3591/3651
　　　　　编辑部　82303647
　　　　　读者服务部　82303653/3908
印　　刷：北京北林印刷厂
经　　销：全国新华书店

版　　次：2005年7月第1版　2005年7月第1次印刷
开　　本：710毫米×1000毫米　1/16　印张：17.125
字　　数：237千字　印数：1-2000
书　　号：ISBN 7-5619-1457-1/H.05069
定　　价：39.00 元

凡有印装质量问题，本社负责调换，电话：82303590

前　言

中国汉语水平考试(HSK)自1984年在北京语言学院(今北京语言大学)开始研制,已经走过了二十多年的历程。她伴随着中国改革开放的脚步,伴随着对外汉语教学事业的发展,从无到有,从小到大,成为在国内外有广泛影响的汉语水平测量工具。今天我们编辑出版"研究书系"第一辑五本著作,既是对过去的梳理和总结,更是为了开拓更加广阔的未来,因为我们知道,汉语教学和汉语水平测试在中国国力不断增强的大背景下拥有可以预见的美好前景。

对外汉语教学,或称汉语作为第二语言教学,无论是作为一项事业还是作为一门学科,相对于英语来说,历史是短暂的。而作为对外汉语教学四大环节之一的汉语测试,其开发、研究的历史就更加短了。上世纪80年代初,国内以英语为代表的第二语言教学开始由重知识转向强调语言运用能力,英语的标准化考试TOEFL对听力和阅读能力的考查对英语教学思想的改变产生了重要作用。而在对外汉语教学界,人们当时关注的只是教学中的课程测试或称成绩测试,还没有一种类似TOEFL的标准化语言能力(水平)测试,大大落后于国际第二语言教学理论和实践的发展。在当时的背景下,北京语言学院(今北京语言大学)的一些有识之士敏锐地抓住时机,提出研制汉语水平考试的设想。在教育部、学校领导的支持下,于1984年底成立"汉语水平考试设计小组",成员有:刘珣、黄政澄、方立、孙金林、郭树军。设计小组在极其艰苦的条件下,完成了各项研制任务。在1985年第一届国际汉语教学讨论会上,刘珣先生代表研制小组作了题为"汉语水平考试的设计与试测"的报告(见《第一届国际汉语教学讨论会论文选》,北京语言学院出版社,1986:536~542),引起轰动。1988年6月首次在北京语言学院举行正式考试。1990年HSK通过了教育部组织的专家鉴定,鉴定书认为“HSK的研究成果填补了我国汉语测试的一项空白”。1991年HSK正式推向海外。随着对外汉语教学的发展,原本以汉语预备教育(通常学习时限为一至两年)为主体的局面被打破,短期强化教学(通常为半年左右)和汉语言专业本科学历教育(通常为四年)逐渐发展起来,因此对标准化的汉语水平考试产品提出新的要求。北京语言学院汉语水平考试中心顺应形势的要求,先后完成了HSK(高等)(1993年)和HSK(基础)(1997年)的开发研制,最初研制的汉语水平考试产品改称为HSK(初、中等),三者形成了由低到高的系列考试产品,基本满足了对各类母语非汉语学习者水平测试的需求。

语言测试作为一门交叉型应用学科,以语言学、教育测量学、心理测量学等学科为基础,有着自己的研究对象、概念范畴、研究方法和学科目标。简单地说,这个学科的终极目标是要寻找到对语言能力进行准确测量的理论和方法。而由于人类对自身语言能力的认识还处在极其初级的阶段,这一领域的研究就具有了极大的挑战性。我们强调这一点,是因为社会上对汉语水平考试(HSK)的认识还存在着通俗化或称非科学化的现象,换言之,还有人不把她视为科学,认为考试不就是出出题,弄份卷子嘛!因而我们经常会听到这样那样的议论。以题目的难度为例,按照标准化语言测试的基本原理,一个题目的难度,不是由教师、应试者或者其他什么人确定的,而是由该题目在一个较大样本的考生群体中的反应决定的。通俗地说,如果这个群体中的多数答对了,该题目表现为容易,反之为难。此外,对题目的区分度,对试卷的信度、效度等,标准化考试都有严格的要求,因此,评价或衡量一个考试产品的质量,关键要看该产品在上述各方面的数据是否符合科学的要求,只要符合要求,一般来说该产品用来测量语言水平(能力)时就会是准的、稳定的。

汉语水平考试(HSK)多年来一直在科学性上不断追求。围绕着“测什么”、“怎么测”等基本问题，汉语水平考试中心开展了大量的基础研究。“测什么”讲的是通过语言和语言内容等所表现出的语言能力。要确定能够表现语言能力的语言项目、语言内容，就必须充分考虑各个方面的因素，比如语言材料的题材、体裁、语体、风格等，以及汉字、词汇量、语法点项等。这方面的研究成果主要反映在《汉语水平词汇与汉字等级大纲》(1992)和《汉语水平等级标准与语法等级大纲》(1996)中。“怎么测”讲的是测量技术和测量手段。教育测量学和心理测量学的基本原理和方法是汉语水平考试(HSK)的测试理论和技术基础。无论是题目的设计、试卷结构，还是等级划分、分数解释，都有其依据和标准。在信度、效度、题目难度、区分度，以及公平性等方面都要有理论和数据的有力支持。这些方面的研究成果主要反映在本书系的各篇文章和《中国汉语水平考试(HSK)技术报告》中。可以肯定地说，没有在科学性上的不懈追求和努力，就没有汉语水平考试(HSK)的良好信誉和日益增强的影响力。

汉语水平考试(HSK)作为标准化考试，不仅要做到命题、拼卷、预测、等值等方面的标准化，还要做到考试实施的标准化，这是我们编辑《中国汉语水平考试(HSK)工作规范》的初衷。

本书系的五本书，既各自独立，又互有联系。基本的编辑意图可以表述为：以《语言测试及测量理论研究》表明汉语水平考试(HSK)的基础理论支撑，以《中国汉语水平考试(HSK)研究报告精选》展示汉语水平考试(HSK)的研究成果，以《语言测试专业硕士论文精选》介绍北京语言大学汉语水平考试中心的教学成果，以《中国汉语水平考试(HSK)技术报告》体现汉语水平考试(HSK)的技术实力，以《中国汉语水平考试(HSK)工作规范》说明汉语水平考试(HSK)的操作保证。

汉语水平考试(HSK)作为世界语言测试园地里的一棵小树，已经枝繁叶茂，与TOEFL等语言测试产品一道，服务于世界各国人民语言文化的学习和交流。和任何产品一样，汉语水平考试(HSK)并非十全十美，还

有改进的空间,这已经列入我们的工作计划。而改进同样需要研究,需要建立在科学论证的基础上。社会期待着改进后的汉语水平考试(HSK),我们也将在推出改进版的HSK的同时,奉献出我们新的研究成果。

中国汉语水平考试(HSK)研究书系

编辑委员会

2005年6月

目录

Contents

三类口语考试题型的评分研究

王信旻

■**内容提要**:本文通过对三类汉语作为第二语言口语考试题型的评分研究探讨了口语考试评分的客观化问题。我们探讨的客观化评分方法包括0/1 制评分和在操作性定义口语水平的基础上制定的分项客观化评分。通过实际施测和评分,本研究检验了客观化评分的信度和效度。研究结果表明,0/1 制评分具有良好的信效度,在其中两类题型的评分中具有较高的可行性。分项客观化评分对保证评分信度有较大贡献,其共时效度也比较好,但是结构效度不是很理想。

■**关键词**: 汉语作为第二语言　口语考试　评分　信度　效度

Abstract: Using three different Chinese as a second language oral testing methods, this paper makes an inquiry into objective scoring procedures for oral testing. The procedures we explore include right-or-wrong scoring and the so-called "analytic objective scoring" which is based upon our operational definition of oral proficiency. Through experimental study, we find the reliability and validity of right-or-wrong scoring are both fairly good, but the construct validity of "analytic objective scoring" is not so satisfying though its reliability and concurrent validity are high.

Key words: Chinese as a second language, oral test, scoring, reliability, validity

零 引 言

0.1 选题及研究价值

在第二语言口语考试中，研究者们最关心的就是评分问题。现行的口语考试大多采取评分员等级评分的办法，这种评分办法主观性较强，难以保证评分信度，同时也难以对考生之间的水平差别作比较精确的区分。对于同一个言语样本(speech sample)，不同评分员之间，同一评分员在不同时间所做出的评判有显著的差异(Lumley & McNamara，1995)。因而，如何最大限度地排除评分的主观性，提高评分的客观化成为摆在我们面前的难题。

虽然许多学者和研究机构对此问题进行过研究，但这些研究多数是针对评价口语水平的不同等级量表展开的，因此并没有摆脱主观评分的局限，而且大多集中于英语作为第二语言的领域，对汉语作为第二语言口语考试评分问题的研究还不太深入。为此，我们有必要对汉语作为第二语言口语考试的评分问题进行探讨，以期找到客观化的评分方法，提高口语考试评分的科学性。

0.2 解题

0.2.1 三类题型的选择

根据研究的需要和测验实施的方便，我们选择了三种题型，分别是：A. 问答(Question and Answer)、B. 重复句子(Sentence Repetition)和C. 口头报告(Oral Report)，以下分别简称为A题型、B题型和C题型。

我们设计的A题型是一种快速问答，考生听到问题后必须在5~10秒内回答。这种题型具有较好的表面效度(face validity)*，操作时指导语简洁，考生易于理解，而且可以独立评分。

---

* 表面效度指测验在表面上使被试直觉感到的有效性程度。如果一个测验使被试从表面上看来与测验的目的无关，被试就会对测验缺乏信任从而就会减弱他努力完成测验的动机和积极性，这样的测验就被认为缺乏表面效度。

B 题型由互相独立的 40 个句子组成，每句字数为 5～14 字*。从心理语言学的观点看，重复句子是一种“组块”**(chunk)过程。语言水平高的人能用短时记忆储存和重组所听到的信息(Clark & Swinton,1979)，因此这一题型很值得心理语言学界和心理测量学界研究。

C 题型是在非面试环境下诱导考生说出较长的一段话，这种题型具有较高的表面效度，能考查考生的综合表达能力。TSE、HSK(高等)口试和我国英语专业四级口语考试等都包含有这种题型。需要说明的是，本研究设计的口头报告是根据指定的话题说话。

0.2.2 对客观化评分的理解

Bachman(1990)从评分的角度区分了客观考试和主观考试，认为客观考试是指考生反应的正确性完全由既定标准决定而不需要其他判断；主观考试是指评分员必须对考生反应的正确性作出判断，而这种判断是基于评分员对评分标准的主观解释上的。由此我们可以发现，客观考试和主观考试的区别主要在于对评分标准的解释上，前者的解释是惟一确定的，后者的解释则随评分员理解的不同而有不同。因而，要保证评分的客观性就必须最大限度地保证对评分标准解释的确定性，减少评分员主观判断的成分。本文所指的客观化就是评分标准的客观化，即提高对评分标准解释的确定性。

0.3 研究目的

本文希望通过对三类汉语作为第二语言口语考试题型的评分研究来探讨口语考试评分的客观化问题。我们欲探讨的问题有：

(1) 0/1 制的客观化评分：即在口语考试中是否可以采用 0/1 制评分，0/1 制评分的口语考试信、效度如何。

(2) 非 0/1 制的客观化评分：即在不适用 0/1 制评分的情况下如何

* 我们选择 5 作为句子字数的起点是因为短时记忆的容量为 7±2，即一般为 7，并可在 5～9 之间波动。(Miller,1956，转引自王甦、汪安圣，1992)

** 组块是指把小单位联合成较大单位的信息加工。

找到客观化的评分标准,采用客观化标准评分的口语考试信、效度如何。

(3) 评分方法和题型的结合问题:讨论在本文涉及的评分方法中哪一种最适合A题型,哪一种最适合B题型,哪一种最适合C题型。

一 客观化评分方法的探索
——理论基础及操作性定义

制定一种有效的评分方法需要解决两方面的问题:第一是定义,即决定什么意味着懂得了一门语言;第二是方法,即寻找正确的测量过程(Shohamy,1998,见Byrnes,1998)。Bachman & Palmer (1996)更加具体地指出了建立一种评分方法的三步曲:(1)对所要测量的结构(construct)进行理论定义,(2)对结构进行操作性定义,(3)建立对被试的回答进行量化的方法。下面我们将依据这三个步骤来探讨口语考试的客观化评分方法。

1.1 口语水平的理论定义

Brown(1996)在模式(mode)和渠道(channel)两个层面上区分了口语、听力、阅读和写作四种语言技能。Brown认为模式有两种,一种是接受性的(receptive),另一种是产出性的(productive);渠道也有两种,一种是书面的(written),另一种是口语的(oral)。四种语言技能在模式和渠道上的表现是不同的,可以用图表直观地表示如下:

		渠道	
		书面	口语
模式	接受性	阅读	听力
	产出性	写作	口语

图1

从图表中我们可以看到，口语渠道和书面语渠道都有接受性和产出性两种模式。正是通过这两种模式的相互作用，一定渠道的交际任务才得以完成。因此从口语渠道来讲，它是听和说相互作用的结果，说话人依靠听的能力来接受信息，依靠说的能力来产出信息。

口语考试关心的是对口语水平的测量，因此我们必须明确界定口语语言水平（oral language proficiency）。对语言水平（language proficiency）大致有两种理解，其一是把它等同于语言能力（language competence），指内化了的语言知识（Ellis，1985）；其二是把它看做学习者使用第二语言的能力（Oller，1979，Bachman，1990，Ellis，1994）。我们在这里把语言水平定义在第二种理解的基础上，即学习者使用第二语言的能力。

根据对口语交际渠道和语言水平的理解，我们把第二语言口语水平定义为学习者在听说模式的口语渠道中使用第二语言口语的能力。

1.2 口语水平的操作性定义

在口语考试中，对口语水平的操作性定义集中表现在不同的水平等级量表上。这些量表分为两种类型，反映了对口语水平的两种不同的操作性定义。第一种为总体水平等级量表（holistic proficiency rating scale），它把口语水平操作性地定义为学习者的总体口语表现，如 FSI 总体水平等级量表、ILR 量表和 ACTFL 量表。第二种为分项水平等级量表（analytic proficiency rating scale），它把口语水平操作性地定义为学习者在几个方面的口语表现，如 FSI 分项水平等级量表、TSE 在 1995 年以前使用的分项水平等级量表等。

从总体口语表现来推断其口语水平还是从口语表现的几个方面来推断其口语水平，这是两种操作性定义的主要分歧。我们认为，在评价口语水平时可以将其分为几个方面来考虑。这是因为从口语习得的过程来看，发音是最基本的，语法的准确性（accuracy）和可理解性（comprehensibility）要在一定的发音基础上才能实现，而流利性则要在前两者的基础上才能达到。这说明发音、语法和流利性这几方面的发展是不平衡的，因此在评价时应该区别对待。从评价口语水平的角度来看，人们在评价口语水平时总是带有偏向性的,从几个方面来评价可以在一定程度上防止偏向性的产生,同时还可以清楚地把握考生在这几个方面的不同表现。

从哪几方面来评价口语水平,这又是一个有争议的问题。FSI 从语法(grammar)、语音(pronunciation)、流利性(fluency)、词汇(vocabulary)和理解力(comprehension)五个部分来评价口语水平,TSE 则从语法、语音、流利程度和可理解性(comprehensibility)四个部分来衡量。Boldt & Oltman(1993)在研究 TSE 的效度时发现发音、语法和流利性这三项能够较好地支持对语言水平结构的预先假设。其他实证性研究也发现,在衡量口语水平时至少有三个维度(dimension)应该被分别报道,即发音、准确性(accuracy)和流利性。据此,本研究把口语水平操作性地定义为学习者在发音、语法和流利性三方面的口语表现。

1.3 非 0/1 制的客观化评分

根据上面的操作性定义我们将从发音、语法和流利性三方面来探讨评价口语水平的客观化标准,我们暂且把这样的方法叫做分项客观化评分。

1.3.1 发音分项的客观化评分

发音正确是指考生的发音是否能被母语者所辨认。由于汉语的声母、韵母和声调都有区别意义的作用,因此我们认为"可辨认性"包括发音在音段特征(声母、韵母)和超音段特征(声调)三部分上清晰可辨。在此基础上我们用正确的发音字数占总的发音字数之比来作为评价发音的指标。

1.3.2 语法分项的客观化评分

1.3.2.1 衡量语法的标准

在衡量第二语言学习者口语表达的语法水平时,常常会遇到这样的情况,一名学习者说出一句很短很简单的句子但是没有任何语法错误,另一名说出一句很长很复杂的句子但是其中有一些小错误,我们很难断定究竟是哪一位的语法水平高,因为这里涉及到衡量语法水平的两个不同要素:准确性(accuracy)和复杂性(complexity)。语法的准确性涉及语法错误的多少,语法的复杂性涉及句法的复杂程度,二者都是研究者们关心的问题。Cookes(1989),Foster & Kehan(1996)和 Wigglesworth(1997)都主张从准确性和复杂性两个方面来衡量口语语法水平。本研究也将从这两方面来探讨语法的评分标准。

1.3.2.2 语法正确的含义

我们认为评判汉语口语表达的语法正确性可以从以下几个方面考虑:1)意义是可理解的,2)语序正确,3)在虚词的使用上无错误。

1.3.2.3 T-Unit 和语法复杂性(grammar complexity)

T-Unit(minimal terminable unit)是 Hunt 于 1965 年首先提出来的,它是用来测量句子复杂程度的最小单位,包括主句和与其相关的分句,每一个 T-Unit 都是以大写字母开头并以句号结尾的(Richards,Platt & Platt,1992)。在第二语言习得领域,T-Unit 及其变体被广泛地用作衡量口语及书面语复杂程度的指标。如果 T-Unit 的长度较长而语法错误较少,那么语法水平就较高,这在英、法、德、西班牙和阿拉伯语中都得到了证实。

1.3.2.4 语法的操作性定义

口语表达中的语法指语法的准确性和复杂性,它是二者的统一体。本研究用无错误的 T-Unit 的平均长度来量化这两项指标,根据 T-Unit 的定义,我们把一个句子当做一个 T-Unit,它的长度以所含的字数来计算(不包括重复、自我纠正和插话*)。

1.3.3 流利性分项的客观化评分

评价流利性是口语考试评分中的一个难点。要对流利性进行客观化的评判,就要对其进行操作性定义,并在此基础上进行定量分析。Lennon(1990)和 Towell,Hawkins & Bazergui(1996)都做过这方面的研究。

Lennon(1990)列出测量流利性需要考虑的 12 项指标,分别记为 F1、

* 插话(aside)指说话中插入无关话题,比如对任务的评论、对主试发问等。(Lennon,1990)

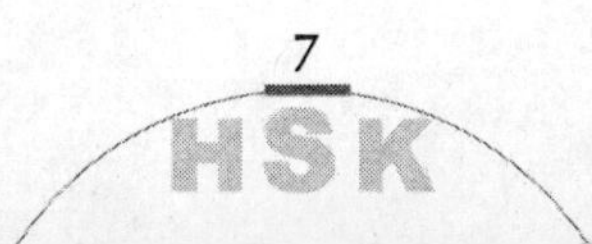

F2…F12。研究方法是让4名英语作为第二语言的学习者在英国学习6个月。此前对他们的口语流利性进行前测，6个月后再进行测验。测验的评分采取两种形式，用12项指标进行客观评分，同时让资深的评分员进行主观评分。主观评分的结果证明经过6个月的学习，四名被试的口语流利性有显著提高。相应的，在12项指标中，有3项指标显著地改变了，这三项指标是：

F2：一分钟内除去自我纠正（self-correct）、重复（repeat）、插话后所说的字数提高了。

F5：填补性停顿（filled pause）*和T-Unit之比下降了。

F10：带有停顿的T-Unit（percent of T-Units followed by pause）占所有T-Unit的比例下降了。

Lennon的实验启示我们：随着第二语言学习者口语流利性的提高，单位时间内除去自我纠正、重复和插话后所说的字数增加了而停顿的次数减少了。这说明这两项指标和流利性密切相关。

Towell，Hawkins & Bazergui（1996）的研究表明，随着口语流利性的提高，平均语流长度（MLR，mean length of runs，指所有每两次达到或超过0.28秒停顿**之间的语流的平均长度）提高了。MLU是以言语样本的音节总数与所有停顿次数之比来表示的，所以这一指标实质上反映的是一定时间内所说字数的增加和停顿次数的减少。

综合以上两个实验，我们发现：单位时间内表达的有效字数和停顿的

---

* 填补性停顿是指没有语词但常常带有三个有意识的停顿标记“er”、“en”、“mm”。

** 停顿时间长短的切分是很重要的，如果标准制定得太严就会混淆了正常的句法、语义或语气停顿，制定得太宽又会忽略了许多应该重视的停顿现象。最早Goldman-Eisler（1968）以0.25秒为界，以后Grosjean & Deschamps（1972，1973，1975）、Towell（1987）、Raupach（1987）都沿用0.25秒作为标准。Griffiths（1991）以0.1～0.3秒为界来衡量犹豫性非填补式停顿（hesitation unfilled pause），Riggenbach（1991）则区分了三个层次的停顿：微小停顿以0.2秒为界，犹豫以0.3～0.4秒为界，非填补性停顿以0.5～3秒为界。Towell *et. al*（1996）在研究中用0.28秒为界。

——引自Towell *et. al*（1996）

次数是口语流利性的两个标志。在单位时间内,考生表达的有效字数多而停顿次数少则流利性高。我们把单位时间内表达的有效字数称做净语速,代表单位时间内除去自我纠正、重复和插话以外所说的字数。对于停顿时间,参照前人的研究及考虑实验条件我们选择 1 秒钟为界。我们把第二语言口语流利性操作性地定义为学习者连贯表达的有效字数,表示为净语速和单位时间内停顿次数之比。

1.4 0/1 制的客观化评分

由于 0/1 制评分只适合以成功完成测验任务的数目来计算的题型(Bachman & Palmer,1996),因此在本研究中只适合 A 题型和 B 题型,而不适合 C 题型。

1.4.1 对 A 题型的 0/1 制评分

快速问答是用一定数量的题目测量考生在很短的时间(5~10 秒)里对问题作出迅速反应的能力,因此考生产出的言语样本容量是很小的。针对这样的小容量样本,我们拟用回答是否符合题意且能够被母语者所理解(comprehensibility)、所接受(acceptability)来评判。是得 1 分,否得 0 分。

1.4.2 对 B 题型的 0/1 制评分

B 题型是迅速重复所听到的句子。对此类题型的评分我们沿用 Henning(1983)的 0/1 制评分方法,即全部答对得 1 分,否则得 0 分。

二 实验:方法、过程及结果

2.1 测试

2.1.1 被试

本次测试的被试来自北京语言大学汉语速成学院速成系,共 39 人,全部参加了 HSK(初、中等)考试,其中 37 人获证,获证率约 95%。因此

我们可以把本研究被试的汉语水平定义在大致相当于 HSK(初、中等)的水平上。被试具体情况如下:

表 1　被试总体情况

总人数	男	女	平均年龄	获 HSK 中等证书	获 HSK 初等证书	未获证
39	12	27	26.34	19	18	2

表 2　被试母语及分班情况

母语背景	日	韩	泰	印尼	菲律宾	英	法	德	意	总计
4 班	4	0	0	4	0	0	1	0	1	10
5 班	6	1	0	0	0	1	0	1	0	9
6 班	2	1	0	1	1	0	0	0	0	5
7 班	3	0	2	1	0	0	0	0	0	6
8 班	5	3	0	0	1	0	0	0	0	9
共计	20	5	2	6	2	1	1	1	1	39

2.1.2　评分及分数转换

使用分项客观化评分对 A、B、C 三类题型进行评分,对 A、B 两题型进行 0/1 评分,对 C 题型进行总体等级评分。由于在分项客观化评分中,发音、语法和流利性的记分方法是不同的,因此所得分数具有不同的平均分、标准差和分布形态,无法直接进行加减、平均和比较。这时只有将原始数据转换为非线性 T 分数方可进行运算和比较。

2.2　信度检验

对于 A、B 两题型,我们计算其内部一致性信度(α 系数)。对于 C 题型,计算其评分者间信度。其中,连续记分用皮尔逊积差相关来估算,等级评分用斯皮尔曼等级相关来估算。

2.2.1　0/1 评分的信度

A 题型:$\alpha = 0.810$　　　　B 题型:$\alpha = 0.890$

2.2.2 分项客观化评分的信度

表 3 分项客观化评分的信度

	发音	语法	流利性	总分
A 题型(α)	.842	.896	.901	.911
B 题型(α)	.865	.899	.914	.937
C 题型(R_{tt})	.826	.890	.957	.896

注:表中 R_{tt} 为皮尔逊积差相关。

2.2.3 C 题型总体等级评分的信度

C 题型总体等级评分的评分者间信度用斯皮尔曼等级相关来估算(共有两名评分员),结果为 $R_{tt}=0.687$。

2.2.4 小结

通过对各项信度数据的分析,我们可以得出以下结论:

(1)0/1 评分的口语考试题型具有较高的内部一致性信度,A、B 两题型在此评分方法下 α 系数均超过 0.8。

(2)采用分项客观化评分方法的口语考试具有较高的评分信度。A、B 两题型的内部一致性信度系数 α 均超过 0.9,C 题型评分者间信度亦达到 0.896。

(3)对于 A、B 两题型,分项客观化评分的信度高于 0/1 评分。

(4)对于 C 题型,分项客观化评分的评分者间信度高于总体等级评分。

(5)无论是哪种题型,在分项客观化评分的发音、语法和流利性三项中,总是发音的评分信度最低,语法次之,流利性的评分信度最高。

(6)无论采用 0/1 评分还是分项客观化评分,B 题型的内部一致性信度总是高于 A 题型。

2.3 效标关联效度的检验

2.3.1 效标

(1)教师总体印象分,总体印象分反映了教师对学生口语水平的总体把握，是教师对学生的口语表现进行一个学期的观察后得出的结论，我们认为它能较好地反映学生的真实口语水平，是较为理想的效标；(2)教师分项等级评分；(3)学生自我分项等级评分；(4)HSK(初、中等)成绩。

2.3.2 结果

表4 A题型和效标的相关

	0/1 评分	客观化总分	发音	语法	流利性
教师总体评价	.446**	.592**	.589**	.544**	.531**
教师分项评价	.368*	.502**	.528*	.311*	.382**
自我评价	.420**	.541**	.508**	.569**	.603**
HSK 总分	.395**	.639**	.569**	.667**	.608**

表5 B题型和效标的相关

	0/1 评分	客观化总分	发音	语法	流利性
教师总体评价	.560**	.615**	.631**	.592**	.605**
教师分项评价	.638**	.602**	.555**	.694**	.619**
自我评价	.391**	.484**	.428**	.418**	.464**
HSK 总分	.368*	.431**	.464**	.307*	.386**

表6 C题型和效标的相关

	客观化总分	发音	语法	流利性	总体等级评分
教师总体评价	.570**	.350*	.621**	.384**	.581**
教师分项评价	.320*	.085	.228*	.368*	.347*
自我评价	.511**	.233	.453**	.511**	.415**
HSK 总分	.647**	.409**	.701**	.253	.387**

注：1)以上数据除分项客观化评分的总分外，均使用原始分。

2)以上显著性检验均为单尾检验，** 表示相关在 0.01 水平上显著，* 表示在 0.05 水平上显著。

3)以上统计样本容量均为 39 人。

4)计算相关时，涉及总体等级评分，教师、学生分项等级评分的用等级相关，其他用积差相关。

2.3.3 小结

以上我们通过四种效标调查了采用不同评分方法的 A、B、C 三类口语考试题型的共时效度。在调查的过程中我们发现,对于前三种效标,A、B 两题型无论采用 0/1 评分还是分项客观化评分和效标都有显著相关。在第四种效标的调查中,情况有所不同。T 检验的结果表明,A 题型分项客观化评分和 HSK 总分的相关显著地高于 0/1 评分和 HSK 总分的相关;C 题型分项客观化评分和 HSK 总分的相关也显著地高于总体等级评分和 HSK 总分的相关;B 题型分项客观化评分和 HSK 总分的相关也高于 0/1 评分和 HSK 总分的相关,但是没能达到显著性。因此我们可以说,采用分项客观化评分和 HSK 总分的相关高于采用其他评分方法。但是我们不能就此认为分项客观化评分的效度优于其他评分方法,因为 HSK 测量的毕竟不是考生的口语水平。

2.4 结构效度的检验和比较

2.4.1 方法

结构效度(construct validity)是效度的核心问题,它要考察的是一个考试的结果在多大程度上和我们根据某一理论作出的预测相一致,要验证的是我们所做的假设是否有效(桂诗春、宁春岩,1997)。

考察结构效度的方法有很多,Campbell, D. T 和 Fiske, D. W. 二人于 1959 年提出的"多元特质多重方法矩阵"(multitrait-multimethod matrix,简称 MTMM)是其中较为有效的一种。MTMM 关心两个方面的问题,一是使用不同方法测量同一成分,另一是使用同一方法或不同方法测量不同的成分。用不同方法对同一成分进行测量,所得结果具有高相关则称测验具有聚敛效度(convergent validity);而用同一方法或不同方法对不同成分进行测量,所得的相关比前者低则称测验具有判别效度(discriminant validity)。如果一个测验既具有聚敛效度又具有判别效度则称测验具有较高的结构效度。

Henning (1983,1987) 在研究语言测验的结构效度时应用并拓展了 MTMM,将之命名为多种成分多重方法(multicomponent-multimethod,简称

MCMM)研究,它从结构效度的角度来检验和比较各种成分和方法的效度。Henning(1983)曾经用此法对模仿句子(imitation)、完成句子(completion)和面试(interview)三类口语考试题型的结构效度进行过研究。

我们认为,运用MCMM方法能够全方位地考察和比较各种评分方法的结构效度,同时能够探讨评分方法和题型的结合问题,比较适合本研究的结构效度分析。参照Henning的方法,本研究的MCMM中,成分是指我们所定义的五种评分方法的评分结果,即总体评分(包括A、B两题型的0/1评分和C题型的总体等级评分)、发音分项、语法分项、流利性分项和分项客观化评分总分。方法即A、B、C三类题型。

2.4.2 检验

运用MCMM方法分析结构效度首先要得到一个说明成分之间、方法之间以及成分和方法之间相关程度的MCMM矩阵。

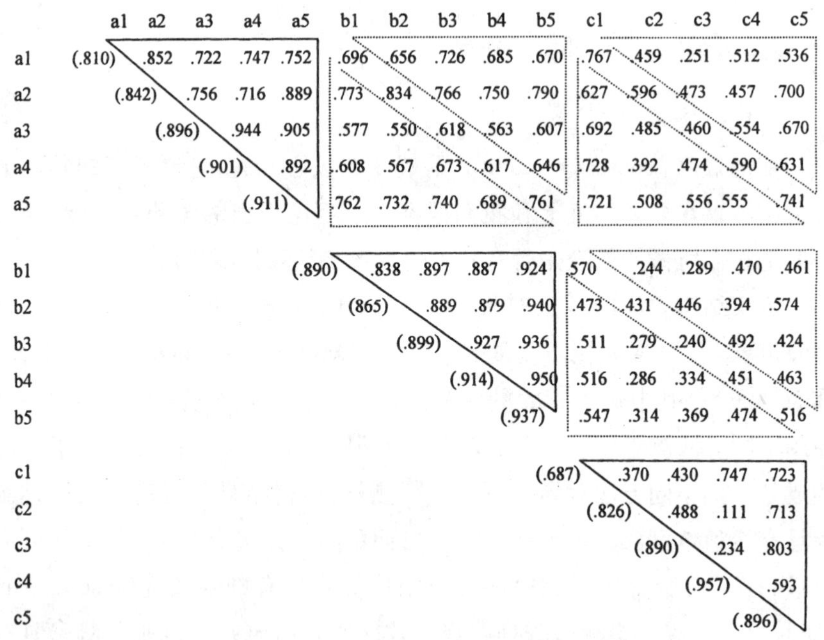

	a1	a2	a3	a4	a5	b1	b2	b3	b4	b5	c1	c2	c3	c4	c5
a1	(.810)	.852	.722	.747	.752	.696	.656	.726	.685	.670	.767	.459	.251	.512	.536
a2		(.842)	.756	.716	.889	.773	.834	.766	.750	.790	.627	.596	.473	.457	.700
a3			(.896)	.944	.905	.577	.550	.618	.563	.607	.692	.485	.460	.554	.670
a4				(.901)	.892	.608	.567	.673	.617	.646	.728	.392	.474	.590	.631
a5					(.911)	.762	.732	.740	.689	.761	.721	.508	.556	.555	.741
b1						(.890)	.838	.897	.887	.924	570	.244	.289	.470	.461
b2							(865)	.889	.879	.940	.473	.431	.446	.394	.574
b3								(.899)	.927	.936	.511	.279	.240	.492	.424
b4									(.914)	.950	.516	.286	.334	.451	.463
b5										(.937)	.547	.314	.369	.474	.516
c1											(.687)	.370	.430	.747	.723
c2												(.826)	.488	.111	.713
c3													(.890)	.234	.803
c4														(.957)	.593
c5															(.896)

注:a、b、c分别代表三类题型,1、2、3、4、5分别代表五种成分。

图2

在此矩阵中包含了四类相关：

(1)位于主对角线上的数值，这是用同样方法测相同成分所得的相关，实际上就是信度系数。

(2)实线三角形内的数值，这是用同样方法测不同成分所得的相关，此相关高，说明被试的行为主要由方法决定而与成分关系不大。

(3)虚线三角形内的数值，这是用不同方法测不同成分所得的相关，这实际上反映了成分和方法的交互作用对测验分数的影响。

(4)虚线三角形之间的两条对角线上的数值，这是用不同方法测相同成分所得的相关，此相关高，说明被试的行为主要是由成分决定而与方法关系不大，这被视为测验的效度系数。

从理论上讲，一个测验如果要有结构效度就必须满足以下几个要求：

(1)效度系数(虚线三角形之间的两条对角线上的数值)显著地大于0，即用不同方法测量同一成分应有正相关。这反映的是聚敛效度。

(2)效度系数高于实线三角形内的数值，即用不同方法测相同成分所得的相关应高于用同样方法测不同成分所得的相关。这就是说，成分的差异必须比方法的差异显得更重要。这反映的是判别效度，在这里我们称为判别效度①。

(3)效度系数高于虚线三角形内的数值，即用不同方法测相同成分所得的相关应高于用不同方法测不同成分所得的相关。这就是说，成分之间的相关不应该来自与方法交互作用的假效果。这反映的也是判别效度，称为判别效度②。

在上面的 MCMM 矩阵中，效度系数除了 B 题型语法分项和 C 题型语法分项相关(.240)未达到显著性外，其他相关均在.01 水平上显著，因此基本满足了要求(1)，说明测验具有较好的聚敛效度。

对于要求(2)，必须满足效度系数大于相应实线三角形内的任一数值。比如，上面 MCMM 矩阵中，第一行第六列的效度系数 R_{16}(.696)必须大于第一行和第六行实线三角形内的任一数值(.852，.722，.747，.752，.838，.897，.887，.924)。这样的要求对于各成分都得不到满足，因此判别效度①不理想。

对于要求(3),必须满足效度系数大于相应虚线三角形内的任一数值。如此,R_{16}(.696)必须大于第一行、第六行以及第六列虚线三角形内的任一数值(.656,.726,.685,.670,.459,.251,.512,.536,.773,.577,.608,.762,.244,.289,.470,.461)。这一要求也得不到充分满足,说明判别效度②也不是很理想。

2.4.3 结构效度的比较

虽然各成分的判别效度都不太理想,但是运用Henning(1983,1987)介绍的方法,我们能比较各成分及方法的聚敛效度和判别效度,从而得到一个相对的结构效度指标。由于有五种成分和三种方法,我们将得到15个项目,即A题型的0/1制评分结果、发音分项评分结果、语法分项评分结果、流利性分项评分结果、分项客观化评分总结果,B题型的0/1制评分结果、发音分项评分结果、语法分项评分结果、流利性分项评分结果、分项客观化评分总结果,C题型的总体等级评分结果、发音分项评分结果、语法分项评分结果、流利性分项评分结果、分项客观化评分总结果,分别对应MCMM矩阵中的a1～a5、b1～b5和c1～c5。

由于每个项目都有两个聚敛效度系数(比如,a1有.696和.767),我们把这两个相关系数进行平均,得到一个平均聚敛效度作为该项目的聚敛效度指标(见表7第1列)。又由于每一个聚敛效度系数都对应于8个实线三角形内的数值和16个虚线三角形内的数值,因此每一个平均聚敛效度系数就对应了16个实线三角形内的数值和32个虚线三角形内的数值。

为了比较各成分的判别效度①,我们把16个实线三角形内的数值进行平均得到一个平均值(见表7第3列),然后把这个平均值当作分母,把上面得到的平均聚敛效度系数当作分子,这样就能得到一个比值(见表7第4列)。我们把这个比值叫做平均判别比率①,并把它作为衡量判别效度①的指标。依照同样的方法,我们能够得到判别效度②的指标(见表7第6、7列)。这样我们就得到了每一个项目的平均聚敛效度系数、平均判别比率①和平均判别比率②。最后,依照这三个指标对15个项目进行排名并由此得出最终的累积名次,代表其相对的结构效度。

需要说明的是，由于相关系数的非等矩性，以上运算均要先进行 Fisher-Z 转换。

下表为具体的分析结果：

表 7　各成分及题型的结构效度比较

题型及成分	多法单质	排名	单法多质		排名	多法多质		排名	累积名次
	平均聚敛		平均分母(1)	平均比率(1)		平均分母(2)	平均比率(2)		
A 题型	.685	1	.817	.623	1	.577	.855	1	1
1 0/1 评分 a	.734	3	.778	.716	1	.580	.889	1	2
2 发音 a	.737	2	.782	.716	1	.588	.885	2	1
3 语法 a	.561	10	.828	.491	12	.531	.791	10	11
4 流利性 a	.604	9	.817	.543	9	.562	.800	9	9
5 总分 a	.751	1	.867	.629	4	.621	.873	3	3
B 题型	.599	2	.843	.509	3	.558	.799	2	2
6 0/1 评分 a	.638	8	.814	.579	6	.573	.820	6	6
7 发音 b	.681	4	.809	.629	4	.553	.870	4	4
8 语法 b	.449	14	.847	.370	15	.512	.694	14	14
9 流利性 b	.539	11	.840	.457	13	.551	.750	13	13
10 总分 b	.656	6	.889	.503	11	.596	.815	7	8
C 题型	.557	3	.763	.556	2	.544	.774	3	3
11 总体等级	.681	4	.742	.702	3	.588	.843	5	5
12 发音 c	.518	13	.709	.571	7	.511	.769	11	10
13 语法 c	.376	15	.763	.374	14	.484	.634	15	15
14 流利性 c	.524	12	.743	.543	9	.535	.751	12	12
15 总分 c	.642	7	.838	.557	8	.594	.805	8	7

注：Campbell 和 Fiske(1959)在论及 MTMM 矩阵的各项数据时曾明确指出，效度从典型意义上讲是聚敛的概念。因此，在计算中若所得的累积名次相同，我们视其平均聚敛效度的大小来决定最终的累积名次。

2.5.4 小结

通过结构效度的分析我们可以得出以下几个初步的结论：

(1)A、B、C 三题型中，A 题型的总体结构效度最好，B 题型次之，C 题型最差。

这与 Henning (1983)的研究有相似之处，Henning 发现面试的结构效度不理想，而在我们的研究中，C 题型的结构效度是最不理想的。这一结果与人们的一贯想法有所不同。在三类题型中，C 题型是应用最广的。它之所以被广泛采用，是因为有良好的表面效度，并且被认为能够有效地考查被试的口语水平。反之，诸如 B 题型这样的题型则被认为缺乏表面效度，难以反映被试的口语水平。而本研究的结果显示：被认为缺乏表面效度的 B 题型其结构效度要优于表面效度良好的 C 题型。

(2)对于 A、B 两题型，0/1 评分的效度优于分项客观化评分。

这一结果是我们所期盼的，因为同属于客观化评分方法，0/1 评分在评分程序上简便易行，实用性更强。

(3)对于 C 题型，总体等级评分的效度优于分项客观化评分。

这一结果再一次验证了总体等级评分的有效性。目前，几乎所有著名的口语考试(如 FSI、ACTFL、ILR 等)都采用这种评分方法，TSE 在 1995 年改版时也从过去的几种不同评分方法改为全部采用总体等级评分。这说明总体等级评分的效度是比较理想的，它所面临的挑战主要来自评分信度。

分项客观化评分的效度不及总体等级评分，但二者的排名相差并不悬殊，在表 7 的累积名次中，前者排名第七，后者排名第五。事实上，总体等级评分和分项客观化评分之间有很高的相关($R = 0.723$, $P < 0.01$)。

(4)我们所操作性定义的发音、语法和流利性三项中，发音的效度最好，流利性次之，语法最差。我们可以把表 7 累积名次中的有关数据整理如下：

表 8　发音、语法、流利性的累积名次比较

	发音分项	语法分项	流利性分项
A 题型	1	11	9
B 题型	4	14	13
C 题型	10	15	12

从表 8 可以看出，结论(4)对于 A、B、C 三类题型都成立。也就是说，在我们所操作性定义的发音、语法和流利性三个分项中，发音分项最能有效地反映被试的发音水平。从另一个角度说，也就是我们所操作性定义的发音成分最稳定，它不受方法因素的影响也不受方法和成分交互作用的干扰。而语法成分的稳定性最差，容易受方法因素的影响。

在我们的研究中，方法指的是三类题型，其中 A、B 两题型属于语句(utterance)层面而 C 题型属于话语(discourse)层面*。发音分项最稳定，说明我们所操作性定义的发音成分在两个层面上都适用。事实上，关于发音的各种因素(包括元音、辅音、连读、弱化、同化、重音、语调等)大多是在语句层面的，因此被试在语句层面上的发音表现就已经可以反映其基本的发音水平了，到了话语层面，发音表现也不会有太大的变化。

我们可以再看一下发音的排名，属于语句层面的 A、B 两题型的发音分项在 15 个项目中的排名十分靠前(分别为第一和第四)，这说明在语句层面上测量发音具有良好的效度。C 题型发音分项的排名虽然相对落后(为第十)，但排名在它之前的多是总体评分，在各分项评分中 C 题型发音分项的排名依旧是较好的。

我们所操作性定义的语法成分受方法(题型)因素的影响相对较大。让我们看一下用各种题型测量语法成分的相关：

* 检验由同一组被试算得的两相关系数的差异是否显著，用下式进行 T 检验：

$$t=\frac{(r_{12}-r_{13})\cdot\sqrt{(n-3)(1+r_{23})}}{\sqrt{2(1-r_{12}^2-r_{13}^2-r_{23}^2+2\cdot r_{12}\cdot r_{13}\cdot r_{23})}}\quad(df=n-3)$$

表 9　各题型语法成分的相关

A 题型和 B 题型	A 题型和 C 题型	B 题型和 C 题型
.618**	.497**	.240

从表 9 可以看出，同属于语句层面的 A、B 两题型的语法分项相关最高，A 题型和 C 题型的相关次之，而 B 题型和 C 题型的相关很低。这说明语句层面上的语法和话语层面上的语法是不同的。若干句子组成一个段落，句子和句子之间不仅有意义上的联系，也常常有形式上的联系，许多语法现象只有在话语里才看得清楚，语法受话语的影响（盛炎，1990）。Rob Batstone（1995，见 Cook & Seidlhofer，1995）深入分析了语法和话语的关系，认为二者是既独立又相关的。语法本身是意义构成的形式，在传达意义上具有独立性，但在话语中常常出现一些含糊的或是笼统的概念，必须依靠话语语境才能传达和被理解。

因此，被试在语句层面和话语层面上的语法表现是不同的：两个层面上可能出现的语法错误类型和数量不同，T-Unit 的长度也不同，这提醒我们，用一个单一的指标（无错误的 T-Unit 的平均长度）来衡量不同题型的语法表现似乎不太妥当。

流利性分项也存在同样的情况，在三类题型的流利性项目中，A 和 B 的相关（0.617）最高，A 和 C（0.590）次之，B 和 C 的相关（0.451）最低。Butler-Wall（1986，转引自 Freed，1995）就认为语句层面的流利性不同于话语层面的流利性。Riggenbach（1989，转引自 Freed，1995）用 19 种不同的指标从语句层面和话语层面研究了流利性，结果表明：流利性好的被试停顿次数少且语速快，这和我们的理论假设是一致的；但是她又进一步提醒说，停顿的位置，停顿聚合（cluster of dysfluencies）的程度，停顿的类型和可能的功用与停顿的次数同样重要，这更集中地表现在话语层面上。在语句层面上，停顿的位置大多在句中，而句中停顿一般是由于语言知识方面的障碍造成的，比如搜索词汇、思考合适的语法结构等，我们在这里称之为语言性停顿。在话语层面，停顿的位置可能在句中也可能在句间。句间停顿的情况比较复杂，可能因为语言知识方面的障碍，也可能是因为思考欲表达的内容或是缺乏相应的背景知识,也就是非语言性停顿。由此我们分析,流利性分项的效度问题可能是由于停顿的位置和类型的不同造成的。

三 讨 论

3.1 客观化评分能在很大程度上保证测验的评分信度。

信度是效度的前提,一个考试如果没有信度就谈不上有效度。对于不同的语言测验,有不同的信度要求。Lado(1961)认为,好的词汇、语法和阅读测验的信度系数应在0.90以上,听力测验应在0.80以上,口语测验应在0.70以上。另外,信度系数在较大程度上受考生异质程度的影响,考生的异质程度越高越容易得到较高的信度指标。

我们借用HSK成绩来调查一下本研究被试的异质程度。本研究被试的HSK总分分布情况如下:

表10 被试HSK成绩的描述性统计

样本容量	平均分	标准差	全矩	偏态值	峰态值
39	124.15	22.50	88	-.243	-.469

从上表可以看到,被试HSK成绩的标准差为22.50,全矩为88,比HSK标准样组*的标准差(37.01)和全矩(141)要小得多。再者,从前面的被试基本情况表中可以获知,89.74%的被试为日韩及东南亚国家的考生,95%的考生获得了HSK(初、中等)证书,且获中等和初等的人数基本一样。

* 所谓标准样组,也可称作常模参照组。它是按照一定的抽样原则和方法,从考生总体中抽取的具有某种典型性和代表性的考生样本。HSK以北京语言大学为主要的常模参照点,以北京大学和北京师范大学为辅助的常模参照点,标准样组人数240人,其中一年级120人,二年级120人,对考生的国别也有一定的控制。(刘英林、郭树军,1991)

以上调查的结果表明本研究被试的异质性程度不大,可以排除由于异质程度过高而高估了信度系数。如此,我们可以比较有把握地说,客观化评分方法,包括0/1 评分和分项客观化评分的评分信度是比较高的(在三类题型中都高于0.80),在很大程度上保证了测验的信度。同时也证实了我们对提高口语考试信度的基本想法,即提高评分标准解释的确定性,减少评分员主观判断的成分。

3.2 题型会在一定程度上影响评分信度。

在前面的信度研究中,我们发现,无论采用何种评分办法,B 题型的评分信度总是优于 A 题型,这说明题型也会在一定程度上影响评分信度。Hughes(1989)在讨论提高信度的方法时就曾经谈到:(1)不要让被试太自由,尽量使题目的内容固定,减少被试选择和发挥的机会。比如,在作文考试中,如果让被试在几个题目中选择一个会降低考试的信度。(2)把被试的行为作直接的比较,这与第一点有相似之处。如果被试的行为一致性强,就比较容易作直接的比较。

同理,在本研究中,回答 B 题型时被试发挥的余地很小,行为表现的一致性强,比之有较大发挥余地的 A 题型信度就相对高一些。因此,从提高信度的角度考虑,在设计试题时,应该尽量限制被试的行为表现以期获得较为一致的行为样本。

3.3 A 题型和 B 题型更适用 0/1 评分。

从获取更好的效度的角度看,对于 A、B 两题型采用 0/1 评分更好一些。另外,从实际操作的角度看,和 0/1 评分比较起来,分项客观化评分程序比较繁琐,若实行大规模评分比较费时费力,而采用 0/1 评分在操作时就相对简便得多。出于上述考虑,我们认为 A 题型和 B 题型更适用 0/1 评分。

3.4 C题型的分项客观化评分有较好的信度和共时效度，但结构效度不甚理想。

比起A、B两题型，分项客观化评分对C题型有更大的实用价值，因此我们非常关心其信、效度如何。实证性研究表明，分项客观化评分有较好的评分信度（$R_{tt}=0.896$），比总体等级评分（$R_{tt}=0.687$）高得多。同时，分项客观化评分和几项主要的效标之间的相关都达到了显著性水平，体现了较好的共时效度。

但是我们也不得不承认，对于C题型这样的题型，总体等级评分具有在结构效度方面的优势。MCMM的分析表明，总体等级评分的结构效度优于分项客观化评分。这告诫我们，分项客观化评分的操作性定义还存在结构效度方面的威胁，需要在理论上作进一步的探索。

3.5 在对发音、语法和流利性进行评价时，应区分语句和话语两个不同的层面。

在本研究中，A题型和B题型考查的是语句层面的口语水平，而C题型考查的是话语层面的口语水平。MCMM分析提示我们，本文所操作性定义的发音、语法和流利性在这两个层面上的表现是不同的。发音成分受不同层面的影响不是很大，但在语句层面上具有更好的效度，因而更适合考查语句层面的能力。语法成分在两个层面上的表现极为不同，应该用不同的标准来衡量。流利性的缺乏在两个层面上的产生原因是不同的，语句层面的犹豫和停顿多是语言性的，而话语层面的停顿则可能是非语言性的。

3.6 对于初、中等水平的考生，用A题型和B题型比用C题型更为有效。

MCMM的分析结果显示，对于本研究的被试，A题型和B题型的总体结构效度要好于C题型。也就是说，对于汉语水平相当于HSK（初、中等）的被试，用A题型和B题型比用C题型更为有效。我们认为，这是因为初、中等水平的考生已经具备了语句层面的表达能力，但是话语层面的表达能力还比较有限。因此，在我们的研究中，用考查语句层面口语水平的 A 题型和 B 题型比用考查话语层面口语水平的 C 题型显得更为有效。

四 结 语

口语考试评分的客观化问题是语言测试界非常关心的一个问题，本文借助三类考试题型探讨了两种客观化评分方法，即 0/1 评分和分项客观化评分。实证性研究的结果表明，A、B 两题型的 0/1 评分信效度都比较理想，加之这种评分方法操作上十分简便，对评分员的要求也不太高，因此对于此类题型，采用 0/1 评分是具有可行性的。

分项客观化评分在评分信度上的优势是明显的，它在三类题型中都获取了较高的信度系数，尤其是在 C 题型中，同样使用没有经过严格训练的评分员，分项客观化评分的评分信度要比总体等级评分高得多。同时我们也获得了比较理想的共时效度，但是我们没有把握认为采用该评分方法是十分可行的。这是出于对此类评分方法结构效度的担忧，MCMM 的分析结果表明，0/1 评分和总体等级评分的结构效度都要优于分项客观化评分。

据此，我们想到了两方面的问题。第一是关于口语水平的操作性定义，我们把口语水平定义在发音、语法和流利性三个维度上是否有所欠缺，是否还有其他因素未加考虑。或者，口语水平本身就是一个整体，不能进行条块分割。这似乎又引发了长期困扰语言测试界的一个问题，即语言能力究竟是单维的还是多维的。第二是关于评分标准，我们制定的评分标准是否能有效地反映发音、语法和流利性的本质。这两方面的问题都值得我们在今后的研究中继续探讨。

参考文献

国家对外汉语教学领导小组办公室汉语水平考试部 1992《汉语水平词汇及汉字等级大纲》,北京语言学院出版社。

刘英林、郭树军 1991 汉语水平考试(HSK)研究的新进展——兼论 HSK 考试质量的三环控制,《第三届国际汉语教学讨论会论文选》,北京语言学院出版社。

桂诗春、宁春岩 1997《语言学方法论》,外语教学与研究出版社。

盛　炎 1990《语言教学原理》,重庆出版社。

王　甦、汪安圣 1992《认知心理学》,北京大学出版社。

王孝玲 1989《教育测量》,华东师范大学出版社。

张厚粲 1986《心理与教育统计学》,北京师范大学出版社。

张文忠 1999 国外第二语言口语流利性研究现状,《外语教学与研究》第 2 期。

张文忠 1999 第二语言口语流利性发展的理论模式,《现代外语》第 2 期。

Bachman, L. F. 1990 *Fundamental Considerations in Language Testing*, Oxford University Press.

Bachman, L. F. & Palmer, A. S. 1996 *Language Testing in Practice*, Oxford University Press.

Boldt, R. F. & Oltman, P. 1993 Multimesthod construct validation of the Test of Spoken English, *TOEFL Research Report NO.* 46 ,Princeton, New Jersey: Educational Testing Service.

Brown, J. D. 1996 *Testing in Language Programs*, Prentice Hall Regents.

Byrnes, H. 1998 *Learning Foreign and Second Languages: Perspective in Research and Scholarship*, The Modern Language Association of America.

Campbell, D. T. & Fiske, D. W. 1959 Convergent and discriminant validation by the multitrait-multimethod matrix, *Psychological Bulletin* 56 81 – 105.

Clark, J. L. D. & Swinton, S. S. 1979 An Exploration of Speaking Proficiency Measures in the TOEFL Context, *TOEFL Research Report NO.* 4 , Princeton, New Jersey: Educational Testing Service.

Cook, G. & Seidlhofer, B. 1995, *Principle & Practice in Applied Linguistics*, Oxford University Press.

Crookes, G. 1989 "Planning and interlanguage variation" *Studies in Second Language Acquisition* 11 367 – 383.

Ellis, R. 1985, *Understanding Second Language Acquisition*, Oxford University Press.

Ellis, R. 1994, *The Study of Second Language Acquisition*, Oxford University Press.

Foster, P. & Skehan, P. 1996 The influence of planning on performance in task-based learning, *Studies in Second Language Acquisition* 18 299 – 324.

Freed, B. F. 1995, *Second Language Acquisition in a Study Abroad Context* John benjamins Publishing Company.

Gaies, S. J. 1980 T-Unit Analysis in Second Language Research: Application, Problems and Limitations, *TESOL Quarterly* 14 53 – 61.

Henning, G. 1983 Oral Proficiency Testing: Comparative Validities of Interview, Imitation, and Completion Methods. *Language Learning* 33 315 – 333.

Henning, G. 1987 *A Guide to Language Testing: Development, Evaluation, Research*, Newbury House Publishers, Cambridge.

Hieke, A. E. 1985 A Componential Approach to Oral Fluency Evaluation, *Modern Language Journal* 69 135 – 142.

Hughes, A. 1989, *Testing for Language Teachers*, Cambridge University Press.

Lado, R. 1961, *Language Testing: The Construction and Use of Foreign Language Tests*, McGraw-Hill Book Company.

Lee, Y. P., Fok, A. C. Y. Y., Lord, R. & Low, G. 1985 *New Direction in*

Language Testing, Pergamon Press.

Lennon, P. 1990 Investigating Fluency in EFL: A Quantitative Approach, *Language Learning* 40 387 – 417.

Lesson, R. 1975 *Fluency and Language Teaching*, Longman Group Limited.

Lumley, T. & McNamarea, T. F. 1995 Rater Characteristics and Rater Bias: Implications for Training, *Language Testing* 12 54 – 71.

McNamara, T. F. 1996 *Measuring Second Language Performance*, Longman.

Morley, J. 1991 The Pronunciation Component in Teaching English to Speakers of Other Language, *TESOL Quarterly* 25 481 – 520.

Oller, J. W. 1979 *Language Tests at School*, Longman.

Perkins, K. 1980 Using Objective Methods of Attained Writing Proficiency to Discriminate among Holistic Evaluation, *TESOL Quarterly* 14 61 – 69.

Perkins, K. 1983 On the Use of Composition Scoring Techniques, Objective Measures, and Objective Tests to Evaluate ESL Writing Ability, *TESOL Quarterly* 17 651 – 671.

Richards, Platt & Platt 1992 *Dictionary of Language Teaching and Applied Linguistics*, Longman.

Towell, R. Hawkins, R. & Bazergui, N. 1996 The Development of Fluency in Advanced Learners of French, *Applied linguistics* 17 84 – 115

Verhoeven, L . & De Jong, J. H. A. L 1992 *The Construct of Language Proficiency*: Applications of Psychological Models to Language Assessment, John Benjamins Publishing Company.

Wigglesworth 1997 An Investigation of Planning Time and Proficiency on Oral Test Discourse, *Language Testing* 14 85 – 106.

效度理论的变迁

常晓宇

■内容提要：本文尽可能详尽地把握效度理论的发展脉络，介绍了效度理论发展的四个阶段，即

1. 效度理论的产生阶段（19 世纪末～20 世纪 20 年代）；

2. 以效标关联效度与内容效度为核心的阶段（20 世纪三四十年代）；

3. 以构想效度为核心的阶段（20 世纪 50 年代）；

4. 效度一元化阶段（现在）。

同时，联系一些科学哲学及心理测量学方面的背景对各阶段的特点、变化原因、影响等进行了描述与讨论。最后简要介绍了汉语水平考试（HSK）对效度问题的相关研究情况。

■关键词：效度　发展　构想效度　效标关联效度　内容效度　效度一元化

Abstract: This paper makes as detailed descriptions of the development of validity theory as possible, introduces the four phrases of its progression:

1. the phrase of the origin of the concept of validity;

2. the phrase in which criterion-related validity and content validity played the central roles;

3. the phrase in which construct validity played the central roles;

4. the phrase of unitary concept of validity.

Meanwhile, this paper describes and discusses the characteristics, change, and function of validity of each phrase; some backgrounds of scientific philosophy and psychometrics are also correspondingly mentioned. Finnally, the paper makes a brief introduction of the study of HSK in testing validity.

Key words: validity, development, construct validity, criterion-related validity, content validity, unitary concept of validity

零 选题及研究目的

现代语言测试从兴起至今,至少有一百多年的历史了:1894 年美国人 J. M. Rice 就曾做过有关单词拼写的测验;1913 ~ 1935 年间新型客观化语言测试出现;三四十年代语言测试越来越趋向专业化;1954 ~ 1965 年间语言测试日趋成熟。90 年代以来,语言测验加快了向交际性方面发展的脚步(Alderson, J. C. & North, B., 1991)。综观语言测试发展的历史可以发现,语言测试走向客观化、科学化是其必然趋势。这就对测验的信度、效度的概念和操作提出了更加科学化、精确化的要求。

很长时间以来,效度研究一直是心理测量学及语言测试学界的一个核心问题。效度在其长期的发展过程中,自身也经历了十分复杂的演变历程,效度研究发展至今,其中的问题仍然很多。如效度概念的含义、效度的分类、各类型的特点、作用、相互关系等问题上,都存在着争论甚至混乱,尤其是对构想效度(即结构效度, construct validity)的研究,更是众说纷纭。另一方面,人们似乎更专注于对效度的一时一事的静态研究,着眼于效度发展历史及其相关科学背景的研究并不是很多,特别是国内,对这一领域的研究则更为匮乏。出于这一原因,本文尝试对效度的发展历史做一个尽可能详尽的描述,对其中存在的问题与混乱进行一番理论思索,并适当分析影响其发展的有关因素,以期为效度研究提供一个较为全面的参考。

一　效度概说

1.1　效度是什么?

关于这个问题,各家的表述由于角度和侧重点不同而不尽相同,但本质上差别不大。

"由测验分数或其他评价方式作出某种推断,效度就是对这种推断的恰当性和充分性能在多大程度上得到经验证据及理论基础的支持所作的综合评价。概括地说,效度是对分数解释及使用的证据和潜在影响的归纳总结。"(Messick, 1989)Messick 的这一定义涉及到了效度与理论层面的关系,实际上可以看做是效度发展到较为完善阶段的概念,即构想效度的定义。

Henning(1987)也指出:"效度一般指某个测验或其任何组成部分对它所声称要测量的那个东西的测度的恰当性。"

美国心理学学会则将效度概念阐述为:"由测验分数作出的推断的恰当程度、有意义程度和有用程度。"这个定义说明效度是与根据测验分数作出的推断紧密联系在一起的,它最终要落实到对分数的解释上。

1.2　效度的地位

1.2.1　效度的重要性

"一个可以被人们信任的测验必须具备两个基本特点:一是可靠的,二是有效的。"(戴忠恒,1987)

"'实用性'甚至可以说是心理测验的最重要的特点之一。"(Rogers, T. B. ,1995)如果一个测验缺乏足够的效度,那么它的实用性必然大打折扣,测验也就毫无价值可言。

可以说,信度和效度是测验的两大质量标准,是测验研究中最为重要的问题,而效度更是重中之重,已被公认为语言测验的核心问题。按照 Dieterish 和 Freeman(1979)的观点,如果脱离了效度问题,包括信度在内的一切有关标准或质量的讨论都会显得毫无意义。Bachman(1990)也指出:“在语言测验的开发、解释及应用中,需要考虑的最重要的问题就是效度。这是一个一元化概念,它关系到我们是否能以正确、恰当的方式去解释和使用测验分数。”

1.2.2 不同意见

Ebel(1961)曾指出,尽管由同一变量不同过程会得到不同结论,效度这一概念仍是不能成立的。也许是因为效度这一概念比较抽象,对它的理解和使用很容易产生混乱,并且需要繁复的检验和证明,Ebel认为它伴随着太多的问题,因而建议心理测量学家放弃这一概念,而用“有意义性、重要性和方便性”来代替它。

Ebel的观点未免失之偏颇,效度固然是一个在理解和操作上都极其复杂的概念,但它比之“有意义性、重要性和方便性”具有更高的概括性和专指性,因而多年以来为人们所广泛采用。

二 效度概念的产生
(19世纪末~20世纪20年代)

2.1 产生期的演化图表

由表1可以看出,效度概念产生初期的“测验—标准法”可以看做是效标关联效度的雏形,而后由于对效度的含义的关注,又经历了“可信度”、“价值度”的阶段,而后又由“价值度”的分支即“预后价值度”和“诊断价值度”发展到“效标关联效度”这个相对完备的概念。同样,根据效标资料搜集时间的不同,效标关联效度又分做了“预测效度”和“共时效度”。不过,效标关联效度在分期上不属于“产生期”,而属于效度概念的进一步发展了。

表 1 （以下年份为近似年份）

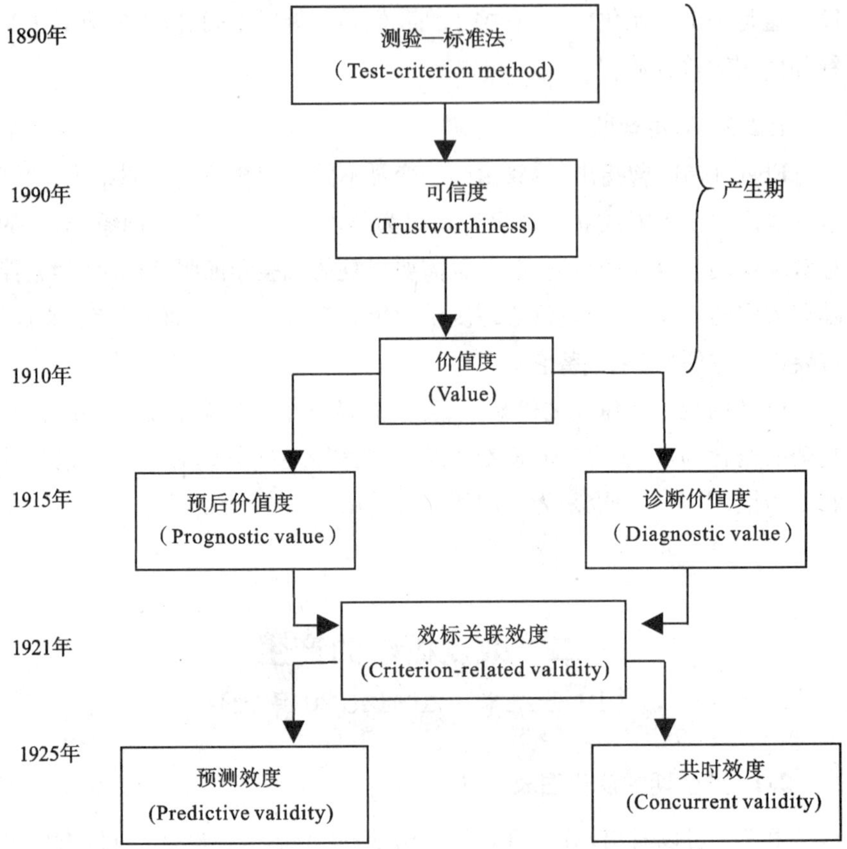

1890年 测验—标准法（Test-criterion method）

1990年 可信度（Trustworthiness）

1910年 价值度（Value）

（以上为：产生期）

1915年 预后价值度（Prognostic value）；诊断价值度（Diagnostic value）

1921年 效标关联效度（Criterion-related validity）

1925年 预测效度（Predictive validity）；共时效度（Concurrent validity）

2.2 产生期的几个概念

2.2.1 “测验标准法”(test-criterion method)

效度概念的雏形早在 19 世纪末就已经出现。1890 年左右，“测验标准法”萌芽。“测验标准法”是建立分数意义的一种方法，这种方法意在考察测验分数和某一标准之间的关系，而这种标准被认为代表了测验的实质。1898 年 Jastrow，Baldwin 和 Cattell 提出一个具体的“标准要求（desiderata）”，进一步发展了这一方法。1915 年，在美国的一次智力测验中，人们把学生分数和教师的评估进行比较，两者之间的高度相关有力地证明了该次测验的有效性。如果测验对于学生未来的行为表现有效叫做“预后效度(prognostic validity)”，如对于当前行为表现有效则叫做“诊断效度(diagnostic validity)”。

一战前后,心理学家使用相关系数的方法来建立效度。他们用一套测验对一群被试施测,然后又用另一套测验测同一群被试,这第二套测验是一个独立的评价标准,与第一套测验的测试内容无关,因此被称为“效标(criterion)”。效度通过计算测验分数与效标分数之间的相关系数来检验。如果这个系数足够高,效度就得以建立了。Boulton 曾于 1891 年在一个判断记忆力是否与聪明度有关的测验中使用该方法。Boulton 让教师根据学生的聪明程度将学生分为好、中、差三种,以此作为效标。然后将记忆力测验表现也从好到坏分为三级。这样,就建立起一个 3×3 的列联表:

表 2

教师聪明度评价 / 记忆力测验表现	好	中	差
好	18	10	5
中	8	15	9
差	5	11	19

这个表包括了九种可能,Boulton 把九种学生的数目(假设总数为 100)填入表内。表中阴影部分的数字代表教师评价和测验表现一致的学生数量,也就是测验和“效标”的相关程度,这部分的数字越高,测验和效标的相关越高,测验的效度就越高。根据这个表我们可以清楚地看出记忆力与聪明度的相互关系。Boulton 的量表是“测验标准法”的出色代表。

2.2.2 “可信度(trustworthiness)”

大约在 1900 年前后,研究者们开始使用“可信度”的概念。在当时,人们认为具有“可信度”的测验因其良好的代表性而更适于在现实中推广。换句话说,“可信度”就是一个测验能够反映真实世界的程度。但这一概念没有提供具体的实施方法。

2.2.3 “价值度(value)”

1907年,Spearman引入了信度概念,他把可信度分成两部分,一部分定义为信度,却没有定义信度以外的那一部分。而这部分显然更为重要。试想,倘若一个测验信度很高,但它测到的并不是它想测的东西的话,岂非可信度更低?可是这一部分究竟是什么呢?为了解决这一问题,1910年人们提出了“价值度”的概念。导致这一结果的直接原因是相关系数的应用,因为相关系数的应用使测验价值的测量成为可能。

三　效标关联效度与内容效度

(20世纪三四十年代)

3.1 演化图表

表3

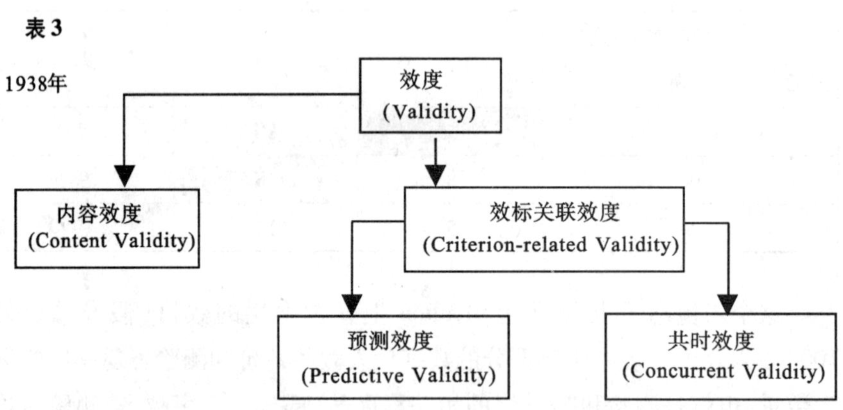

这一时期的效度主要包括效标关联效度和内容效度,这两种效度至今仍被使用和讨论着。其中,效标关联效度基本上继承了效度概念萌芽期的观点和思路,主要是通过与“标准测验”(即效标)的比较考察效度问题。内容效度则是为了解学生对课程掌握的情况而出现的。效标关联效度和内容效度所针对的测验目的不同,同样的测验我们会因其目的的差异而分别选择效标关联效度,或者是内容效度。

3.2 效标关联效度

3.2.1 效标关联效度的提出

第一次世界大战之后，测验开始流行起来。1921 年，效度概念被美国教育研究指导协会提出，它被定义为“测验在多大程度上测到了它要测的东西”。同时被提出的还有“预测效度（predictive validity）”和“共时效度（concurrent validity）”，以分别代替原来的“预后效度”和“诊断效度”。而正是由于“测验标准法”的使用，这两种效度被归成了一种，这就是后来众所周知的“效标关联效度”。

3.2.2 效标关联效度的解释角度

由于测量效度是就测量结果达到测量目的的程度而言的，所以测量效度的估计在很大程度上取决于人们对测量目的的解释。到目前为止，比较常见的解释角度主要有 3 种，一是用测量的工作实效来说明目的；二是用测量的内容来说明目的；三是用某种理论结构来说明目的。效标关联效度属于第一种。

3.2.3 效标关联效度的含义

效标关联效度是指一个测验对处于特定情境中的个体的行为进行估计的有效性。也就是说，一个测验是否有效，应该以实践的效果来作为检验标准。

简单地讲，在建立效度的过程中，我们需要收集另一种证据，这种证据表明测验分数和某个标准之间的关系，而我们相信这个标准同样表现了所测的能力。这个标准可以是被试在另一同类测验上的分数，还可以是被试将来实际表现出的水平。用这种方法建立的效度就是效标关联效度。

3.2.4 效标关联效度的种类及作用

根据效标资料搜集的时间不同，效标关联效度可以分为共时效度和预测效度。

共时效度主要用于诊断现状，在于用更简单、更省时、更廉价和更有效的测验来取代不易搜集的效标资料。预测效度的作用在于预测某个个体将来的行为。

3.2.5 关于效标

估计测验的效标关联效度的首要条件是必须具有效标。简单地说,效标就是衡量一个测验是否有效的外在标准,它是独立于测验并可以从实践中直接获得的我们所感兴趣的行为。不过,我们所感兴趣的行为往往是一个观念上的东西——观念效标,它必须用一个数字或等级来进行表达——效标测量。例如,大学入学考试的观念效标通常是“大学学习成功”,它的一种常用的效标测量便是大学头一年或两年相关学科的平均成绩。

在心理、语言、教育测量中,常用的效标有:学业成就、等级评定、临床诊断、专门的训练成绩、实际的工作表现、对团体的区分能力以及其他现成的有效测验。这些效标可以是连续变量,也可以是离散变量;可以是自然的现成指标,也可以是人为设计的指标;可以是主观判断,也可以是客观测量;可以是自我评定,也可以是他人评定等等。

3.2.6 效标关联效度的确定方法

效标关联效度的确定方法大体上可以分为以下几个步骤:①明确观念效标;②确定效标测量;③考察测验分数和效标测量的关系。

效标关联效度可以用以下方法进行估计:

(1)相关法

效标关联效度的一种常用估计方法是计算测验分数与效标测量的相关系数(积差相关法、等级相关法、二列相关法、四分相关法等等)。

如果效标分数是连续分布,我们可以计算测验分数和效标分数之间的积差相关。如果效标分数是二项分布,如大学的学习情况可分为毕业和肄业(或成功与不成功)可以计算测验分数和效标的 phi 相关。测验分数和效标分数之间的相关系数,称为测验的效度系数。

(2)区分法

该方法的思路是,被试接受测验后,让他们工作一段时间,再根据工作成绩(效标测量)的好坏分成两组。这时再回过头来分析这两组被试原先接受测验的分数差异,若这两种人的测验分数差异显著,则说明该测验有较高的效度。

(3)命中率

当用测验做取舍决策时,决策的正命中率和总命中率是测验有效性的较好指标。其中,总命中率是指根据测验选出的人当中工作合格的人数,以及根据测验淘汰的人当中工作不合格的人数之和与总人数之比。若总命中率高,则说明测验的效度高。

不过,在评价一个测验的效度时,还要注意测验使用的功利率比例,即:使用测验所带来的好处应大大高于使用测验所耗费的时间、精力和经费,还要比较用测验与不用测验的效益之差,若差别不大,则无使用测验之必要。

3.2.7 效标关联效度的局限

效标关联效度的一个局限是,它并不直接表明测验和效标测的是不是同一种能力。也许一个语言测验和一个数学测验有很高的相关,很显然,这两个测验的任何一个都不能成为另一个的效标。在寻找效标的时候,我们一定要考虑,效标所测的是不是我们要测的能力。实际上,这个考虑已经和构想效度有关了。

效标关联效度的另一个局限是效标本身可能不可靠,还可能导致循环论证。测验 A 以 B 为效标,但 B 的有效性仍有待证明,于是 B 又以 A 为效标。

3.3 内容效度(content validity)

3.3.1 内容效度的提出

到了 19 世纪 20 年代,特别是随着标准化测验的日益推广,测验标准法已经远远不能满足需要了,人们越来越多地把注意力放在测验对于具体目标课程的代表性高低上。于是在 30 年代初,“课程效度(curricular validity)”被引入,随后更名为“内容效度”。内容效度主要考察一个测验的题目是否为所有可能题目的代表样本,这些所有可能的题目叫做内容域(content domain)。这种效度很难测定,因为内容域要比测验大得多。

因此直到目前,内容效度主要依靠专家评定的方法来确定,客观化程度较差。

3.3.2 内容效度的解释角度

前文3.2.2曾提及测量效度的解释角度有3种,内容效度属于第二种。

3.3.3 内容效度的含义

内容效度指的是一个测验实际测到的内容与所要测量的内容的吻合程度。估计一个测验的内容效度就是去确定该测验在多大程度上代表了所要测量的行为领域。这里,所要测量的内容或行为领域是依据测量目的而定的,它通常包括欲测的知识范围,以及该范围内各知识点所要求掌握的程度两个方面。例如,在判断一个一年级汉语口语试卷是否有较高的内容效度时,我们必须首先分析考题是否有效地覆盖了一年级口语课本所包括的发音、声调、语调和对话等几个方面。内容效度高的口语测验应当是由这几个方面最有代表性的试题样本组成的。其次,我们还必须分析题目的难度等指标是否较好地反映了考试大纲中对这几个方面能力水平的要求。

3.3.4 内容效度的应用范围

内容效度主要应用于成绩测验,因为成绩测验主要是测量被试掌握某种技能或学习某门课程所达到的程度的。在这种测验中,题目取样的代表性问题是内容效度的主要考察方面。内容效度高,则可以把被试在该测验上的分数推论(推广)到其相应的知识总体上去,说他在某个方面的水平处在一个什么样的位置。反之,内容效度低,则这种推论将是无效的。

3.3.5 区分内容效度和表面效度

在使用内容效度时,要避免与表面效度(face validity)相混淆。其实,表面效度不能算是一种效度,它不反映测验实际测量的东西。它表示外行人从表面上看某个测验是否测到了要测的东西。当外行人认为某个测验能有效地测得某种东西时,该测验就被认为有较高的表面效度。

3.3.6 内容效度的确定方法

3.3.6.1 建立内容效度的具体步骤

内容效度的确定方法主要是逻辑分析法，其工作思路是请有关专家对测验题目与原定内容范围的吻合程度作出判断。具体步骤是：

(1)明确欲测内容的范围，包括知识范围和能力要求两个方面。这种范围的确定必须具体、详细，并要根据一定目的规定好各纲目的比例。内容效度通常是涉及成绩测验的，因此内容范围是由一系列教学项目定义的。

(2)确定每个题目所测的内容，并与测验编制者所列的双向细目表(考试蓝图)对照匹配，逐题比较自己的分类与制卷者的分类。

(3)制定评定量表，考察题目对所定义的内容范围的覆盖率、判断题目难度与能力要求之间的差异，还要考察各种题目数量和分数的比例以及题目形式对内容的适当性等等，对整个测验的有效性作出一个总的评价。

此外，Cronbach 还提出过内容效度的统计分析方法。其具体方法是：从同一个教学内容总体中抽取两套独立的平行测验，用这两个测验来测同一批被试，求其相关。若相关低，则两个测验中至少有一个缺乏内容效度；若相关高，则测验可能有较高的内容效度(除非两个测验取样偏向同一个方面)。

3.3.6.2 建立内容效度需考虑的问题

规划一个内容效度研究，需要做出这样几个决策：

(1)不同的项目是否需要做加权处理以反映其重要性的不同?

(2)项目匹配作业应如何进行?

(3)试题的那些方面需要检查?

(4)匹配的结果应怎样运算?

一组题目与特定的内容范围的匹配程度如何，主要是一个定性的问题，而不是一个定量的问题。然而，一些定量的指标也还是有参考价值的。这些指标有：

① 题目与项目匹配的百分比

② 重要项目匹配的百分比

③ 项目权重与代表这些项目的题目数的相关

④ 题目—项目的一致性指数

⑤ 没有反映到测验中的项目的百分比

这些指数依据的是不同的逻辑前提,所得的结果会是很不同的,实际应用时应有所选择。

3.3.7 内容效度的局限

内容效度的主要局限是,它只涉及测验和内容范围之间的关系,没有把被试在测验上是如何表现的考虑在内。Messick 甚至认为内容效度根本算不上是效度。

内容效度与反应过程无关,也与测验的内外部结构、行为的差异及刺激的反应或社会效果无关。就其原本的意义来说,所谓的内容效度根本算不上是效度。

3.3.8 在语言测验中建立内容效度的困难

由于内容效度本身的局限和语言测验的复杂性,在语言测验中建立内容效度会有一定困难。

首先,我们很难定义一个清楚的、不含糊的语言或语言应用的内容范围,即使是在教学和成绩测验中,我们也很难穷尽性地列出学生所有可能完成的语言作业。

即便我们能把内容范围中的所有项目都穷尽性地列举出来,以根据被试答对的题目来推断他能做什么,但却仍然无法推断他不能做什么。语言的应用实在太复杂,被试没有答对的题目也并不能表明他没有这个能力,或许还有其他原因,而这些原因可能是非语言的。

四　构想效度出现

（20世纪50年代）

4.1　演化图表

表4

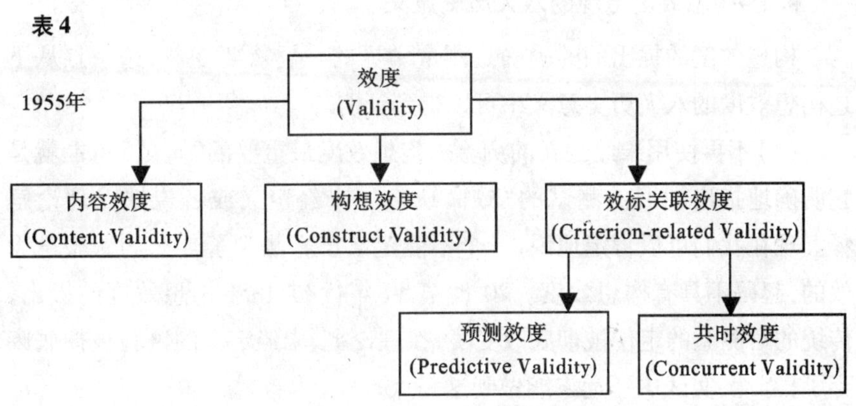

这一时期的最引人注目的特点是构想效度出现，这是效度发展史上具有划时代意义的事件。构想效度与效标关联效度和内容效度并存，并迅速成为效度研究的焦点问题。

4.2　构想效度(construct validity)概念的提出

4.2.1　概念的提出

构想效度的概念是由Cronbach和Meelh于1955年提出的，此概念一经提出，便作为一个行业标准被美国心理测量协会所采纳。

在哲学背景上，构想效度是在逻辑实证主义影响下出现的。

4.2.2　关于"构想"一词

在心理学和语言测验领域，"构想"一词常常用以描述"思想、行动特有的组织和效率"(Cronbach，1990)。但为什么要用"构想"一词而不用"概念"这个词呢？"构想"(construct)来源于希腊文，本义指"思维的产物"。最早使用"构想"一词表达这类意思的是动物学家劳埃德·摩根

(Lloyd Morgan)。因此,我们用这个词来强调那些有关心理特质等的理论假设"是一些精心创造的产物,是可以用来把经验纳入某种理论规律的普遍陈述"。(Cronbach,1971,转引自 Bachman,1990)

4.3 构想效度出现的八大历史意义

构想效度的提出的的确确是测量学界的一场重要变革,这一点从下述构想效度的八大历史意义中可以得到证明。

(1)不再使用未经定义的测验。构想效度最重要的"贡献"可能就是它明确地指出了旧的测试的"致命缺陷":未经定义或者说缺乏理论解释。现在我们可以肯定地说,一个不能定义出它测到了什么的测验是无效的,起码不具有构想效度。20 世纪 50 年代初,由于构想效度的提出,传统的对测验的定位被彻底改变了,在理论上,未经定义的测验被彻底废弃了(当然,实践中还远未能做到这一点)。

(2)测试被引入心理学和其他社会科学研究的领域。构想效度的提出使测验的应用范围的局限被打破。心理测量的最大困扰恐怕就是它的测量对象不像物理测量对象那样是有形的、看得见摸得着的。

(3)测试者和应用心理学家在运用他们的教育理论时拥有了更多的自由。因为构想效度的引入使测试者得以摆脱彻底的定义操作的束缚,他们可以将自己多年的理论见解实现于测验中并加以验证。

(4)使用测验的前提是测验使用者必须接受测验开发者的理论。

"除非测验使用者接受类似的理论假设,否则不可能进行广泛的效度检验。如果 A 认为'攻击性(aggressiveness)'指的是对他人的公开侵犯,而 B 则觉得指的是内在的敌意的话,那么,能够使 A 确信测验测到了'攻击性'的证据就未必能说服 B。因此,试图用测验来检验某个理论假设的人必须足够清楚地描述出他的理论构想,以便使用测验的人能够接受或拒绝它。"(Cronbach & Meelh,1955:291)

(5)衡量测验的标准更为严格。构想效度在哲学、方法论以及实用方面的特点把测验带到了一个要求更加严格的阶段。

(6)效度证明是一个反复的、持续的过程,一个活跃的、不断被重复的过程,甚至可以说是“永远不会结束”的。

(7)旧测验应通过加强其自身证据(bootstraps effect)来进行修正。早期测验的问题在于它没有清楚地认识到理论这一角色的重要地位。这就导致了某些人的疑问:在没有构想效度之前的那段时期,测验怎么能证明自己是科学而“理性”的呢?但如果因此就彻底废除旧的测验显然是不正确的,因为这不啻是废除了应用科学领域多年来艰辛工作的成果,而且不可否认旧测验具有一定的实用性。

(8)构想效度从某种程度上说并不尽完善,不过,“多特质多方法矩阵”的出现为构想效度的证明提供了技术支持。这一点在本章第8节中将有详细说明,在此不加赘述。

4.4 众说纷纭的构想效度——构想效度的种种定义及评价

构想效度提出至今,学术界仅就其定义问题就争论不休。这从一个侧面也反映出它的复杂性以及其研究工作的艰巨性。下面就是关于构想效度的形形色色的定义。

4.4.1 定义错误

> 内容效度则是教师或测验者作出的专业判断。他们靠自己的语言知识,来判断测验从大纲中抽取的样本的满意程度如何,不论这个大纲是实在的(就成绩测验而言),是想像的(就水平测验而言),还是理论上或模型上的(就能力倾向测验而言)。在这点上,内容效度就转化为构想效度,因为它是理论结构的一个样本,而测验是作为能力倾向来建构的。惟其如此,内容和构想很难截然分开,除非按它们的不同用途来分。(Davies,A.,1990:23)

这是一种把内容效度与构想效度混为一谈的错误观点。还有一种类似的错误观点(Crocker,L. & Algina,J.,1986)认为,如果测验谈不上什么内容效度的话,总得找点东西来代替内容效度,这东西就是构想效度。

> 某些测验理论家认为,构想效度是测验建立效度的一种方式,它基本上就是评价测验在何种程度上成功地建立在它所依据的理论

> 上。注意,在这种方式下,理论本身不受置疑:它被认为是当然正确的。问题只在于测验是否成功地使理论实现了操作化。实际上,这种建立构想效度的做法跟内容效度差不多:推选一些专家,对支撑理论下一些定义,然后对测验进行审查,最后作出判断,以此作为构想效度。(Alderson,J. C.,Clpham,C. & Wsll,D.,1995:183)

该定义至少有两处明显错误,一是"理论本身不受置疑:它被认为是当然正确的"。我们已经反复强调:理论是尚需验证的。二是在建立构想效度的方式上:"实际上,这种建立构想效度的做法跟内容效度差不多:推选一些专家,对支撑理论下一些定义,然后对测验进行审查,最后做出判断,以此作为构想效度。"在建立构想效度的方法中,先考察测验的内容效度的方法也是其中一种,"因为有些测验对所测内容或行为范围的定义或解释类似于理论构想的解释"(戴海琦、张锋、陈雪枫,1999),但这种方法当且只有当"测验对所测内容或行为范围的定义或解释类似于理论构想的解释"时才成立,考察内容效度的方法多数情况下并不适用,况且内容效度本身就难以测定。

> 一个测验,测验的某个部分,或一个测验技术,如果它测到的能力正是假设要测的能力,则可以说它具有构想效度。"构想"一词指的是一个语言能力理论所假设的任何潜在的能力(或特质)。例如,你可以假设,阅读能力包含几个子能力,如根据上下文猜出生词意思的能力。(Hughes,A.,1989:26)

该定义的主要错误在于将"构想"等同于"心理特质"。然而构想来源于人的主观假设,而心理特质则是客观实在。戴海崎、张锋、陈雪枫(1999)的定义也有类似误解。

4.4.2 定义片面

> 如果一个测验具有构想效度,则它能够测到某种特定的属性,而这种属性和一个语言行为或学习理论所说的是一致的。这种效度假设在能力和技能的习得背后存在着某种学习理论或构想。(Heaton,J. B.,1975:154)

同样片面的定义还见于高兰生、陈岳辉(1996:75)和 Fraenkel, J. R. & Wallen, N. E. (1993:548)。

4.4.3 基本正确的定义

> 测验的构想效度就是测验在多大程度上可以说是测出了理论构想,或理论特质。这类结构的例子有智力、机械理解力、语言流利程度、行走速度、神经过敏、焦虑等。找出上述每个结构,为的是解释观察到的反应,并把这些反应组织起来。构想效度着眼于更宽泛、更持久、也更抽象的描写,因此构想效度需要不断积累来自各方面的信息。所有涉及这种特质的因素以及影响到对特质的解释的因素,都在构想效度的考虑范围之内。(Anastasi, A., 1982:144)

Anastasi 的定义实际上也没有涉及理论构想需要被验证的方面,但她强调了理论构想需要不断积累的证据支持这个问题。

桂诗春、宁春岩(1997:293)和 Henning, G. (1987:97~98)的表述基本上也是正确的。

4.4.4 标准表述

> 对构想效度的评价,要通过对测验所测心理属性的研究来进行,即,这种研究表明,某些解释性构想在某种程度上解释了测验表现。检验构想效度需要从逻辑和经验两方面入手。构想效度研究,本质上是证明测验背后的理论有效。(APA, 1954:214)

4.5 定义的讨论中的问题

4.5.1 "测到了什么东西?"和"多大程度上测到了那个东西?"

在效度和效度的各种类型包括构想效度的定义中,都会涉及到"在多大程度上"这一限定。但是这种观点的问题在于它隐含了一个前提,即:测验的目标是已知的、确定无误的。但是构想效度解决的一个核心问题便是"这个测验测量的究竟是什么",也就是说,构想效度首先要回答"测到了什么",然后才是"多大程度上测到了它"。这一点是十分重要的。

4.5.2 构想效度既涉及理论又涉及测验

Cronbach(1990)说:“许多证据凑在一起才能对某一个解释提供支持。正面的结果证明测量有效,同时也证明构想有效。一旦理论没有得到证实就需要寻找一个新的测量程序,或者,寻找一个与数据拟合更好的概念。”张凯(2000)举过一个“病毒”的例子。假设有一种微生物叫做病毒,这便是一个构想,这个构想需要从理论上陈述病毒的样子、特点。因为病毒是我们用肉眼看不到的,于是发明了一种工具——显微镜,这就相当于测验。如果我们用显微镜真的发现了病毒,那我们就可以说:工具有效,理论也有效。如果结果未能发现我们所预言的那个东西,那么,或者工具无效,或者理论无效,或者二者都无效。

4.5.3 主观臆断导致的问题

构想效度的构想来源于主观设想,且定义宽泛,极易导致主观臆断方面的问题。Anastasi 在她的经典著作《心理测量》的不同时期的几个版本中对构想效度的理解,就是从主观臆断逐渐发展到越来越科学化、客观化,越来越强调测验的理论假设基础,并强调尽可能积累和搜集与效度有关的实际的、可观察的外部证据,强调构想效度的证明应该是一个反复的、持续的寻找证据的过程。

主观臆断导致的问题可以归纳如下:

a. 将构想效度等同于内容效度

b. 在缺少内容效度的情况下,就会出现构想效度的问题

c. 将“构想”等同于“心理特质”

4.6 构想效度在心理学上的含义

在心理学意义上,构想效度是指一测验实际测到的所要测量的理论构想和特质的程度,或者说它是指测验分数能够说明心理学理论的某种结构或特质的程度。这里,构想或结构是指心理学理论所涉及到的抽象而属假设性的概念或特质,如智力、焦虑、外向、动机等等,它们通常用某

种操作来定义,并用测验来测量。例如,Guilford,J. P. 认为创造力是发散性思维的外部表现,是人对一定刺激产生大量的、变化的、独创性的反应能力。

4.7 构想效度的特点

根据定义,我们可以知道构想效度具有如下特点:

构想效度的大小首先取决于事先假定的心理特质理论。一旦人们对同一种心理特质有着不同的定义或假设,则会使得关于该特质测验的构想效度的研究结果无法比较。

当实际测量的资料无法证实我们的理论假设时,并不一定就表明该测验构想效度不高,因为还有可能出现理论假设不成立,或者该实验设计不能对该假设做适当的检验等情况。这就使得构想效度的获取更为困难。

4.8 构想效度的确定方法

4.8.1 建立构想效度的大致步骤

在测验中建立构想效度的大致过程是:①提出或选择某种关于语言能力的理论假设;②根据理论假设对预计要测量的语言能力进行操作性定义;③根据操作假设设计和开发测验;④考查测验分数与其他语言能力效标的关系;⑤根据测验结果检验对理论的拟合程度;⑥对测验进行技术性修改,而后重复④、⑤两个步骤;⑦修正理论假设,重复②以后的所有步骤。(陈宏,1997)如果检验结果出现了我们假设的行为,那么检验就是有效的,同时,我们的假设也得到了证明。

总的来说,构想效度的确定一般包括3步:提出理论假设,并把这一假设分解成一些细小的纲目,以解释被试在测验上的表现;依据理论框架,推演出有关测验成绩的假设;用逻辑的和实证的方法来验证假设。

4.8.2 建立构想效度的具体方法

具体地说,构想效度的估计可以有以下一些方法:

(1)测验内部寻找证据法

首先,我们可以考察该测验的内容效度,因为有些测验对所测内容或行为范围的定义或解释类似于理论构想的解释,所以,内容效度高实质上也说明结构效度高。其次,我们可以分析被试的答题过程。若有证据表明某一题目的作答除了反映着所要测的特质以外,还反映着其他因素的影响,则说明该题没有较好地体现理论构想,该题的存在会降低构想效度。再次,我们还可以通过计算测验的同质性信度的方法来检测构想效度。若有证据表明该测验不同质,则可以断定该测验构想效度不高。当然,测验同质只是构想效度高的必要条件。

(2)测验之间寻找证据法

首先,我们可以去考察新编测验与某个已知的能有效测量相同特质的旧测验之间的相关。若二者相关较高,则说明新测验有较高的效度。这种方法叫聚敛效度法。其次,我们也可以去考察新编测验与某个已知的能有效测量不同特质的旧测验间的相关。若二者相关较高,则说明新测验效度不高,因为它也测到了其他心理特质。

(3)考察测验的效标关联效度法。如果一个测验有效标关联效度,则可以拿该测验所预测的效标的性质与种类作为该测验的构想效度指标,至少可以从效标的性质和种类来推论测量的构想效度。

但是应该注意的是,在效标关联效度中,我们考虑的是测验与效标之间的关系;而在构想效度中,在获得了相关的数据之后,不要忘记我们应该根据事先的理论假设来考虑。

(4)多特质多方法矩阵法

Campbell,D. T. 和 Fiske,D. W. 二人于 1959 年提出"多元特质多重方法矩阵"(Multitrait-multimethod Matrix,简称 MTMM)。这是考察构想效度的方法中较为有效的一种。MTMM 关心两个方面的问题,一是使用不同方法测量同一成分,另一是使用同一方法或不同方法测量不同成分。使用不同方法测量同一成分,所得结果具有高相关则称测量具有聚敛效度(convergent validity);而用同一方法或不同方法测量不同成分,所得的结果比前者低则称测验具有判别效度(discriminant validity)。如果一个测验既具有聚敛效度又具有判别效度，则称测验具有较高的构想效度。

具体地说，使用多元特质多重方法矩阵时，我们从两个方面考虑问题，一是使用两种或两种以上方法去测同一个特质，另一方面是，使用同一方法去测不同的特质。在这里，我们把测验看成是一种方法和一种特质的结合。假定我们的理论假设有三个特质，为此我们编制九个测验（用三种方法分别去测三个特质），找一组被试，每一个特质都用三种方法来测，最后我们得到一个相关矩阵，矩阵中的相关系数无非是下列三种情况之一：

① 信度系数——用同一方法对同一特质的测量之间的相关系数，这些数应该越高越好。

② 聚敛效度系数（convergent validity coefficients）——用不同方法对同一特质的测量之间的相关系数，这些数也应该越高越好，但要考虑到不同测验的信度不同，这些数会有所衰减。

③ 判别效度系数（discriminant validity coefficients）——用同一方法对不同特质的测量之间的相关，以及用不同方法对不同特质的测量之间的相关，这些数应该比前两类都低。

具体方法可见表5。若有多种特质（如 A、B、C）都接受了多种方法（如1、2、3、4）的测查，就可以分别计算出任意两种方法测量同一特质的相关和测量不同特质的相关，以及任意两种特质接受同一方法和不同的相关，并以这些相关系数为元素构成一个矩阵，如表5所示。

在表5中，位于主对角线上的数值，是用同样的方法测相同特质所得的相关，是信度指标；在实三角形内的数值，是用同样方法测不同特质所得的相关。此相关若高，则说明方法间共同点较多；在虚线三角形内的数值，是用不同方法测量不同特质所得的相关，它一般较低，是特质与方法间交互影响的反映；在虚线三角形之间的两条对角线上的数值，是用不同方法测相同特质的相关，它是测验效度的指标。

多元特质多重方法矩阵（MTMM）是 Campbell，D. T. 和 Fiske，D. W. 专门为证明构想效度而提出的，它的提出使构想效度有了科学技术的支持，也为构想效度更广泛地被人们所接受做出了贡献，在客观上促进了构想效度的进一步发展。

表 5 多种特质－多种方法矩阵

		方法 1			方法 2			方法 3			方法 4		
特质		A1	B1	C1	A2	B2	C2	A3	B3	C3	A4	B4	C4
方法1	A1	.90											
	B1	.50	.89										
	C1	.35	.41	.81									
方法2	A2	.58	.25	.10	.95								
	B2	.21	.59	.09	.63	.91							
	C2	.14	.13	.50	.57	.53	.85						
方法3	A3	.55	.20	.13	.69	.32	.30	.93					
	B3	.11	.60	.19	.20	.68	.29	.50	.96				
	C3	.15	.20	.70	.21	.19	.67	.53	.51	.92			
方法4	A4	.58	.21	.11	.66	.11	.19	.70	.13	.14	.89		
	B4	.18	.61	.09	.30	.68	.18	.22	.68	.20	.51	.90	
	C4	.20	.15	.71	.22	.18	.70	.23	.19	.71	.52	.50	.91

4.8.3 建立构想效度需考察的证据

4.8.3.1 Nitko(1983)的三种

Nitko(1983)提出，建立构想效度需要三个方面的证据：逻辑分析、相关分析和实验研究。

①逻辑分析：通过检验测验和测验所要求的行为，通过综合理论知识和对被试的经验，可以对已提出的构想表示质疑，其结果是，你对一个测验所要求的行为提出新的假设。

②相关分析：理论的或逻辑的构想构成解释测验的基础。在这样的框架内，某一构想应该和其他构想具有或不具有某种关联。相关研究就是看测验间是否具有你提出的那种关联，如果没有，那么按原来的构想解释分数就是成问题的。

③实验研究:是指设置某种条件来修正测验分数。如果设置的理论上与你所研究的构想无关的条件能够改变测验分数,那就有必要修正你原来提出的解释程序了。

4.8.3.2 Messick(1996)的六种

Messick(1996)认为构想效度这个一元化的概念需要从六个方面进行研究:①内容方面,包括内容的相关性、代表性及其有关技术指标;②本质方面,是指在被观察到的表现和题目之间建立联系的理论,这包括处理作业行为的模型,以及支持理论过程的经验性证据;③结构(structure)方面,要看分数量表与结构域拟合的程度;④概括性方面,检验分数的特性和解释的涵盖范围;⑤外部方面,指从多特质得来的聚敛和判别证据以及标准关联程度和实用性方面的证据;⑥效果方面,要看分数解释所涵盖的价值判断等。

4.9 构想效度面临的两个威胁

一个威胁来自测验的不精确性和不完善性。测验的不精确性和不完善性不仅是由于随机误差的存在,还由于测验经常忽略它本应该包含的东西,而包含了它本应该忽略的东西,也就是与测验无关的变量。另一个威胁则来自建立构想效度所需要的两种不同证据:一是经验性分数能在多大程度上反映构想——这可以看做是聚敛效度的内容;二是理论构想与分数之间的内在关系能否用来区分不同的特质——可以看做是判别效度的内容。

4.10 几种相关统计技术简介

4.10.1 相关分析

相关分析(correlation analysis)是这样一种方法,即检验测验的不同部分之间或不同的测验之间的相关程度,以此来确定测验是否能得到这方面证据的支持。所谓相关,不过就是在两变量之间建立函数关系,看两变量(两测验或测验的两部分)是否具有相同的变化趋势。

4.10.2 回归分析

回归分析(regression analysis)的出现比相关分析稍晚,是 Pearson,K. 对相关分析的发展,也是一种更加精确的相关分析。它是按照各个自变量对因变量作用的大小,从大至小逐个地引入回归方程。

4.10.3 因素分析

因素分析(factor analysis)大约出现在19世纪初(1904年),其基础的数学表达公式是由 Spearman 作为考察"智力"结构的手段提出的,经常用来分析测验分数以发现潜在的维度或测试所实际度量的结构。

五 效度一元化

(现在)

5.1 演化图表

表6 (现在)

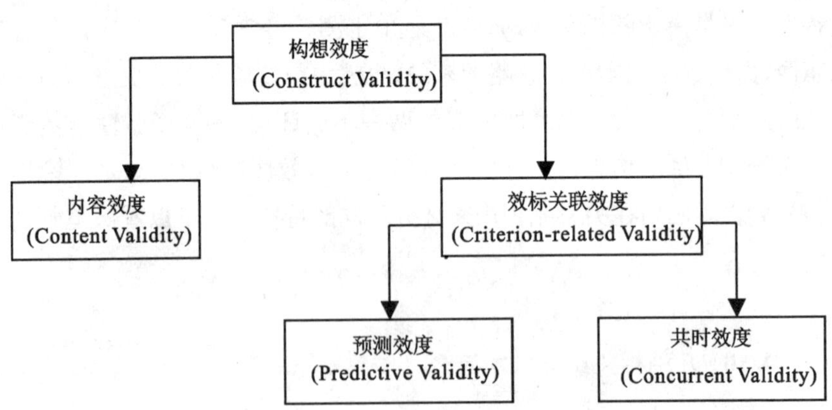

随着构想效度核心地位的逐步显现,效度概念开始向一元化方向发展。构想、内容和效标关联渐渐被看成几种不同的效度证据,它们共同组成了一个整体的效度概念。效度一元化是效度概念综合科学层面和实践、社会层面的要求的产物。

5.2 后期效度的分类

5.2.1 最初的效度是简单的“0、1”选择

在最初的许多年里，效度作为测验的一个重要属性，被看成是“要么完全有，要么完全无”的概念。人们描述一个测验，只是泛泛地说它“有效”或“无效”，而不会把它同一定的标准联系起来。（Lindquist，1936）

5.2.2 效度分类的演变

50年代早期，APA（美国心理学会）把效度分为4种：内容效度、预期效度、共时效度、构想效度。到了60年代（1966），效度被归为3大种，即：内容效度、效标关联效度、构想效度。

5.3 效度一元化（unitary concept of validity）的发生

构想效度从产生之日起地位日益显要，它指出了测验最本质的问题，将理论和测验联系起来，成为分数解释的基础，因此逐渐成为统摄其他各种效度类型的核心问题。由此，效度一元化渐渐提上研究日程。

5.3.1 效度一元化的根源

一个原因是效度参照标准由多重向有限几种到最终一元化的转变。另一个原因则在于效度问题的核心从重在预测转为重在解释。这是因为如果没有作为预测的基础的、有力的、经验性的分数解释，预测的应用、关联、意义也就无从谈起。

效度的各种类型分别从不同角度及层次对测验假设要测到的东西作出描述和说明。然而在使用这些不同标准和方式对语言测验的效度进行多方面的探索时，人们逐渐发现，尽管不同种类的证据的相对重要性因测验而异，但根据其中任何一种标准所得到的信息本身都不足以表明对测验的某种特定解释或使用的效度，效度只有通过收集一切有关的信息并给以解释才能证明（陈宏，1997）。Cronbach（1990）强调，“三种效度证明的类型（即内容、效标关联和构想效度）并不是可以任意选择的，对于几乎所有的测验都应该结合这三种方式共同建立一种解释，分开来任何一种都无法代表”。于是，专家们开始倾向于把不同类型的效度看成是包含

在这个一元化效度概念中的不同的方面。(Bachman,1990)

5.3.2 一元化发展过程

5.3.2.1 效度研究焦点的转变

多年来,效度研究的焦点逐渐演变。最初,其焦点放在具体参照标准的预测上。关于这一点,Guilford(1946)的描述最为典型:“概括地说,一个测量总是需要相对于它所关联的那个东西有效”。

之后,效度研究的焦点渐渐转移到有限几种效度类型上,即内容效度、效标关联效度和构想效度。这一点正如上文讨论过的,故不再赘述。

再后来,焦点进一步转移到测验分数的解释上。由此,效度概念逐渐一元化,Cronbach(1980)把这一趋势简洁地概括为“所有效度都是一个”。而作为一元效度理论基础的构想效度,其地位日益重要。

5.3.2.2 构想效度的核心地位逐步显现

效度一元化的过程,正是作为一元化理论基础的构想效度的重要地位逐渐显现的过程。

而按照 Gulliksen 的观点,“由分数得到的内容和效标信息都可归于分数解释”,那么“有关测验的几乎所有信息都可以归于构想效度。而如果这些信息与(称为分数解释基础的)理论的适应程度越高,它们就越有理由归为构想效度”。(Lachman, R. , Lachman, J. L. , & Butterfield, 1979;转引自 Messwick,1989)

Cronbach(1990)总结说,“建立效度的过程(validation)”的最终目的是解释(interpretation)和理解(understanding)。而构想效度所体现的分数意义是所有以分数为依据的推断的基础。也就是说,构想效度在测验分数解释中具有框架和核心作用。因此,测验领域越来越倾向于“所有 validation 都是构想效度”的观点。

5.3.2.3 文献记载中一元效度观念的出现

①美国心理学会(APA)

1966 年,最早尝试性地指出了一元化观念:三种类型仅在概念上相互独立,其重要性仅因需要而异,若想全面考查一个测验,则需要考虑所有效度信息。

1985年,效度概念在日益广泛的职业化应用中越来越系统;也正是在这一版本中,效度一元化被自然地提出;内容效度、效标关联效度和构想效度也不再被称做效度种类(types),而被作为了效度证明的三种范畴。

②虽属个人观点但影响力并不逊色的Anastasi和Cronbach

在Anastasi《心理测量》1968、1976和1982年三个版本中,构想效度的比重逐渐增大,而1982年版中更称内容、效标关联和构想三种为效度证明(validation)而非效度(validity),并强调了构想效度证明的包含性。

Cronbach《心理测量基础》1990年版强调三种类型必须结合以建立解释。

5.4 效度一元化的哲学意义

很久以来,测试学界的研究者们一直在为效度问题向科学化靠近而努力。特别是构想效度的出现,使效度问题向科学迈进了一大步,而效度一元化则是效度在贴近科学的基础上,向实用层面靠拢的又一大进步。从哲学上讲,是实证主义(导致构想效度)和人文主义结合的产物。

六　汉语水平考试(HSK)的效度研究

国内的汉语水平考试(以下均简称HSK)的研究者们一直非常重视效度问题,对此也进行过一定的研究,包括许多实证性的研究工作。张凯的《汉语水平考试结构效度初探》(1997)可以说是最早探讨HSK的构想效度(文中称结构效度)问题的文章。文章除了初步探讨与效度及构想效度有关的理论问题外,还对HSK的构想效度进行了分析研究,并提出了一些问题及可能解决问题的办法。郭树军的《汉语水平考试(HSK)项目内部结构效度检验》从项目"内部结构"的角度来研究HSK的效度问题,其结论是:HSK各试卷各分测验中均有一定数量的题目缺乏内部构想效度;HSK 的项目有比较复杂的内部结构交叉现象。陈宏的《关于考生团体异质程度对 HSK(初、中等)信度的影响》认为在异质程度不同的团体中不恰当地使用 HSK(初、中等),会使得对这种考试的结果的解释失去效度。解决办法是要回答在真分数的范围内,哪些是与所测能力无关的变异数,哪些是有关的,这些变异数各自对于考生分数的一般效应和个别效应如何。

对效标关联效度问题的研究包括何芳《汉语水平考试(HSK)信度、效度分析报告》、王芳《高等汉语水平考试的信度与效度》;对内容效度问题的研究有刘镰力《HSK(高等)的内容效度与题型开拓》。

七 结 语

综观效度演变史可以发现,人们对效度的理解经历了长期的变化过程,这中间包含了一个实质性的转变,即从原来的“寻求外部参照”(如效标关联效度)转向“寻求内部解释的外部证明”(如构想效度和内容效度),也就是说,一个好的理论既要有内在的完备性,又要有外部的证实。

从效度概念的鼻祖——“测验标准法”开始,人们探究效度的途径不外乎找到测验之外的另一个测验或大纲作为参照标准(前提是该标准具有较好的效度),然后看两者之间的相关程度,相关程度越高,说明该测验效度越高。后期的效标关联效度和内容效度不过是在定义、分类,特别是证明手段上更为完备和精确而已。但即便是已经发展得相当完备的效标关联效度,也只是在追问一个测验相对于某一标准是否有效,却忽视了一个本质问题,即测验是否测到了人们所期望它测到的东西。所以,构想效度的出现具有划时代的意义,它使效度这一概念有了质的飞跃。

构想效度要求必须对测验进行定义。如果我们要对人的语言能力加以测验,首先我们必须提出一个理论说明语言能力是什么。然后根据这一理论设计一个测验,用这个测验来对被试进行测量,如果测验得分高的被试在现实中确实具有很高的学习、运用语言的能力(学习语言很快、运用语言自如、流畅等),则说明测验有效——具有较高的构想效度,而且,更重要的,说明测验赖以建立的理论是成立的。

构想效度能够触及(至少在理论上)效度的本质问题,使效度理论、甚至测验都更符合现代科学的要求,同时也使构想效度理论本身更接近于科学理论,因而逐渐成为统摄其他效度类型的最重要的一个效度概念。

而效度一元化则使效度理论既接近科学,又可照顾经验层面及社会效应。一个完整的效度概念,必须具有这样一种认识:由分数所作推断的恰当性、有意义性和有用性应当以测验的社会影响为基础赖以建立。因而可以说,效度一元化是效度理论发展臻于完备的必然趋势。

参考文献

波　林,E. G. 1950《实验心理学史》,高觉敷译,商务印书馆,1981。

波普尔,K. R. 1956 关于人类知识的三种观点,《猜想与反驳》,上海译文出版社。

波普尔,K. R. 1997 世界 1,2,3,,纪树立编译,《科学知识进化论——波普尔科学哲学选集》,三联书店,1987。

陈　宏 1997 关于考生团体异质程度对 HSK(初、中等)信度的影响,《汉语水平测试研究》,刘镰力主编,北京语言大学出版社。

陈　宏 1997 在语言能力测验中如何建立构想效度,《语言教学与研究》第 2 期。

查普林,J. P. & 克拉威克,T. S. 1979《心理学的体系和理论》,林方译,商务印书馆,1983。

戴海崎、张　锋、陈雪枫 1999《心理教育测量》,暨南大学出版社。

戴忠恒 1987《心理与教育测量》,华东师范大学出版社。

高清海(主编) 1988《文史哲百科辞典》,吉林大学出版社。

高兰生、陈岳辉 1996《英语测试论》,广西教育出版社。

桂诗春、宁春岩 1997《语言学方法论》,外语教学与研究出版社。

郭树军 1995 汉语水平考试(HSK)项目内部构想效度检验,《汉语水平考试研究论文选》，现代出版社。

何　芳 1997 汉语水平考试(HSK)信度、效度分析报告，《汉语水平测试研究》，刘镰力主编，北京语言大学出版社。

卡　尔·皮尔逊 1892《科学的规范》，李醒民译，华夏出版社，1999。

刘镰力 1997 HSK(高等)的内容效度与题型开拓，《汉语水平测试研究》，刘镰力主编，北京语言大学出版社。

罗德，M. 和诺维克，R. 1968《心理测验分数的统计理论》，叶佩华等译，福建教育出版社。

罗姆·哈瑞 1985《科学哲学导论》，邱仁宗译，辽宁教育出版社，1988。

王　芳 1997 高等汉语水平考试的信度与效度，《汉语水平测试研究》，刘镰力主编，北京语言大学出版社。

王孝玲 1986《教育统计学》，华东师范大学出版社。

张　凯 1997 汉语水平考试结构效度初探，《汉语水平测试研究》，刘镰力主编，北京语言大学出版社。

张　凯 2000 关于构想效度，《汉语水平考试研究文集》，经济科学出版社。

American Psychological Association(APA) 1954 Technical Recommendations for Psychological Tests and Diagnostic Techniques. *Psychological Bulletin*, 51.

American Psychological Association (APA) 1985 *Standards for Educational and Psychological Testing*, American Psychological Association.

Anastasi, A. 1961 *Psychological Testing*, 2nd Edition, Macmillan.

Anastasi, A. 1968 *Psychological Testing*, 3th Edition Princeton, NJ: Educational Testing service.

Anastasi, A. 1976 *Psychological Testing*, 4th Edition, Macmillan.

Anastasi, A. 1982 *Psychological Testing*, 5th Edition, Macmillan.

Anastasi, A. 1997 *Psychological Testing*, 7th Edition, Prentice-Hall, Inc.

Alderson, J. C. & North, B. 1991 *Language Testing in 1990s: The Communicative Legacy*, Macmillan Publishers Limited.

Alderson, J. C. Clapham, C. & Wall, D. 1995 *Language Testing Construction and Evaluation*. Cambridge University Press.

Bachman, L. F. 1990 *Fundamental Consideration in Language Testing*. New York: Oxford University Press.

Baldwin, J. M. , Cattell, J. M. & Jastrow, J. 1898 Physical and Mental Tests. *Psychological Review*, 5, 172 – 179.

Barnwell, D. P. 1996 *A History of Language Testing in the United States*.

Baker, D. 1989 *Language Testing*, Great Britain: London New York Melbourne Auckland.

Brown, J. D. 1988 *Understanding Research in Second Language Acquisition*, Cambridge: Cambridge University Press.

Brown, J. D. 1996 *Testing in Language Programme*, Prentice.

Campbell, D. T. 1960 *Recommendations for APA Test Standards Regarding Construct, Trait, and Discriminant Validity*, American.

Campbell, D. T. & Fiske, D. W. 1959 *Convergent and Criminant Validation by the Multitrait-multimethod Matrix Education Measurement* Vol. 1.

Chomsky, N. 1988 Linguistics and Adjacent Fields: the state of the art Lecture given in Israel Cooper, R. & Fisherman, J. 1974 The study of language attitudes, *International Journal of the Sociology of Language*, 3: 5 – 19.

Crocker, L. & Algina, J. 1986 *Introduction to Classical and Modern Test Theory*, CBC College Publishing.

Cronbach. L. J. & Meehl. P. E. 1955 Construct Validity in Psychological Tests, *Education Measurement* Vol. 1.

Cronbach, L. J. 1971 Test Validition, in R. L. Thorndike (ed.), *Educational Measurement*, 2th edition, American Council on Education.

Cronbach, L. J. 1980 Validation on parole: how can we go straight? *New Directions for Testing and Meas urement* Vol. 5.

Cronbach, L. J. 1989 Construct Validation After Thirty Years, in Linn, R.

L. (ed,), *Intelligence*, *Measurement*, *Theory and Publicy*, University of Illinois Press.

Cronbach, L. J. 1990 *Essentials of Psychological Testing.* New York: Harper & row, Publishers.

Cronbach, L. J. & Meehl, P. E. 1995 Construct Validity in Psychological Test, *Psychological Bulletin*, 525.

Cureton E. E 1951 Validity, *Education Measurement* Vol. 1.

Cronbach. L. J & Meehl. P. E 1955 Construct Validity in Psychological Tests, *Education Measurement* Vol. 1.

Davis, A. 1983 The Validity of Concurrent Validation, in Hughes, A & Porter, D. (ed.), *Current Developments in Language Testing*, Academic Press Inc.

Davies, A. 1990 *Principles of Language Testing*, Basil Blackwell.

Dieterich, T. G. & Freeman, C. 1979 *A Guide to English Proficiency Testing in School.* Center for Applied Linguistics.

Ebel, R. L. 1961 Must AU Tests Be Valid, in Annie W. W., Howand, W. S. & Mildred, M. W. (ed.), *Educational Measunement.* Lanham: University Press of America.

Fraenkel, J. R. & Wallen, N. E. 1993 *How to Design and Evaluate Research in Education.* 2nd edition. McGraw-Hill, Inc.

Gailford, J. P. 1946 *New Standards for Test Evaluation.* Education and Psycholical Measarement 6, 427-439.

Gulliksen, H. 1950 *Theory of Mental Tests*, New, York: John B. Wiley & Sons.

Heaton, J. B. 1975 *Writing English Language Tests*, Longman.

Hempel, G. G. 1952 *Fundamentals of Concept Formation in Empirical Science*, in Carnap & Morris, of the Unity of Science, University of Chicago Press.

Henning. G. 1987 *A Guide to Language Testing*, Newbury House Publisher.

Hughes, A. 1989 *Testing for Language Teachers*, Cambridge University Press.

J. C. Alderson, C. Clapham & D. Wall 1995 *Language Testing Construction and Evaluation.*

Kuhn, T. 1970 *The Structure of Scientific Revolution*, University of Chicago Press.

Lado, R. 1961 *Language Testing: The Construction and Use of Foreign Language Tests, A Teacher's Book*, New York: McGraw-Hill.

Lakatos, I. 1970 *The Methodology of Scientific Research Programs*, Cambridge University Press.

Lindquist, E. F. 1936 *Preliminary Considerations in Objective Test Construction*, American Council on Education.

Linn, R. L. (ed) 1989 *Intelligence: Measurement, Theory, and Public Policy*, University of Illinois Press.

Lord, F. 1980 *Applications of Item Response Theory to Practical Testing Problems Hillsdale*, NJ: Lawrence Erlbaum.

Messick, S. 1989 Validity. R. L. Linn (ed.). *Educational Measurement.* New York: Macmillan Publishing Company.

Messick, S. 1996 Validity and Washback in Language Testing, *Language Testing* Vol. 13.

Nitko, A. J. 1983 *Educational Tests and Measurement*, Harcourt Brace Jovanoich, Inc.

Nunnally, J. C. & Bernstein, I. H. 1994 *Psychometric Theory*, McGraw-Hill, Inc.

Robert. L. Ebel 1961 Must All Tests Be Valid? *Education Measurement* Vol. 1.

Rogers, T. B. 1995 The *Psychological Testing Enterprise: An Introduction*, Brooks/Cole Publishing Company.

Roshenshine, B. 1976 Recent Research on Teaching Behaviors and Student Achievement, *Journal of Teacher Education.*

Snow, R. E. & Wiley, D. E. (eds.) 1991 *Improving Inquiry in Social Science*, University of Illineis Press.

Spearman, C. E. 1907 Demenstration of Formulae for True Measurement of Correlation, *American Journal of Pstchology.*

Spolsky, B. 1985 The Limits of Authenticity, *Language Testing* Vol. 2, No. 1.

Spolsky, B. 1995 *Measured Words*, Oxford University Press.

Ward, A. W., Stoker, W. Howard & Murray-ward, M. (eds.) 1996 *Educational Measurement.*

主观评分信度 Longford 方法实验研究

陈菊咏

■**内容提要**:本文采用 Longford 方法,对同一批作文的两种评分——评分员间一致性较高的评分(简称为 RH,rating of higher inter-rater reliability)和评分员间一致性较低的评分(简称为 RL,rating of lower inter-rater reliability)——进行比较,结果表明,将评分员一致性理解为主观评分信度符合经典测试理论的信度理论。主观评分和客观评分一样,同样存在着信度和效度如何取舍的问题。

■**关键词**: 主观评分　信度　效度　Longford 方法

Abstract: This study investigate the difference between two kinds of subjective ratings of the same compositions (one is the rating of lower rater consistency, *abbr*. RL; the other is the rating of higher rater consistency, *abbr*. RH). The result is that the reliability of subjective rating can be expressed by the consistency of raters. And just like objective rating subjective rating also needs to balance between reliability and validity.

Key words: subjective rating, reliability, validity, Longford method

零　引　言

一直以来,人们将主观评分的信度理解为评分员所评分数的一致性程度。这种理解是否和经典测试理论的信度理论一致?主观评分可以和客观评分共用一个信度理论还是主观评分必须建立自己的信度理论？我们先简单地看一下主观评分的发展。

其实早在19世纪末，Edgeworth就首次采用统计方法分析传统写作测试评分员的主观评分，结果发现在评分员所评的分数之间，存在着很大的差异。Spolsky(1995)在他的书中详细介绍了Edgeworth的研究成果。自此，主观评分的信度成了从事语言测试研究和实践的人们的难题。智力测验使人们找到了可以解决测试信度问题的办法：客观测试。可是这种做法回避了主观评分的问题，而没有彻底解决这个问题。客观测试在效度方面存在的问题又使人们将眼光转到了主观测试上。由此可见，主观评分的信度在测试历史上占有很重要的地位，它是语言测试发展的推动剂。这一点我们在任何一本有关语言测试历史的书中体会到(Spolsky, 1995; Barnwell,1996)。

解决主观评分问题的第一个措施是采用多人评分。"Thorndike认为就传统测试的内容而言，可改变的不多，但可以通过增加评分员的数量来改善公平性。"(Spolsky,1995:60)这种做法的意义何在？显然它并没有完全解决主观评分的信度问题，它使得评分员评分的一致性成为评价主观评分信度的一个重要指标。因此提高主观评分信度的方法只有一个，提高评分员评分的一致性。

在语言测试领域对于评分员信度一直有两种不同的态度。在Spolsky(1995)的书中，我们也可以清楚地感受到这两种不同的态度。一种是主张采用各种办法提高评分员评分的一致性，以取得较高的评分员信度。"尽管存在着这样的冲突和不确定性，只要评分员有足够的培训，在他们处理问题时给予额外的指导，仍能评出一致的分数。要想获得可靠的测量，评分需要这样的限制程序(constraining procedures)"(Lumley, 2002)。一种是主张审慎地对待评分员间的差异，进一步研究这些差异，而不是一味地消除评分员的差异。"一般而言，试图让评分员互相之间更一致的所有做法都是危险的。他们很可能倾向于传统的评分系统，使富有创见、感觉敏锐或与众不同的被试处于不利地位。应该使每一位评分员用他所有的最好的评判，和真相更接近。"(Thorndike, 见Spolsky, 1995: 60)Henry

(1996)认为,不同评分员所评分数之间较低的相关,不是在提醒人们要对作文评分引起警惕,而是在提醒人们应将之纳入研究的课题(a subject of study)。

将主观评分的信度理解为评分员评分的一致性,用提高评分员评分知性的方法来提高主观评分的信度,这种理解和做法有一些不可解决的内在的矛盾。比如依据现有的理解,同一个被试使用的评分员越多,那么最后的分数更接近于被试的真分数。但是出于经济的考虑,一般只使用两到三个评分员。如果一个主观测试宣称其具有很高的评分员信度,也就是说具有很高的评分员一致性,那么采用一个评分员的评分不是更符合经济的要求吗?不就没有必要使用多个评分员了吗?

采用多人评分在计算最后的分数时通常的做法是取平均数。那么这个平均数是否可以理解为可以接近真分数的期望值呢?我们的样本太少了,只有两三个分数,那么这两三个分数来自于同一个评分员给同一个被试无数次评分的分布,还是来自无数个评分员给同一个被试一次评分的分布,还是来自于无数个评分员给同一个被试无数次评分的分布?这三个分布是同一个分布吗?

所以本文试图用实验考察人们对评分员信度的理解是否和目前的信度理论包括客观测试的信度理论一致。

假设有一批作文,请一组评分员来评分,每一篇作文都由两个评分员独立地给出分数,也就是说,每一次评分,每个被试都获得两个由不同的评分员独立地给出的分数。评分进行了两次,获得了两组数据,第一次评分,评分员间一致性较低(简称 RL,rating of higher inter-rater reliability);第二次评分,由于采取了一些措施,评分员间一致性较高(简称 RH,rating of higher inter-rater reliability)。那么,这两次评分之间存在着什么样的差异呢?仅仅是信度高低的不同吗?

我们所依据的信度理论来自 Bathman 和罗德、诺维克对信度的表述。Bachman(1990)在讨论信度时,对经典测验理论的信度理论作了较全面的介绍。

经典测验理论的信度理论有两个概念:真分数和误差分数。这是其信度理论的逻辑基础。使信度理论具有操作性的是另一个概念：平行测验概念。经典测验理论中平行测验的定义是，假设每一组被试参加了两个测验，这两个测验测的是同一个能力，那么，这两次测验就是平行测验。平行测验使得测试的信度可以操作性地定义为在两个平行测验上的观测分数的相关。"正是这个定义为经典测验理论信度的估计提供了基础。"（Bachman，1990：169）

罗德和诺维克对信度进行了数学定义。

如果一批被试参加了几个测量同一能力的测试，那么这几个测试就可以视为是对同一测度的连续测量，关于对同一测度的连续测量，罗德、诺维克（1968）定义了测量观测值之间的几种等价关系。请注意，是对同一能力或者说同一测度的几次测量观测值之间的等价关系，等价关系的条件是对同一测度的几次测量结果。

重复测量：

"在测验理论中，（重复测量）这个术语是指对那些具有相同真分数、独立、同一分布的测量误差的测量。因此，重复的概念表示观测值之间的一个等价关系。"（罗德、诺维克，1968：41～42）

罗德、诺维克给重复测量的定义是：

"在（一个总体）P 中，如果对所有（被试）$a \in P$，$\tau_{ga} = \tau_{g'a}$，以及 $F(E_{ga} \equiv F(E_{g'a})$，则称测量 X_g 和 $X_{g'}$ 是等价的。" （同上，p. 43）

τ_{ga} 表示在测验 g 中考生 a 的真分数（期望分数），$F(X)$ 表示累积概率密度函数。$E_{ga} = X_{ga} - \tau_{ga}$，表示对某特定测验（题目）g 和特定考生 a 的误差分数随机变量。X 表示对特定测验和特定的考生的观测分数随机变量。

"在所考虑的模型范围内，这些重复观测值都是有效地等价。"（同上，p. 43）

平行测量：

"（在经典测验理论中）没有必要去假定重复测量既要有相同的真分数又要有同分布的误差。我们只需要假定它们有相同的真分数和等方差的线性试验独立的误差。在经典理论的结构里，我们把这些测量归为平行测量(parallel measurement),把那些取得平行测量的测验形式归为平行测验(parallel tests)。"(罗德、诺维克,1968,p.44)

罗德、诺维克给平行测量下的定义是:

"如果对每个被试 $a \in P$, $\tau_{ga} = \tau_{g'a}$,以及 $\sigma^2(E_{ga}) = \sigma^2(E_{g'a})$,则独特测量 X_{ga} 和 $X_{g'a}$ 称为平行测量。"(同上,p.44)

罗德、诺维克还给出了平行测量的几个定理。

定理一:"平行测量的期望值是相等的;……而且平行测量的观测分数方差是相等的。"(同上,p.45)

定理二:"所有平行测量的两两之间的相关是相等的;……而且所有平行测量和其他任何测量的相关是相等的。"(同上,p.45)

"平行测量在相同量表下精确地测度同样的东西;在某种意义上,对所有人来说,测定是同样地好的。"(同上,p.44)

τ-等价测量:

"提到 τ-等价的测量,我们将意指那些有相同真分数,但是(可能)有不同的误差方差的(重复测量)。许多标准测验理论结果仅在重复测量是 τ-等价的假定下得到的;……"(罗德、诺维克,1968:44)

罗德、诺维克给 τ-等价测量的定义是:

"如果对所有被试 a, $\tau_{ga} = \tau_{ha}$,则独特测量 X_{ga} 和 X_{ha} 是 τ-等价的。g 和 h 表示特定测验,X 表示对特定测验如 g、h 和特定的考生的观测分数随机变量。"(同上,p.46)

罗德、诺维克还给出了一个等价的定义:

"如果在(总体)P 中的每个非空子集满足 $E(X_{g*}) = E(X_{g'*})$,则独特测量 X_{g*} 和 $X_{g'*}$ 是 τ-等价的。"(同上,p.47)

$E(X)$ 指随机变量 X 的平均数。

有关 τ-等价的测量的定理是:

"对(总体)P 中的每一个子总体,当且仅当 $E(X_{g*}) = E(X_{h'*})$ 期望值成立时,独特测量 X_{ga} 和 X_{ha} 是 τ-等价的。"(同上,p.46-47)

关于 τ-等价测量,以下公式也成立(同上,p.253):

$\sigma^2(y_{a*}) = \sigma_T^2 + \sigma^2(e_{g*})$,

$\sigma(y_{a*}, y_{h*}) = \sigma_T^2$

a 表示考生，g、h 表示测验，e 表示误差分数随机变量的观测值，y 表示考生在某特定测验上的随机变量的观测分数，T 表示真分数随机变量。$\sigma(y_{a*}, y_{h*})$表示两个随机变量的协方差，$\sigma(y_{a*})$表示随机变量的方差。

如果测验 g，h，i，……是 τ－等价的，有：

$\sigma(y_{a*}, y_{h*}) = \sigma(y_{a*}, y_{i*}) = \sigma(y_{h*}, y_{i*}) = \Lambda$

对于任意给出的一组数据，τ－等价的假定可以通过计算测验 g，h，i，……"协方差的无偏估计而被部分地证实"。(同上，p. 253)

本质 τ－等价测量：

本质 τ－等价测量的定义是：

"如果测量 X_{g*} 和 X_{h*} 是独特的，并且对所有 a，$\tau_{ga} = a_{gh} + \tau_{ha}$，这里 a_{gh}是个常数，则称测量 X_{g*} 和 X_{h*} 是本质 τ－等价的（essentially τ-equivalent）。"（罗德、诺维克，1968：47）

以上几种等价关系的区别是，"τ－等价和本质 τ－等价的关系是等价关系（在这个词组的专门意义中），它比平行关系要稍弱一些。τ－等价关系的意思是，虽然测量对所有人有同样的真分数，但是两个测验所测得的这些真分数不一定对每个人都是同样恰当的，而且，本质 τ－等价引进这样一种可能性，即两个测量上的真分数可能相差一个加性常数"。（同上，p. 47）

根据 Bachman 的表述和罗德、诺维克的定义，我们可以得出以下的结论。

要使评分员一致性有意义，可以作为信度的指标，必须符合一些条件：多次评分具有相同的期望值，并且误差方差相等，这个条件可以放宽，也就是说也可以不等，这时候谈论评分员的一致性才有意义。

从以上的表述我们可以推出，只有两次测验的真分数相等，误差方差相等，我们才可以说，这两次测验是平行测验，也就是说，这两次测验测到了同一个东西。在此基础上谈论观测分数的相关才有意义。否则就会出现我们讨论两个事物之间存在什么样的关系而实际上这两个事物之间没有任何关系的情况。

相关法可以提供的关于这两种评分之间差异的信息是很少的。本文将采用 Longford 方法试图找出两者之间更多的信息。

一 Longford 方法简介

Longford 首先假设了一个理论模型。

假设有 I 个被试，每个被试就同一个题目写了一篇作文，J 个评分员分为 K 组，每个评分员独立评分，每篇作文被每一组评一次。设 y_{ij} 是评分员 j = 1,2，…，J 给作文 i = 1,2，…，I 评的分数，由于不能做到每一个评分员给每一篇作文都评一个分，y_{ij} 仅有部分实现。用 j_{ik}（k = 1，…，k）定义在 k 组中给作文 I 评分的评分员。将评分员——被试再和组别联系在一起，$y_{i,j_{ik}}$ 是属于 k 组的 j 评分员给被试 i 的作文的评分。

对观测分数而言，假设一个加法模型：

$$y_{i,j_{ik}} = \alpha_i + \beta_{j_{ik}} + \varepsilon_{i,j_{ik}}$$

被试 i 所写的作文有一个未知的真分数 α_i，假设实际参加评分的 K 组 J 个评分员是来自同一个评分员总体的抽样，被试的真分数定义为该评分员总体的所有评分员所评分数的平均数。评分员 j 的严厉度 β_j 定义为评分员 j 给所有被试所评分数的平均数（I 个分数中只有部分实现）和实际参加评分的所有评分员给所有被试分数的平均数（IJ 个分数，只有 IK 个实现）的差异。但是假设实际参加考试的被试来自同一个被试总体，同样地，假设实际参加评分的评分员来自同一个无限的评分员总体，评分员 j 的严厉度 β_j 就重新定义为该评分员的平均数（遍及被试总体的平均数）和所有评分员的平均数（遍及被试总体和评分员总体的平均数）的差异（正的严厉度表明该评分员评分时较一般评分员宽容，负的则相反）。残项（residual terms）$\varepsilon_{i,j_{ik}}$ 是不一致项（inconsistency item），是一个“垃圾箱”，装着评分员的偏好（对作文优点的看法的不一致），时间变异（temporal variation），以及其他除真分数、评分员系统变异之外的临时变异。

假定真分数 α_i 是一个来自平均数 μ 未知、方差 σ_a^2 未知的分布的随机样本(一系列独立的具有相同分布的随机变量)。同样地,假定评分员严厉度 β_j 是一个来自平均数为 0、方差为 σ_b^2 的分布中的一个随机样本。不一致项(inconsistency terms) $\varepsilon_{i,j_{ik}}$,有时指评分员——被试间的交互作用,也假定是一个来自平均数为 0、方差为 σ_e^2 的分布的随机样本。这三个随机样本是完全独立的,而且该模型没有指明分布的形态或类型,因为当分数量表只包括少数几个整数(如 1 ~ 5)时,这些分布可能相当不寻常,很难去描述。

σ_a^2,σ_b^2 和 σ_e^2 可以用矩法(动差方法,the method of moments)来估计。这种方法,不需要任何分布假设。其基本思想是定义三个平方和统计量:被试内平方和(the within-examinee sum of squares) S_E,评分员内平方和(the within-rater sum of squares) S_R,总平方和(the total sum of squares) S_T,计算它们的期望值,然后解平方和统计量与期望值的方程,估计方差 σ_a^2、σ_b^2、σ_e^2。

以上这些方差估计量的抽样方差或标准误可以通过近似的方法获得。真分数的自由度是 $I-J$,不一致项 ε_{ij} 的自由度是 $N-I$(N = IK),这些数目通常比较大,因而方差参数 σ_a^2 和 σ_e^2 的抽样方差是很小的,所以估计它们意义不大。

Longford 采用了一种简易但实用的方法来得到估参量的标准误的近似估计。假定在正态分布的情况下,方差 σ_b^2 的抽样方差是 $2\sigma_b^4/J$,J 是自由度,因此标准误大约是 $\sigma_b^2\ \sqrt{2/J}$。当大多数评分员有很大的工作量 n_j,因而 β_j 可以有效地知道的时候,这个标准误是一个很合理的近似;否则,用这种方法估计出来的标准误就是一个近似的下限(an approximate lower bound),如果标准误达到了这个下限,就不支持假设 $\sigma_b^2=0$。估计标准误还可以采取模拟的方法。在计算出方差的估计量之后,可以用计算机产生的分数取代被试的原始分数来进行模拟。再把模拟的数据用来计算方差的估计量(the estimates of variances),也即计算模拟数据的 σ_a^2、σ_b^2、σ_e^2。进行多次模拟(如 100 次),每次都产生一系列方差的估计量,假设它们和相应的估参量来自同一抽样分布,就可以直接计算它们的标准误。本文只采用了近似的方法计算标准误。

该模型有一些必须满足的条件和假设，也存在着一些缺陷：任务在评分员中随机分配；假设一个被试和评分员的总体，而实际的被试和评分员是分别来自各自总体的抽样；假设评分者的严厉度可能取决于真分数，也就是评分员倾向于给具有较高真分数的作文较低的分数，而给具有较低真分数的作文较高的分数，有效分数量表较窄。

在该模型的框架内，Longford 还提出了计算评分员一致性的办法、分数调整的方法和查找异常评分员的方法。

二　实验研究

2.1　实验目的

一致性较高的评分（RH）和一致性较低的评分（RL）之间存在哪些差异。

2.2　实验方法

我们用 HSK（高等）作文部分的答卷作为材料。我们按照 Longford 方法的模型要求，对作文答卷进行评分。

本研究选取的是 2002 年 11 月韩国 HSK（高等）的作文答卷，共 836 份。我们从这 836 份作文答卷中随机抽取 400 份，分为 20 组，每组 20 份。评分任务是随机分配的，每个评分员每次只能领一组作文评分，评完一组后交回，再领一组，直至全部作文评完为止。评分没有速度和时间的限制。

所请的评分员全部是本校的研究生，共 12 名。评分采用五级评分量表，没有半分。

第一次评分不采用任何评分标准，评分员完全根据自己的经验和理解来给出分数。每一篇作文由两个不同的评分员独立评分。由于时间原因，所有评分并非在同一时间进行和完成，而是视评分员个人情况分几个时间完成;评分员的评分速度和评分时间都不同,因而每个评分员所评作文的数量(工作量)也不同。为了使两次评分的评分员一致性存在一定的差异,所以在400份作文的数据中,有60份作文的数据没有使用,使评分员一致性由0.479(斯皮尔曼等级相关)降至0.423。最后,获得了340份作文的数据,每一篇作文有两个分数。

第一次评分获得的评分员间一致性为0.42(斯皮尔曼等级相关系数)的评分我们视为RL。为了取得RH,我们又组织了一次评分。

这次评分所用的材料(340份作文)和评分员(12位)与第一次完全相同。这一次,每一篇作文依然由两个不同的评分员独立地给出分数。无论是这次评分,还是上次评分,每一个评分员都不会评到同一篇作文。在评分之前,我们对评分过程施加了影响,用标杆卷(HSK1992年、1993年作文标杆卷和此次作文标杆卷)和评分标准对评分员进行了半个小时到一个小时的培训。我们先采用了HSK(高等)作文部分的评分标准,然后针对此次评分,又制定了一个较详细的评分标准。如果评分员的一致性过低,如在0.5(斯皮尔曼等级相关系数)以下,我们会要求评分员重评或请第三个评分员来重评,目的在于提高整个评分的一致性。

2.3 数据分析

实验之前,我们预期获得评分员间一致性分别为0.30左右和0.80左右(斯皮尔曼等级相关系数)的两次评分,以使这两种评分有足够的差异。第二次评分的斯皮尔曼等级相关为0.62。由于没有找到等级相关系数差异显著性的检验办法,只好采用了近似的独立样本积差相关系数差异显著性的检验方法。结果见表1。

表1 评分员间一致性差异显著性检验

	斯皮尔曼等级相关	费歇尔Z转换	Z值
第一次评分	0.423	0.451	Z=3.56 (P<0.01,单尾)
第二次评分	0.620	0.725	

注:计算软件是SPSS8.0。

从表1中可以看出，在统计学意义上，这两次评分的评分员间一致性存在着显著差异，符合研究的要求。

下图给出了两次评分第一评分人和第二评分人的分数的分布。从图中可以看出，这两次评分分数的分布变化不大，第二次评分得低分的作文少些，培训对评分员的评分产生了一些影响。

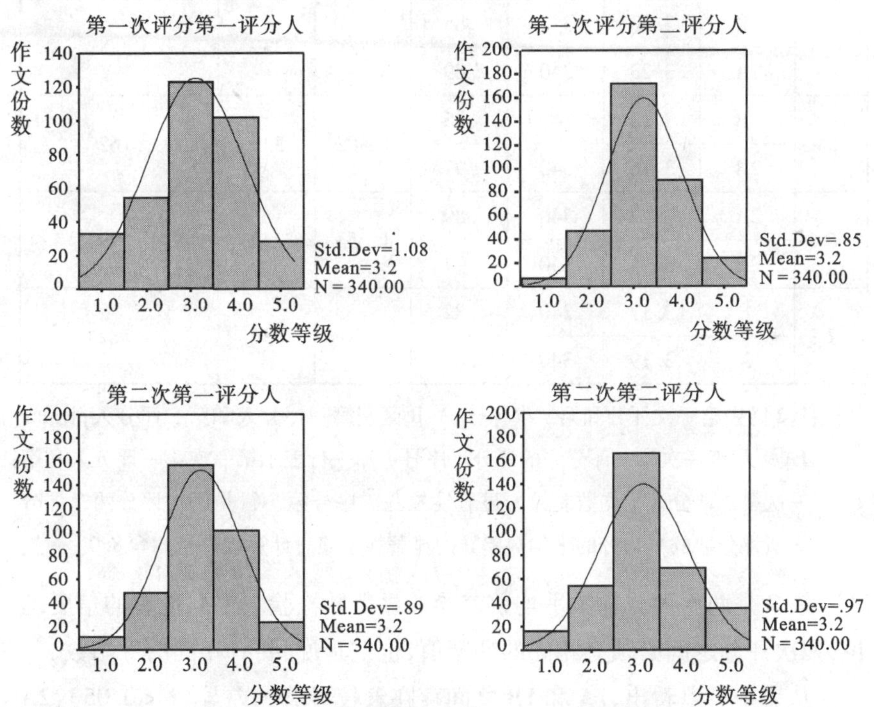

两次评分分数分布

表2　两次评分配对样本平均数差异显著性检验表

序号	名称	平均数	样本数	标准差	t值	自由度	显著水平(双尾)
1	1A	3.11	340	1.08	2.029	339	.043
	1B	3.23	340	.85			

（续前表）

2	1A	3.11	340	1.08	2.092	339	.037
	2A	3.23	340	.89			
3	1A	3.11	340	1.08	.717	339	.474
	2B	3.16	340	.97			
4	1B	3.23	340	.85	.000	339	1.000
	2A	3.23	340	.89			
5	1B	3.23	340	.85	1.402	339	.162
	2B	3.16	340	.97			
6	2A	3.23	340	.89	1.653	339	.099
	2B	3.16	340	.97			
7	1	3.17	340	.82	.550	339	.582
	2	3.19	340	.84			

注：1、2 区别第一次评分和第二次评分；A、B 区别第一评分人和第二评分人；比如，1A 表示第一次第一评分人的评分。序号 1 那一行表示第一次第一评分人和第一次第二评分人平均数差异的显著性检验。序号第 7 行是两次评分两个评分人所评分数的平均分的平均数差异的显著性检验。计算软件是 SPSS8.0。

表 2 是两次评分样本平均数差异的显著性检验。根据现有的信度理论，两次评分之间必须有相同的期望值，也就是说，要有相同的平均数。

从表中可以看出，1A 和 1B 之间存在着较显著的差异（$p<0.05$），2A 和 2B 之间也存在着一定程度的差异（$p<0.10$）。也就是说，两种评分内部的两个评分人，其平均值都存在着差异。这不符合现有的信度理论的定义。两种评分之间又是另外一种情形。除了 1A 和 2A 的平均数存在着较显著的差异（$p<0.05$）之外，1A 和 2B、1B 和 2A、1B 和 2B，两种评分的平均数都没有显著的差异，两种评分之间却有相同的期望值。每一种评分之内存在着差异，每一种评分之间却没有差异，如何来给这种情形下结论呢？

表 3　两次评分的方差估计结果

评分	$\hat{\sigma}_a^2$	$\hat{\sigma}_b^2$	$\hat{\sigma}_e^2$	方差总和
第一次	0.41	0.06	0.49	0.96
第二次	0.57	0.11	0.20	0.88
两次	0.44	0.07	0.40	0.87

注:"两次"一行,表示将两次评分的结果合在一起,视为同一批作文有四个评分人,估计方差。

运用 Longford 方法估算出来的方差见表 3。我们对所得结果进行了 4 个方差差异的显著性检验。第一次和第二次的真分数方差差异显著($F = 1.3902, df_1 = 328, df_2 = 328, p < 0.01$);第一次和第二次评分员严厉度方差无显著差异($F = 1.8333, df_1 = 12, df_2 = 12, p > 0.05$);第一次和第二次的误差方差有显著差异($F = 2.4500, df_1 = 340, df_2 = 340, p < 0.01$);第一次和第二次方差总和无显著差异($F = 1.0909, df_1 = 679, df_2 = 679, p > 0.05$)。将两次评分结合起来计算出来的方差,和第一次评分的结果比较接近。

从方差差异显著性检验的结果来看,这两种评分,方差总和没有变化,产生变化的是真分数方差和误差方差。就误差的方差来看,RH 的误差比 RL 的误差小;真分数方差占总的方差的比例,RH 高于 RL。

如果我们取两种评分的总的平均数(3.17 和 3.19),这两个平均数没有显著的差异,因而可以说两种评分方法具有相同的期望值。由 Longford 方法计算出来的方差总和没有差异,误差方差存在差异。这些符合现有的信度理论,支持可以把评分员的一致性理解为主观评分的信度。

虽然我们没有两种评分,但是还是可以从表 3 中看出一种趋势,真分数的方差随着评分员一致性的提高而增加,误差方差随着评分员一致性的提高而降低,但是评分员严厉度的方差并没有随着评分员一致性的提高而降低。换句话说,提高评分员的一致性并不能减少评分员对结果的影响,而且可能增加评分员对结果的影响。提高评分员一致性的做法并不是像我们所认为的那样,可以将评分员的影响降到最低,评分员是主观评分无法避免的因素。

到这里,主观评分遇到了和客观评分同样的问题:如果将评分员一致性理解为主观评分的信度,那么信度高的评分,就是效度高的评分吗?

2.4 结论

两种评分有相同的期望值,不同的误差方差,可以将主观评分的信度理解为评分员的一致性。这符合目前的经典测试理论的信度理论。

RH 并不能降低评分员对结果的影响,因此主观评分也存在着信度和效度之间如何取舍的问题。信度高的主观评分其效度也高吗?和客观评分一样,这个问题同样很难回答。

三 存在的问题

本文用量化方法对主观测试的信度进行了一些探讨。但有很多问题本文没有能力解决和触及。Longford 方法和方差分析、概化理论有何微妙的联系和区别?如果用概化理论和项目反应理论来分析,结果又会如何?将评估主观评分质量的各种统计方法结合在一起进行比较研究,是否能获得关于主观评分信度的更多信息?在评分员一致性和各种方差之间存在着什么样的变化关系?这些问题都需要进一步的研究,我们还将对这些问题做更深入的探索。

参考文献

[美]罗德,M.,诺维克,R. 1968 叶佩华等译 1991《心理测验分数的统计理论》,福建教育出版社。

Bachman, L. F. 1990 *Fundamental Considerations in Language Testing*, Oxford: Oxford University Press.

Barnwell, D. P. 1996 *A History of Foreign Language Testing in the United States: From its Beginning to the Present*, Arizona: Bilingual Press.

Henry, K. 1996 Early L2 Writing Development: A study of Autobiographical Essays by University-level Students of Russian, *The Modern Language Journal*, 80: 309-326.

Longford, T. 1995 *Models for Uncertainty in Educational Testing*, New York: Springer-Verlag New York, Inc.

Lumly, T. 2002, Assessment Criteria in a Large-scale Writing Test: What Do They Really Mean to the Raters? *Language Testing*, 19 (3): 246-276.

Spolsky, B. 1995 *Measured words*, Oxford: Oxford University Press.

初、中等汉语水平考试试题中的DIF检验

黄春霞

■**内容提要**:本文主要探讨两个方面的内容。首先介绍了DIF理论的发展及应用,同时也重点介绍了本研究中采用的三种DIF检验方法——MH方法、SIBTEST方法和Logistic Regression方法,并通过对这三种方法的比较,来确定最适合本研究的方法。然后,根据前一阶段的研究结果以及HSK(初、中等)现有的数据,分别运用这三种不同的方法,检验在HSK(初、中等)某一试卷中是否存在有较高DIF值的项目,如果存在,将尝试对这些DIF的来源给予恰当的解释,以期为今后HSK(初、中等)的题库建设提供理论和试验证据。

■**关键词**: DIF 公平性 MH方法 SIBTEST方法 Logistic Regression方法

Abstract: In this paper, we will discuss two questions. Firstly, we will introduce the development and application of DIF (Differential Item Functioning) theory. At same time, we also introduce three DIF (Differential Item Functioning) detecting methods, MH Method, SIBTEST Method, Logistic Regression Method. Through comparison of the three DIF (Differential Item Functioning) detecting methods, we will find the most appropriate method in our research. Secondly, based on the result we have gained and on the HSK (Elementary & Intermediate) data, we will apply these different methods to detect the items of HSK (Elementary & Intermediate) test paper, to see if there are high DIF items.

If there are some, we will try to explain the source which the high DIF comes from. It is expected that what we have done can provide theory and experiment evidence for item database development of HSK (Elementary & Intermediate).

Key words: DIF(differential item functioning), fairness, MH, SIBTEST, Logistic Regression Met

零　问题的提出

0.1　研究背景

20 世纪 20 年代,标准化测验诞生于美国,从此,标准化测验在教育界和测量界产生了巨大的影响。然而,随着大规模标准化测验的应用范围的逐渐扩大,在发挥巨大作用的同时,它也不可避免地受到了人们的批评和质疑。其中有很多批评和质疑集中在测验公平性问题上,即一个广泛应用的大规模测验能否做到真正公平地对待每一位应试者,不论应试者的性别、种族、宗教、文化及语言背景有多大的差异。

0.2　偏向(bias)的提出

在标准测验的发展过程中,一些学者注意到:许多号称公平合理的标准化测验在实际应用中,存在着某些特殊团体(比如黑人、妇女、少数民族等)所得分数总是相对低于其他团体的现象,他们称这样的测验是有偏向(bias)的测验。

偏向(bias)指某些项目特征的存在,会导致来自于不同种族、性别、文化及宗教却有着同等能力水平的被试有不同的表现。也就是说,如果测验表现出所依赖的知识来源不是测验设计者想要测量的东西,那么得到的测验分数就会对某一特殊团体缺乏效度,这时我们就可以说这个测验产生了偏向(bias)。当然,没有任何一个测验可以做到完全精确地测量到想要测量的那个心理特质(trait)或结构(construct),但是我们有理由要求测量误差对不同团体所有成员分数的影响都是平等的。一个可信的、有效的测验应该在被试的性别、种族、语言背景、血统等方面是无偏向(bias)的。

在20世纪60年代末70年代初,心理测量学家开始对公众的强烈质疑和批评做出回应,他们给出偏向(bias)的定义,并着手建立严密、精确的理论体系。在过去的30多年里,偏向(bias)的实际意思发生了很大的变化。由于偏向(bias)的一些负面的、消极的含义,在80年代中期又出现了一个更加中性的概念——项目功能差异,即DIF(differential item functioning),具有DIF的项目就是指影响平行组被试在所测心理特质上表现的题目。

0.3 DIF的提出

最早对标准化测验的公平性予以关注的是西方社会。在美国,因对测验的公平性发生质疑而引起纠纷甚至对簿公堂的例子非常多。最典型的案例是发生在美国教育考试服务中心(ETS)与伊利诺斯金瑊保险公司(Golden Rule Insurance Company)之间的法律纠纷,有些资料也称之为"戈尔登·鲁尔案",该案件涉及金瑊保险公司招聘员工时所提供的执照考试。伊利诺斯金瑊保险公司认为测评项目对低分表现组(比如黑人团体)不公平。而ETS则反驳说,白人在一个测评项目上平均正确率高的表面差异本身并不足以证明它对黑人团体不利。

类似上述的众多纠纷推动了教育测量学的发展,它促使人们思考:当具有相等能力但又来自不同团体的个体对某个项目正确回答的可能性不同时,则这一题目可能就是有偏差的。由此产生并深化了对项目功能差异(DIF)的研究。

一　文献综述

1.1　什么是 DIF

DIF(differential item functioning),也叫项目功能差异,定义为:对于某个特定项目,如果在来自同一目标特质的两批平行被试组中,显现出不同的统计特性,那么该项目就存在功能差异。

这里所讲的“同一目标特质的两批平行被试组”是指在测验希望考查的能力(目标特质)上,两组被试具有相同的水平。在 DIF 的实际研究中,我们常把被试人为地分成两组——目标组和参照组,划分的依据有:性别、地域、民族、宗教、职业、年级、语言背景、社会经济地位等。一般情况下的研究把可能受到不公平待遇的一组设为目标组,比如说女性、少数民族、黑人、城郊学生等,而把与之相对的考生组(男性、多数民族、白人、城区学生等)定为参照组。衡量参照组和目标组的被试是否具有相同能力水平的变量称之为匹配变量。匹配变量既可以是观察分数,一般是测验的总分;也可以是潜在的能力值,一般是指 IRT 模型估计出的 θ 值或经典测验理论的真分数 t。

1.2　DIF 与项目影响(item impact)的区别

我们首先应该承认,把 DIF 和项目影响(item impact)正确区分开来是一件很重要的工作,DIF 和项目影响(item impact)是完全不一样的两个概念。项目影响(item impact)主要是比较两个原始组(没有经过匹配的被试群体)在某个项目上的全部表现,项目影响(item impact)在测验和项目数据中随处可见,例如高年级组和低年级组在某一份特定试卷上的差异,或者男生组和女生组在同一份数学试卷上的差异。在这里,组间差异的存在通常不会被认为是对低分组的不公平,因为还不清楚低分组较差的表现是由于偏向(bias)的存在还是由于该组本身就较低的能力水平。我们经常发现,一个项目的影响通常和同一类型的其他项目的影响是一致的。所以,我们常把项目影响解释为被试能力分布中组间稳定的、一致的差异。

与项目影响(item impact)不同,DIF 则是指经过匹配后的组在项目功能上的差异。项目影响(item impact),是通过在项目表现上的差异来反映全体被试的能力分布;DIF 是比较经过匹配的两个组之间的差异,并且这一差异不是测验编写者所期望的。

1.3 DIF 与维度(dimension)的关系

一般来说,单一维度时是不会出现 DIF 的,只有在出现两个或两个以上维度时才有可能出现 DIF。比如,在数学计算题中的单纯的小数或分数计算项目是单一维度,就不会出现 DIF。而如果在数学应用题中出现足球知识的问题,就使项目呈现数学知识和足球知识两个维度。这样的项目对于非球迷团体是不公平的,因此有 DIF 的存在。但是,也不是多维度就一定有 DIF 的存在。现在,很多测验项目都会出现两个或两个以上的维度,但是只要这些维度对所有被试都是平等的,就可以忽略,例如在一个以代数题为主的测验中,它可能包含一些几何项目,如果我们对该测验进行 DIF 分析就会把这些几何项目挑出来,对于这样的项目我们就不能简单地把它们归为应该修改或删除的一类,因为这些几何项目与数学项目有着密切的关系,测验设计者想要考查的正是这些东西。

究竟如何判断因为多维度而产生的 DIF 项目是否应予以修改或删除,应该具体分析产生 DIF 项目的维度是否属于我们的测验想要测量的结构的一部分(Michael Zieky,1993),如果这样的项目测的正是测验设计者想要测量的东西,例如上面提到的代数测验中的几何项目,则应予以保留;如果这些项目测的不是测验者想要测量的东西,而且能给部分应试者带来不恰当的混淆,例如上面提到的数学计算题中的足球知识,这样的项目就应该予以修改或删除。

1.4 一致性 DIF(uniform DIF)和非一致性 DIF(nonuniform DIF)

当被试的能力水平与其组别(目标组/参照组)之间不存在交互作用时,则表现为一致性 DIF,即在各个能力水平上,某一组的被试回答某一项目的正确率都高于(或都低于)另外一组。

当被试的能力水平与其组别(目标组/参照组)之间存在交互作用时,则表现为非一致性 DIF,即不是在所有水平上,其中的某一个组的被试回答某一项目的正确率都高于(或都低于)另外一组,而是在能力 A 上其中的某一个组的被试回答某一项目的正确率高于另外一组,在能力 B 上这一组被试回答某一项目的正确率却低于另一组(也可以是相反的情况)。也就是说,如果被试的能力水平与组别发生了交互作用,该项目就存在非一致性 DIF。

1.5 DIF 与构想效度的关系

Shepard(1982)认为:由于单个项目与整个测验没有本质的区别,所以检测一系列项目是否有偏向(bias)的过程可以等同于建立测验构想效度(construct validation)的过程。

从检验偏向(bias)过程可以看出 DIF 与构想效度的关系。Lorrie A. Shepard 指出,检验偏向(bias)的过程如下:(1)先对每一个项目与潜在的"心理特质"(测验设计者想要测量的东西)的关系作一个逻辑分析。(2)运用统计分析对一系列项目(在这之前这些项目被认为是同质的)进行检验,找出异常的项目,进而找出原来的逻辑分析和推断上的缺陷。(3)再一次运用判断分析来解释统计检验出来的项目产生偏向(bias)的原因,从而更准确地理解该测验的"心理特质"。在这里所指的"心理特质"是一种概念上的假设,其实就是"构想"。

1.6 检验 DIF 的方法

关于 DIF 的检验方法,从不同的角度可以有不同的分法。

本研究采用了三种方法——MH 方法、SIBTEST 方法和 Logistic Regression 方法。采用这几种方法主要是基于以下两个方面的考虑:一是采用的这三种方法都要有一定的代表性;二是这三种方法要能在一定程度上互相补充。这样才能较好地达到预期目的。

下面来具体介绍一下这三种方法。

1.6.1 Mantel-Haenszel 统计法

Mantel-Haenszel 统计法,简称 MH 方法,是检验 DIF 的固定参数假设模型。1959 年,Mantel 和 Haenszel 介绍了一种新的研究匹配组的程序,最初用于生物统计。1988 年 Holland 和 Thayer 改编了这个程序用来评价 DIF。这次改编的程序作为 DIF 检测工具最初被用于教育测验,目前已经成为检测 DIF 应用最为广泛的一种方法。如果我们要对几种检测方法进行比较,通常把这种方法作为比较的基准。

MH 方法所使用的基本数据都整理在 2×2 列联表中。被试对项目的反应有两个水平:正确、错误(包括忽略)。被试样本在每个被研究的项目上的正确和错误数都被整理在一个 2×2 列联表中。"组别"这个变量有两个水平,即目标组和参照组,其中,目标组是分析的焦点,参照组是与目标组进行比较的根据,测验总分是匹配变量。见下表:

表1 2×2 列联表

组 别	项目分数		
	正确	错误	总分
目标组	f_{1fk}	f_{0fk}	$n_{fk}=f_{1fk}+f_{0fk}$
参照组	f_{1rk}	f_{0rk}	$n_{rk}=f_{1rk}+f_{0rk}$
总 和	$N_{1k}=f_{1fk}+f_{1rk}$	$n_{0k}=f_{0fk}+f_{0rk}$	$n_k=f_{1fk}+f_{0fk}+f_{1rk}+f_{0rk}$

根据样本数据完成上述的 2×2 列表,即可按表中数据计算 αMH,公式如下:

$$\alpha MH=(\sum(f_{1rk}*f_{0fk})/n_k)/(\sum(f_{0rk}*f_{1fk})/n_k) \quad (公式一)$$

其中,f_{1fk}、f_{0fk} 分别是在第 K 个能力水平组中,目标组中答对该项目的人数和答错该项目的人数; f_{1rk}、f_{0rk} 分别是在第 K 个能力水平组中,参照组中答对该项目的人数和答错该项目的人数。

αMH 的取值范围介于 0 至正无穷之间。αMH =1.0 时,表示该研究项目无 DIF;αMH < 1.0 时,表示研究项目对目标组有利;αMH > 1.0 时,表示研究项目对参照组有利。

但是由于 αMH 的计算来自样本数据,因此对其值是否等于 1.0 必须进行统计检验。检验统计量是 MHx2，其计算公式如下：

$$MHx^2 = [\mid \sum_{k=1}^{s} f_{1rk} - \sum_{k=1}^{s} E(f_{1rk}) \mid - 0.5]^2 / \sum_{k=1}^{s} V_{ar}(f_{1rk})$$

（公式二）

其中：

$$E(f_{1rk}) = n_{1k} \cdot n_{rk}/n_k$$ （公式三）

$$V_{ar}(f_{1rk}) = n_{1k} \cdot n_{0k} \cdot n_{rk} \cdot n_{fk}/[n_{k^2}(n_k - 1)]$$

（公式四）

在 MHx^2 的公式里，-0.5 是对作为显著水平观测下的近似值的卡方百分点的准确性的连续校正。MHx^2 被认为是服从自由度为 1 的近似卡方分布的，如果经检验 MHx^2 值达到显著性水平，则认为所研究项目存在 DIF。美国 ETS 对 αMH 又做了一个变换，以与他们的 Δ 量表相配，转换公式如下：

$$\Delta MH = -\frac{4}{1.7}\ln(\alpha MH) = -2.35\ln(\alpha MH)$$

（公式五）

ΔMH 为 0 表示研究项目无 DIF，ΔMH 为正表示对目标组有利，为负表示对参照组有利。

ETS 根据 MH 方法计算的结果，把项目分成三种等级：

等级 A：ΔMH 的绝对值小于 1，或者与 0 没有显著差异（$P < 0.05$）。这类项目被认为具有很小的 DIF 或者没有 DIF，可以用于测验。

等级 B：ΔMH 的绝对值不显著大于 1 且小于 1.5。这类项目经过专家修改，也可以使用。

等级 C：ΔMH 的绝对值大于 1.5，并且显著大于 1.0（$P < 0.05$）。这类项目不管是对目标组有利，还是对参照组有利，都被认为具有严重的 DIF，除非专家认为项目对测验至关重要，否则该类项目应被删除。

1.6.2 SIBTEST 统计法（simultaneous item bias procedure）

SIBTEST 方法的意思是同时性项目偏向估计（simultaneous item bias），由 Shealy 和 Stout（1993）提出。SIBTEST 最大的特点是从二级评分

扩展到多级评分。

SIBTEST 采用 β 作为目标组和参照组对项目正确反应的概率，对于大样本，β 呈现一个标准的正态分布。β 正值有利于参照组，β 负值有利于目标组。它的计算公式为：

$$\beta = \sum_{s=1}^{k} P_s(\bar{\gamma}_{rs} - \bar{\gamma}_{fs}) \qquad \text{（公式六）}$$

其中，p_s 为第 S 能力水平上组中目标组和参照组答对该项目的人数比率；$\bar{\gamma}_{rs} - \bar{\gamma}_{fs}$分别是第 S 能力水平组中的参照组和目标组被试在该项目上的平均得分。

我们依据公式 $\bar{\beta} = -17 * \bar{\alpha}$ 来确定 MH 与 SIBTEST 两种 DIF 值之间的对应关系。即：

当 $|\bar{\beta}| < 0.059$ 时，检验出来的 DIF 相当于 MH 方法中的 A 级 DIF；

当 $0.088 \geqslant |\bar{\beta}| \geqslant 0.059$ 时，检验出来的 DIF 相当于 MH 方法中的 B 级 DIF；

当 $|\bar{\beta}| > 0.088$ 时，检验出来的 DIF 相当于 MH 方法中的 C 级 DIF；

SIBTEST 方法最大的创新是用潜在能力作为匹配变量，它用回归校正（regression-based correction）方法来估计匹配分数。另外，SIBTEST 设计了一个叠代程序，把被怀疑有 DIF 的项目排除在匹配标准之外。起初，SIBTEST 把所有的项目都作为匹配标准，对每一个项目逐项检验，把有 DIF 的项目排除在匹配标准之外，这样不断反复，直到形成一个不含 DIF 项目的“有效测验”。这个有效测验就可作为最终的匹配标准。

SIBTEST 方法不仅可以对单个项目是否存在 DIF 进行检验，还可以对一批项目同时进行 DIF 检验，这称为项目束功能差异（differential bundle functioning），简称 DBF。DBF 可以对根据同一段语料进行提问的几个项目进行 DIF 分析。在项目束功能差异分析时可能出现两种现象：一是“放大”（amplification）现象，即单独分析每个项目时，DIF 值都不大，但同时对这组项目进行分析，DBF 值却马上增大；二是“减缩”（cancellation）现象，即单独分析每个项目时，DIF 值很大，但成组分析时，DBF 值却减少了。

1.6.3 Logistic Regression 方法

Logistic Regression 主要适用于由“0”、“1”记分方式的项目组成的测验，如果要检验多级记分测验是否存在 DIF，就需要对 Logistic Regression 方法作一些改动。Logistic Regression 方法的最大优点是它无论对一致性 DIF 还是非一致性 DIF 都很敏感。

Logistic Regression 方法的基本原理是：若把测验总分 X 当作匹配变量，对参照组和目标组被试进行匹配，那么在某一测验题目上的得分 Y 在 X 上的回归对 X 而言应该是处处相等，即：$E_R(Y|X) = E_F(Y|X)$（E 是期望算子，R 表示参照组，F 表示目标组），则没有 DIF 的存在。当上述等式在某个自变量取值上有不同的期望时，就说明存在 DIF。

Swaminathan 和 Rogers 于 1990 年介绍了 Logistic Regression 模型的 DIF 分析（Hariharan Swaminathan & H. Jane Roger，1990）。

所谓 Logistic 模型，或者说 Logistic 回归模型，就是人们想为两分类的因变量做一个回归方程出来，概率的取值在 0 ~ 1 之间，但回归方程的因变量取值在实数集中，直接做会出现 0 ~ 1 范围之外的不可能结果，因此就有人将概率做了一个 Logit 变换，这样取值区间就变成了整个实数集，做出来的结果就不会有问题了，从而该方法就被叫做 Logistic 回归。

对于每个项目而言，参数 $\tau' = [\tau_0 \tau_1 \tau_2 \tau_3]$ 的估计是采用极大似然的方法。模型参数的最大似然估计是选择能够使这一函数值达到最大的参数估计值，换句话说，这套参数估计能够通过模型以最大概率再现样本观测数据。已知各项目观察的似然函数为：

$$L(Data) \mid \tau = \prod_{i=1}^{N} P(u_i)^{u_i}[1 - P(u_i)]^{-1-u_i} \quad \text{（公式七）}$$

其中，

$$P(u_i = 1) = \frac{e^{z_i}}{1 + e^{z_i}} \quad \text{（公式八）}$$

公式八的线性组合为：

$$U_i = \tau_0 + \tau_1 X_i + \tau_2 G_i + \tau_3 (G_i X_i) \quad \text{（公式九）}$$

在这个公式中：

u_i 为第 i 个被试在该项目上的分数变量，取值为 1 或 0；

X_i 是被试测验总分,作为匹配变量;

G_i 为被试分组变量,通常用 1 来表示目标组,0 来表示参照组;

G_iX_i 是个记号,用于表示两变量的组合水平(两者之间的交互作用),即变量 G_i 和 X_i 的乘积。

τ_0 为常数,τ_1,τ_2,τ_3 分别表示回归参数。

τ_1 是被试总分对项目得分的影响,一般是具有统计显著性的。

如果方程中只有 τ_0、τ_1 显著地不为 0,则不存在 DIF。

回归参数 τ_2 是机会比的常用对数值,表示两个组的被试在该题上答对机会之差异,即对一致性 DIF 的测量。当 τ_2 有显著性时,则说明检测出来的项目存在一致性 DIF。

τ_3 是被试能力与分组之间的交互作用的系数,若 τ_3 有显著性时,则表示该项目存在非一致性 DIF。

二　HSK(初、中等)考试中的公平性问题

在我国,HSK 从 1984 年研发、推广到现在,已经逐渐成长为一个日臻成熟的标准化测验,最近几年在题库建设中也取得了一些成果,尤其是初、中等考试的题库已初具规模。但是,目前题库中的每一个项目只具备难度值、二列相关系数、点二列相关系数等一些基于经典测验理论(CTT)的基本参数,还没有一个真正反映公平性指标的参数。这正是我们在今后工作中的努力方向,也是本次试验的出发点和最终目的。

2.1　实验目的

本次研究的主要工作是:在 DIF 理论的框架下,分别运用 MH 方法、SIBTEST 方法、Logistic Regression 方法来检测 HSK(初、中等)的至少一套试卷中是否存在含有 DIF 的题目,进而推断 HSK(初、中等)在某些方面是否是公平的。主要考察两个方面的内容:(1)有关国别的 DIF 研究,看 HSK(初、中等)考试是否对境内外所有考生来说都是公平的;(2)做有关

性别的 DIF 研究，看 HSK（初、中等）考试是否对男性考生和女性考生都是公平的。

2.2 两个研究假设

根据目前存在的一些对 HSK（初、中等）考试质疑和批评，参考国内外其他大规模标准化测验已有的 DIF 研究结果，我们做出两个研究假设：(1)与在中国境内参加考试的考生相比，HSK（初、中等）考试对广大的在中国境外参加考试的考生在某种程度上是不公平的。(2)与男性考生相比，HSK（初、中等）考试对女性考生在某种程度上是不公平的。

2.3 实验材料

最近举行的一次 HSK（初、中等）考试的考生原始数据。HSK 试卷由 4 个分测验（听力理解、语法结构、阅读理解、综合填空）构成，题目数量分别是 50、30、50、40。

2.4 数据分析

2.4.1 国内外考生差异研究

一般人可能认为：针对于在国外参加外语考试的考生来说，在本国参加外语考试的考生很可能受到不公平的待遇，因为在目的语国家学习的考生可以接触到更为广泛的语言环境，能够了解到更多的社会文化背景，这些有利条件都可能会在考生的试卷中表现出来，从而就会造成对广大没有条件到目的语国家学习的考生的不公平。这种观点是有一定道理的，但是实际情况却不一定是这样，我们经常会发现：统计数据结果显示有些项目也会对在国外参加考试的考生有利，产生这种现象的原因还有待进一步研究。

2.4.2 男女差异研究

关于男女差异的研究一直是心理学界的热门话题，目前存在着许多争论，但总的来说，还是得到了一些公认的结论。1917 年，心理学家李普曼根据前人的研究及自己的调查指出，男性和女性由于生理等先天因素，以及社会文化影响等后天因素，存在着以下差异：(1)男性的长处为：对于空间的把握、对时间的知觉、重量感觉、数学、图书、政治活动、实际活动、职业观念、权利欲、名誉欲、勇气、机智、熟虑等。(2)女性的长处为：味觉、听觉、色彩感觉、想像力、书写、手工艺、外国语、博爱主义、宗教心、礼节、勤勉、规律、谦逊、情绪性等(白石浩一，1999)。

了解男女的基本差异之后，命题员就应该避免采用过于偏男性化或偏女性化的项目及语料，尽量采用中性化的项目及语料。当然，我们这里只是建议不要涉及以上各个方面过于专业的知识，类似概论的一般情况介绍是不会造成对男女考生的不公平的。

2.4.3 MH 方法的结果分析

从总体上来说，本研究使用 MH 方法检验出来的有 DIF 的题目较少。

表 2 MH 方法国内外考生研究

分测验	有 DIF 的题目数	利于国内考生	利于国外考生
听力理解	2	1	1
语法结构	1	0	1
阅读理解	0	0	0
综合填空	2*	1*	1

注：含有 * 的数字，表示测出由 DIF 的项目中包含一个 C 级项目。

在国内外考生的比较研究中，共检测出 5 个有 DIF 的项目：听力理解部分有两个(第 10 题和第 28 题，第 10 题对国外考生有利，第 28 题对国内考生有利)、语法结构部分有 1 个(第 58 题，对国外考生有利)、综合填空部分有 2 个(第 154 题和第 160 题，其中第 160 题为 C 级；第 154 题对国外考生有利，第 160 题对国内考生有利)。

表 3 MH 方法男女考生研究

分测验	有 DIF 的题目数	利于男性考生	利于女性考生
听力理解	0	0	0
语法结构	0	0	0
阅读理解	3	1	2
综合填空	1	1	0

在男女考生的比较研究中，共检测出4个有DIF的项目：阅读理解部分有3个（其中，第82题对男性考生有利，第95题、121题对女性考生有利）、综合填空部分有1个（第159题，对男性考生有利）。

2.4.4 SIBTEST方法的结果分析

从总体上来说，SIBTEST方法检验出来的题比MH方法检验出来的题多一些，这说明SIBTEST方法比MH方法更敏感。

表4 SIBTEST方法国内外考生研究

分测验	有DIF的题目数	利于国内考生	利于国外考生
听力理解	8	3	5
语法结构	1	0	1
阅读理解	3	3	0
综合填空	0	0	0

在国内外考生的比较研究中，共发现12个有DIF的项目：听力理解部分有8个，其中第10、21、22、23、27题对目标组（国外考生）有利，第13、28、29题对参照组（国内考生）有利；语法结构部分有1个，第58题，对目标组（国外考生）有利；阅读理解部分有3个，第85、91题和第110题（第二轮中测出），都对参照组（国内考生）有利。

表5 SIBTEST方法男女考生研究

分测验	有DIF的题目数	利于男性考生	利于女性考生
听力理解	1	0	1
语法结构	0	0	0
阅读理解	3	1	2
综合填空	4	2	2

在男女考生的比较研究中，共发现8个有DIF的项目：听力理解部分有1个，第47题，对目标组（女性考生）有利；阅读理解部分有3个，其中第82题（该题的β值较高，经过转换，相当于MH方法中的C级项目）对

参照组(男性考生)有利,第95(第二轮测出)、121题对目标组(女性考生)有利;综合填空部分有4个,其中第138、139题对目标组(女性考生)有利,第156、159题对参照组(男性考生)有利。

国内外考生DBF研究:在18束项目中,共检测出6束项目有DIF,这些项目束是D1(36~39)、D6(104~108)、D7(109~112)、D8(113~117)、D15(153~154)、D16(155~161)。其中,D1、D7、D16对参照组(国内考生)有利,其β值"放大";D6、D8、D15对目标组(国外考生)有利,其β值"减缩"。

男女考生DBF研究:在18束项目中,共检测出8束项目有DIF,这些项目束是D4(47~50)、D6(104~108)、D7(109~112)、D9(118~123)、D10(124~130)、D11(131~140)、D12(141~148)、D16(155~161)。其中D4、D7、D9、D11对目标组(女性考生)有利,其β值"减缩";D6、D10、D11、D16对参照组(男性考生有利),其β值"放大"。

2.4.5 Logistic Regression方法的结果分析

用SPSS可以比较方便地完成Logistic回归,下面具体介绍一下如何解释结果中的表格。限于篇幅,不将所有表格都一一介绍,只介绍一些最关键的表格。

表6 Variables in the Equation

		B	S. E.	Wald	df	Sig.	Exp(B)
Step 1(a)	SCOREL	.062	.008	55.123	1	.000	1.064
	G	.050	.152	.107	1	.744	1.051
	G by SCOREL	-.010	.005	3.354	1	.067	.990
	Constant	-.778	.242	10.305	1	.001	.460

a Variable(s) entered on step 1: SCOREL, G, G * SCOREL.

这个表格(听力理解部分第1题)是本研究中最重要的一个表格,我们主要是根据这个表格中的指标来判断该题是否有DIF的存在。B值指的是回归系数,Constant的B值就是公式十:[$Z_i = \tau_0 + \tau_1 X_i + \tau_2 G_i + \tau_3 (G_i X_i)$]中的$\tau_0$;scorel的B值就是$\tau_1$;G的B值就是$\tau_2$;G by scorel的B

值就是 τ_3。其中,OR = Exp(B),以 scorel 为例,它的 OR = Exp(B) = 1.064,其意为考生的分测验每增加一分,答对这个项目的可能性就是原来的 1.064 倍。在该表中只有 $\tau_0\tau_1$ 有显著意义,说明这道题没有 DIF。那么公式九 $P(u_i=1)=\frac{e^{z_i}}{1+e^{z_i}}$ 就变成了 $P(u_i=1)=\frac{e^{-0.778+0.062X_i+0.050G_i+(-0.010)(G_iX_i)}}{1+e^{-0.778+0.062X_i+0.050Gi+(-0.010)(G_iX_i)}}$。

为了更好地理解这个表格所提供的信息,我们可以再看一个有 DIF 的项目的表格,来进行比较。下面这个表是听力理解部分第 10 题的表格。

表 7 Variables in the Equation

		B	S. E.	Wald	df	Sig.	Exp(B)
Step 1(a)	SCOREL	.150	.012	169.145	1	.000	1.162
	G	-.427	.198	4.659	1	.031	.653
	G by SCOREL	-.002	.007	.077	1	.782	.998
	Constant	-2.721	.310	76.872	1	.000	.066

a Variable(s) entered on step 1: SCOREL, G, G * SCOREL.

在这个项目中,G 的回归系数(B = 0.427)显著(Sig = 0.031),且 G by scorel 的回归系数(B = 0.002)不显著(Sig = 0.782),因此该项目存在一致性 DIF。

我们再来看一个有非一致性 DIF 的项目的表格,下面这个表是听力理解部分第 2 题的表格。

表 8 Variables in the Equation

		B	S. E.	Wald	df	Sig.	Exp(B)
Step 1(a)	SCOREL	.081	.009	72.032	1	.000	1.084
	G	-.592	.185	10.246	1	.001	.553
	G by SCOREL	.019	.006	9.500	1	.002	1.019
	Constant	-2.192	.286	58.879	1	.000	.112

a Variable(s) entered on step 1: SCOREL, G, G * SCOREL.

在这个项目中，G by scorel 的回归系数（B = 0.019）显著（Sig = 0.002），所以该项目有非一致性 DIF。

在国内外考生研究中，听力理解部分共检测出一致性 DIF 项目 3 个（第 10、18、22 题），非一致性 DIF 项目 10 个（第 2、3、8、14、16、23、33、36、42、46 题）；语法结构部分共检测出一致性 DIF 项目 3 个（第 55、58、70 题），非一致性 DIF 项目 4 个（第 51、61、63、75 题）；阅读理解部分共检验出一致性 DIF 项目 8 个（第 81、83、85、91、94、98、118、130 题），非一致性 DIF 项目 2 个（第 87、114 题）；综合填空部分共检测出一致性 DIF 项目 5 个（第 145、148、154、158、164 题），非一致性 DIF 项目 5 个（第 132、139、160、161、163 题）。

在男女考生研究中，听力理解部分共检测出一致性 DIF 项目 1 个（第 30 题），非一致性 DIF 项目 6 个（第 5、18、19、34、36、40 题）；语法结构部分没有检测出一致性 DIF，但检测出非一致性 DIF 项目 5 个（第 60、61、68、72、76 题）；阅读理解部分只检测出一个一致性 DIF 项目（第 98 题），但检测出非一致性的 DIF 项目 6 个（第 81、103、106、107、127、128 题）；综合填空部分共检测出一致性 DIF 项目 2 个（第 139、152 题），非一致性 DIF 项目 2 个（第 149、157 题）。

三 结 论

3.1 对 HSK（初、中等）试题的分析

从本文采用的三种 DIF 检验方法的结果来看，利于国内考生的项目数量与利于国外考生的项目数量基本持平，利于男性考生的项目数量与利于女性考生的项目数量也基本持平，也就是说，HSK（汉语水平考试）对在国内（中国境内）参加考试的外国考生的影响和对在国外（中国境外）参加考试的外国考生的影响基本上是均等的，对参加考试的男性考生的影响和对女性考生的影响基本上也是均等的。

HSK 由四个分测验组成——听力理解、语法结构、阅读理解、综合填

空，每个分测验考查的语言能力是不同的。在听力理解部分，检测出来的利于国内考生的项目的数量与利于国外考生的项目的数量基本持平，与我们的预期有所不同。我们的预期是在中国境内学习并参加考试的考生由于有较多的机会听说汉语，应该在听力、口语方面略优于那些没有机会来华学习的留学生，但我们的实际研究结果却不是这样，从统计数据上来分析，他们的听力水平似乎是一样的。语法结构部分和综合填空部分，检测出来的项目比较少(Logistic 回归方法检测出来的项目多一些，可能是由于方法本身引起的)，不太好比较什么。阅读理解部分检测出来的项目基本上都是利于国内考生的项目，这一点倒是与我们的预期相吻合，因为在中国境内学习并参加考试的考生有更多的机会接触中国的国情及文化，这有利于他们在某些项目上的表现。

在男女考生的比较研究中，听力理解与语法结构部分检测出来的项目都很少，因此基本上可以确定 HSK 的这套试题在这两个部分上对男性考生和女性考生的影响是均衡的，没有出现明显的有性别倾向的项目。三种方法检测出来的有 DIF 的项目大多集中在阅读理解和综合填空两个部分里，这可能与这两部分的项目涉及的语料范围较宽泛有关。

至于对每个检测出来的 DIF 项目的具体分析和解释，向来是一件非常困难的事情，经常能遇到无法解释的项目。由于种种原因，我们也不能把 HSK 的这份试卷的原题公布。所以，这项工作就变得异常困难，我们只能在不泄漏原题的前提下，将我们对 DIF 来源的怀疑叙述一下，比如：听力理解第二部分的第 28 题，是一个简短对话，内容大意是男的询问女的，他们之间的恋爱关系能否得到女方家长的认可，女的的回答是要看男的的个人努力，然后第三方问他们在谈论什么。这道题对国内组有利，产生 DIF 的原因，我们认为可能是中国人比较含蓄，在这个问题上不愿意说得太直白，这样就给留学生正确理解这些话带来了困难，但是对一些在中国长期居住过的留学生来说，可能就会相对简单一些，因为他们对中国文化、社会风俗、中国人的性格特点会有更多的了解。另外，在对国内组和国外组的研究中，我们还发现了一个奇怪的现象，在三种(或两种)方法共同检验出来的有利于国内组的 3 道 DIF 题目中，有 1 道题(T91)是锚题，有利于国外组的4道(T10、T22、T58、T154)DIF题目中，全是我们以往使用的锚题，这说明这些锚题和其他题目可能是异质的，但到底为什么会出现这种情况，现在还拿不出一个满意的解释，还有待于将来的研究。在性别研究中，也存在着同样的问题，虽然数量不多，但无论是对男生有利的题目还是对女生有利的题目，都很难解释。如果勉强解释，其理由也不免有牵强附会之嫌。

3.2 三种检验DIF方法的一致性

每种方法的检测结果见表9、表10。

表9 国内外考生研究检测出来的有DIF的项目

	听力理解	语法结构	阅读理解	综合填空
MH方法	**T10**、**T28**	**T58**	无	**T154**、T160
SIBTEST方法	**T10**、T13、T21、**T22**、T23、T27、**T28**、T29	**T58**	**T85**、**T91**、T110	无
Logistic Regression方法	**T10**、T18、**T22**	**T58**、T55、T70	T81、T83、**T85**、**T91**、T94、T98、T118、T130	T145、T148、**T154**、T158、T164

表10 男女考生研究检测出来的有DIF的项目

	听力理解	语法结构	阅读理解	综合填空
MH方法	无	无	**T82**、**T95**、**T121**	**T159**
SIBTEST方法	T47	无	**T82**、**T95**、**T121**	T138、**T139**、T156、**T159**
Logistic Regression方法	T30	无	T98	**T139**、T152、

从中可以看出，MH 方法检测出来的有 DIF 的项目是最少的，SIBTEST 方法检测出来的有 DIF 的项目基本上涵盖了 MH 方法检测出来的项目。而 Logistic regression 方法检测出来的结果则有些奇怪，在国内外考生研究中检测出来的有 DIF 的项目和前面两种方法基本上还是一致的(虽然检测出来项目较多，但基本上涵盖了前面两种方法检测出来的项目)，而在男女考生研究中检测出来的有 DIF 的项目只有一个和 SIBTEST 方法检测出来的项目重合，总体上来说，与前面两种方法的结果是不太一致的。

3.3 如何处理检测出来的有 DIF 的项目

这里涉及的问题就是对检验出来的 DIF 项目是自动删除还是交由专家判断后再决定。

如果有一种统计指标能够确定地证明某个项目就是有偏向(bias)的，那么我们完全可以直接删除那些被贴上 DIF 标签的项目，但是这种统计指标是不存在的。组与组之间原始的答对率是不能被当做偏向(bias)的证据的，因为它把被试在相关的知识、技能、能力上的差异与项目的不公平性引起的被试表现的差异混为一谈了。所以，在现有的研究水平上我们只能接受 DIF 检测方法的这些缺陷。

我们在前面已经提到，DIF 不是 bias 的同义词，bias 含有更多的社会评判意味，DIF 只是统计上的一个指标，它的存在不能说明这个项目就是有偏向(bias)的。有时，DIF 只能说明某一项目具有多维度，但多维度也不能证明这个项目是有偏向(bias)的，原因在 1.4 节中已经详细叙述，在此就不赘述了。所以，判断一个项目含有的多维度是否与测验的目的有关，即判断一个项目含有的多维度是否对测验的公平性造成了威胁，应该是专家的工作。另外，其实只要运用 DIF 统计分析，就肯定能检测出有 DIF 的项目，只不过有些项目的 DIF 值高过了一定标准，需要我们必须来处理，这个标准也是人为规定的，这个步骤应该由专家来完成。

还有一个问题就是，一个项目的公平性与测验的使用目的是直接相关的。例如，一个以物理知识为主要内容的项目，如果在一次物理教师职业技能考试中被检测出对女性表现造成不同影响的话，一般不被认为是对女性应试者的不公平，因为不论男性还是女性，都应该掌握。然而，如果这个项目是在一次针对所有专业的教师组织的技能考试中检测出来的话，我们就可以认为这个项目对女性应试者来说是不公平的。对于这一问题，也要在统计检验完成之后，由专家来作出判断。

所以，对 DIF 的正确使用应该是把统计检验和专家判断结合起来使用。

3.4 结束语

在测验的发展过程中，对试卷和项目进行 DIF 分析的必要性和重要性是毋庸置疑的。虽然现在我们还不能找到一个一劳永逸的 DIF 检验方法，但是目前现有的方法毕竟为专家提供了一个可信的考察范围，这个考察范围就是由怀疑有 DIF 的项目组成的。DIF 分析对测验项目编写者和试卷组织者的明显的影响，使他们对不同被试群体之间差异和单个项目的上下文语境更加敏感。举个简单的例子：即使是考察同一个语法点，一个内容与武器有关的语法项目和一个内容与儿童有关的语法项目的 DIF 值就肯定有较大的差异，也就是说一个内容与武器相关的语法项目就更有可能对某一被试群体（比如女性考生）不利。同样道理，涉及不同内容的阅读理解的项目的 DIF 值也可能有较大差异，即使它们考察的语言点是完全一样的。有的专家把 DIF 统计比喻成对测验发展过程进行观察的一架显微镜（Michael Zieky，1993），它为进一步发现事物的本质提供了帮助。DIF 程序的使用可以使我们对测验想要测量的知识、技能、能力等有更清晰、更准确的认识。从长远目标来看，对 DIF 统计的连续不断的使用将会使测验更有效、更公平。

当然，我们在 DIF 研究领域还有很多需要继续学习、探索和提高的地方。比如，我们对 DIF 理论本身的理解和应用，还存在着一些误区，对 DIF 统计的重要性和必要性的认识还不够充分。再比如，我们对 DIF 检验方法的探索和实践与国外测量领域的研究相比，也是比较薄弱的，尤其是对一些基于 IRT 理论的一些 DIF 检测方法的研究还很不够。

本文简单地阐述了DIF理论、介绍了几种DIF检验方法，并结合HSK（汉语水平考试）的实际情况，作了一个初步的DIF分析，算是对DIF研究的一次尝试和探索，希望对今后的DIF研究和HSK的完善和改进做出一点贡献。

参考文献

[美]安妮·安娜斯塔西、苏珊娜·厄比娜 1998 缪小春、竺培梁译《心理测验》，浙江教育出版社，2001年。

[日]白石浩一 1999 智慧大学译《男女心理分析》，天津科技翻译出版社。

曹亦薇、张厚粲 1999 汉语词汇测验中的项目功能差异初探，《心理学报》第4期。

曹亦薇 2003 项目功能差异在跨文化人格问卷分析中的应用，《心理学报》第1期。

[英]查尔斯·杰克逊 1996 姚萍译《了解心理测验的过程》，北京大学出版社，2000年。

董圣鸿、马世晔 2001 三种常用DIF检测方法的比较研究，《心理学探新》第1期。

任　杰 2002 在HSK考试中如何保证试题的公平性，《汉语学习》第6期。

任　杰、谢小庆 2002 中国少数民族考生与外国考生HSK成绩的公平性分析，《心理学探新》第2期。

王济川、郭志刚 2001《Logistic回归模型——方法与应用》，高等教育出版社。

王旖旎 1999 教育测评中的不公正问题——项目功能差异，《中国远程教育》第8期。

徐轶元 1998 关于DIF的一个简单LOG模型，《心理发展与教育》第4期。

严　芳、张增修 2001 用Logistic Regression侦察题目差异功能，《应用心理学》第7期。

曾秀芹、孟庆茂 1999 项目功能差异及其检测方法,《心理学动态》第7期。

AERA & APA & NCME 1999 *Standards for Educational and Psychological Testing*, Washington, D. C.: American Psychological Association.

Angoff, W. H. 1989 *ETS Research Reports*: *Context Bias in the English as a Foreign Language*, New Jersey: Educational testing Service.

———1993 Perspectives on Differential Item Functioning Methodology, In Holland, P. W. and Wainer, H., editors, *Differential Item Functioning*, Hillsdale, NJ: Lawrence Erlbaum Associates, 3 – 24.

Bolt D. M. 2002 A Monte Carlo Comparison of Parametric and Nonparametric Polytomous DIF Detection Methods. *Applied Measurement in Education* 15 – 2, 113 – 141.

Cohen, A. S., Kim, Seock-Ho & Subkoviak, M. J. 1991 Influence of Prior Distributions on Detection of DIF, *Journal of Educational Measurement* 28 – 1, 49 – 50.

Cole, N. S. 1993 History and Development of DIF, In Holland, P. W. and Wainer H., editors, *Differential Item functioning*, Hillsdale, NJ: Lawrence Erlbaum Associates, 25 – 30.

Dorans, N. J. & Holland, P. W. 1993 DIF Detection and Description: Mantel-Haenszel and Standardization, In Holland, P. W. and Wainer, H., editors, *Differential Item Functioning*, Hillsdale, NJ: Lawrence Erlbaum Associates, 35 – 66.

Elder, C. 1997 What Does Test Bias Have to Do with Fairness? *Language testing* 14 – 3, 261 – 277.

Kim, M. 2001 Detecting DIF across the Different Language Groups in a Speaking Test. *Language Testing* 18 – 1, 89 – 114.

Kim, Seock-Ho & Cohen, A. S. 1992 Effect of Linking Methods on Detecting of DIF. *Journal of Educational Measurement* 29 – 1, 51 – 56.

Levin, H. M. 1991 Fairness in Employment Testing: Validity Generalization, Minority Issues, and the General Aptitude Test Battery. *Journal of Educational Measurement* 28 - 4, 358 - 363.

Ryan K. E. & Chiu, S. 2001 An Examination of Item Context Effects, DIF, and Gender DIF. *Applied Measurement in Education* 14 - 1,73 - 90.

Scheuneman, J. D. & Camara, W. J. 2002 Calculator Access, Use, and Type in Relation to Performance on the SAT I: Reasoning Test in Mathematics. *Applied Measurement in Education* 15 - 1,95 - 112.

Scheuneman, J. D. & Gerritz, K. 1990 Using Differential Item Functioning Procedure to Explore Sources of Item and Group Preformance Characteristics. *Journal of Educational Measurement* 27 - 2,109 - 131.

Schmitt, A. P. & Dorans, N. J. 1990 Differential Item Functioning for Minority Examinees on the SAT, *Journal of Educational Measurement* 27 - 1,67 - 81.

Schmitt A. P. & Holland, P. W. & Dorans, N. J. 1993 Evaluating Hypotheses about Differential Item Functioning. In Holland, P. W. and Wainer, H. , editors, *Differential Item Functioning*, Hillsdale, NJ: Lawrence Erlbaum Associates, 281 - 316.

Shealy, R. T. & Stout, W. F. 1993 A Model-based Standerdization Approach that Separates True Bias / DIF From Group Ability Differences and Detects Bias / DIF as well as Item Bias / DIF. *Psychom etrika* 58.

Shepard, L. A. 1982 Definitions of Bias, In R. A. Berk, *edior*, *Handbook of Methods for Detecting Test Bias.* Baltimore, Maryland: John Hopkins University Press, 9 - 30.

Swaminathan, H & Roger, H. J. 1990 Detecting Differential Item Functioning Using Logistic Regression Procedures. *Journal of Educational Measurement* 27 - 3, 361 - 370.

Takala, S. & Kaftandjieva, F. 2000 Test Fairness: A DIF Analysis of an L2 Vocabulary Test. *Language testing* 17 - 3, 323 - 340.

Wainer, H. & Lukhele, R. 1997 Managing the Influence of DIF from Big Items: the 1988 Advanced Placement History Test as an Example. *Applied Measurement in Education* 10 – 3, 201 – 215.

Walker C. M., Beretvas, S. N. & Ackerman, T. 2001 An Examination of Conditioning Variables Used in Computer Adaptive Testing for DIF Analyses, *Applied Measurement in Education* 14 – 1, 3 – 16.

Zeidner, M. 1986 Are English Language Aptitude Tests Biased Towards Culturally Different Minority Groups? Some Israeli Finding. *Language Testing* 3 – 1, 81 – 98.

———1987 A Comparison of Ethnic, Sex and Age Bias in the Predictive Validity of English Language Aptitude Tests: Some Israeli Data. *Language Testing* 4 – 1, 55 – 71.

Zieky, M. Practical Questions in the Use of DIF Statistics in Test Development. In Holland, P. W. and Wainer, H., editors, *Differential Item Functioning*, Hillsdale, NJ: Lawrence Erlbaum Associates, 337 – 348.

Zumbo, B. D. 2003 Does Item-level DIF Manifest Itself in Scale-level Analyses Implication for Translating Language Tests? *Language Testing* 20 – 2, 136 – 147.

四种完形填空测试方法的信、效度检验

周 华

■**内容提要**：大量研究表明，完形测试可以用来测量第二语言学习者的语言能力。但是不同的完形测试方法哪一种方法更有效，以及使用不同的完形测试方法是否会影响被试的测验表现等问题，各家学者并没能达成共识，特别是在完形测试的效度这个重大问题上还是存在着很大的分歧，对各种测试方法测的究竟是何种语言能力还有很大的争议。更重要的是，前人的研究主要都是针对英语作为第二语言的完形测试，在汉语作为第二语言的完形测试中情形会是怎样，本文提供了一些实证的数据。本文的研究结果表明，按固定比率删词的完形测试、意向删词完形测试、多项选择完形测试和 C-test 这四种完形测试的内部一致性信度都比较高，但多项选择完形测试的信度要低于其他三种完形测试的信度。在此基础上，我们进一步探讨了这四种完形测试方法的效标关联效度，结果表明，不同文章中按固定比率删词的完形测验测的可能是不同的语言能力，意向删词完形测验和多项选择完形测验考查的是被试的综合语言能力。

■**关键词**： 完形测试 按固定比率删词 意向删词 多项选择 C-test 聚敛效度 判别效度 效标关联效度

Abstract: Lots of researches have shown that cloze could be used to measure the language ability of second language learners. However, scholars have not reached the same viewpoint about of different cloze tests which test is the most efficient and about whether different cloze tests will influence test-takers performance. Furthermore, scholars have a difference of opinion over the validity of cloze and over which kind of language ability various cloze tests measure. Moreover, most of the researches that scholars have engaged in aim at the cloze in which English is as the second language. Thus, this article supplies practical data in which Chinese is as the second language. This article reports that the four cloze——fixed ratio, rational, multiple-choice and C-test——have relatively high correlation, but the reliability of multiple-choice is lower than that of the other three. And then we reseach the correlational validity of the four cloze. The results show that fixed ratio of different articles might measure different language ability and that both rational and multiple-choice examine globle language ability.

Key words: cloze, fixed ratio, rational, multiple-choice, C-test, convergent validity, discriminate validity, correlational validity

零　问题的提出

从1953年Taylor首次提出完形测试至今,已有50多年,现在,完形测试已成为语言测试,特别是第二语言测试领域中一种非常流行的测试方法。完形测试出现后,不断有学者从理论和方法等各方面对它进行研究,并提出了多种不同的完形测试方法。但不同的完形测试方法哪一种更有效,究竟测的是否是同种语言能力,以及使用不同的完形测试方法是否会影响被试的测验表现等问题,至今仍不甚明了。本文假定被试在不同的完形测试中会有不同的表现,并拟针对以上问题,对按固定比率删词的完形测试(fixed-ratio),意向删词法完形测试(rational cloze),多项选择完形测试(multiple choice cloze)和C-test这四种完形填空方法的信、效度进行检验。

一 文献综述

1.1 完形测试的理论依据

完形测试的理论依据主要有两个,其一是"格式塔"心理学关于场的原理;其二是信息理论中的冗余原则。

1.2 完形测试的形成与发展

完形测试最初用于测试智商。随着心理学和语言学研究的发展,完形测试被引入语言测试领域。先是用来测量文章的可读性,随后用来测量母语者的阅读水平,后来又将它用来评估外语学习者和第二语言学习者的语言知识水平。

1.3 影响完形测试的各种因素

随着对完形测试研究的不断深入, Carroll *et al*. (1959)发现,完形测试的结果常出现不一致。探究出现这种不一致的原因,主要有三点:第一,删词率的变化可能会导致各测试结果间出现显著差异。第二,完形测试的评分标准也可能是导致各完形测试的结果不一致的又一重要因素。第三,完形测试选用的语言材料,如阅读文章的难易度也会影响到完形测试的结果。当然,对文章内容的认可程度,学生的背景知识等因素也可能会导致完形测试的结果不一致。

1.4 完形测试的效度

对"完形测试究竟测的是何种语言能力"这个问题,各家学者众说纷纭。但总的来说,对完形测试所测能力的看法有三种:

1. 完形测试与分立式测试没有统计上的区别(Farhady,1979)。

2. 完形测试测的是较低水平的语言能力(Burton & Licklider, 1955)等。

3. 完形测试测的是较高的技能和综合语言能力(Coleman,1963)。

1.5 四种完形方法

随着完形测试在语言测验，特别是在第二语言测验中的使用率越来越高，作用越来越重要，完形测试的方法也越来越多，但总的来说可分为四类：按固定比率删词法(fixed-ratio)、意向删词法(rational)、多项选择法(MC- cloze)和C-test，也有人把按固定比率删词法和意向删词法合称为填空式(fill-in)完形测试。

1.6 对这四种完形测试方法的讨论

评价一个测试的好坏，我们一般从难易度、区分度、信度和效度四方面进行讨论，对这四种完形测试方法的比较，我们也将从这四方面入手。

1.6.1 难易度

难易度，指测验中所有题目的平均难易度，即全体被试在所有题目上的通过率的平均数。在一个理想的测验中，每个项目的难易度应分布在0.30～0.70这个范围内，平均难易度应在0.50上下。

Bachman(1985)和李光荣(1990)认为，使用意向删词法编制的完形测试明显地比使用按固定比率删词法编制的完形测试简单。

Greene(1965)在对母语被试的测验结果进行分析时发现，使用这两种方法得到的测验的总的难易度是一样的。

Shohamy(1984)认为，对被试来说，构想一个答案比选择一个答案难得多。

Hughes(1989)认为，C-test比其他完形测试难，并且通常从即时语境中就能得出正确答案。

Chapelle & Abraham(1990)的研究表明，按固定比率删词的完形测试最难，其次是意向删词完形测试，再次是C-test，最容易的是多项选择完形测试。

Klein-Braley(1997)的研究发现，按固定比率删词的完形测试最难，其次是C-test，最容易的是多项选择完形测试。

1.6.2 信度

信度，也叫可靠性，指测验分数的稳定性和一致性程度（张凯，2001）。

Greene(1965)认为，使用意向删词法编制的完形测试比使用按固定比率删词法编制的完形测试信度高。

Bachman(1985)认为，对所有被试来说，按固定比率删词和意向删词的完形测试的分半信度系数差异不显著。

Cranney(1972)认为，多项选择和"主观"填空式这两种形式的完形测试的信度差不多。

Jafarpur(1995)对20个C-test的研究表明，对母语非英语者来说，测验的信度系数的平均值为0.89。

Klein-Braley(1997)指出，C-test的信度系数最高(Alpha = 0.85)，多项选择完形测试的信度系数为0.51。

Chapelle & Abraham(1990)的研究表明，四种完形测试的信度相差不大。

1.6.3 区分度

区分度是题目最重要的一个性质，一个题目好不好，主要看的就是区分度。所谓区分度，就是题目对被试的区分能力（张凯，2001）。Bachman(1985)的研究表明，按固定比率删词与意向删词完形测试的区分度差不多。

1.6.4 效度

效度指测试在何种程度上测出了它宣称要测的东西（张凯，2001）。一个测试的效度，通常通过内容效度、构想效度和效标关联效度来体现。

Bachman(1985)，按固定比率删词的完形测试和意向删词的完形测试与其他六个语言测验的相关是可比的，$r_F = 0.62 - 0.82$，$r_R = 0.68 - 0.81$。

Bensoussan & Ramraz(1984)报告，在他们的多项选择完形测试和"主观"填空式完形测试间存在比预期低的相关($r = 0.43$)，但因为缺少对那个样本的信度估计，所以很难解释这种相关的强弱。

Jonz(1976)计算多项选择完形测试和其他形式的语言测试之间的相关时发现,多项选择完形测试与作文测试的相关最强,其次是与语法结构的相关。

Hale *et al.* (1989)发现,TOEFL 考试中多项选择完形测试和书面部分的相关高,与听力理解部分的相关低。

Cohen, Segal & Weiss (1984)发现,C-test 支持微观的处理,但他们找不到宏观处理的清晰的模式。

Negishi(1987)报告,C-test 和 ELBA 阅读分测验的相关系数为 0.80,与整个 ELBA 测试的相关系数为 0.76。

Chapelle(1990)通过分析完形测试与 Iowa State University Placement Test 和写作测验的相关关系的结果认为,按固定比率删词的完形测试与书面表达部分的相关最高;意向删词及多项选择完形测试与阅读理解的相关最高;C-test 与词汇部分相关最高。

Klein-Braley(1997)指出,在他研究的几种方法中,与 DELTA(disburg english language test for advanced students)相关最高的是 C-test 和完形测试。

1.7 研究的问题

从以上对前人研究结果的回顾中我们可以看出,尽管对影响完形测试的各种因素以及完形测试的构想效度等问题已经做了大量的研究,但是各家学者并没能达成共识,特别是在完形测试的效度这个重大问题上还是存在着很大的分歧,对各种测试方法测的究竟是何种语言能力还有很大的争议。更重要的是,前人的研究主要都是针对英语作为第二语言的完形测试,在汉语作为第二语言的完形测试中情形会是怎样,本文将提供一些实证的数据。因此,本文将首先在对四种完形测试的内部一致性信度进行比较的基础上,进一步探讨效度问题,然后从聚敛效度、判别效度入手,探讨完形测试究竟测的是什么,对这四种完形测试方法的效标关联效度进行检验。

二　研究方法和研究过程

3.1 研究设计

3.1.1 被试

本次研究的被试全部来自青岛大学国际学院的本科班，样本总数144人，其中有93人参加了2003年12月21日举行的HSK（初、中等）考试，其中80人获证，获证率约86.02%。因此，我们可以把本研究被试的汉语水平定义在大致相当于HSK（初、中等）的水平上。

3.1.2 实验材料

3.1.2.1　主要实验材料

实验的主要材料是一个类似于HSK考试的语言水平测验，包括听力理解、完形测试、阅读理解和语法结构四部分试题。

3.1.2.1.1　试卷构成及时间分配

语言水平测验共四部分，150题，130分钟。第一部分，听力理解，40题，25分钟；第二部分，完形测试，40题，45分钟；第三部分，阅读理解，40题，45分钟；第四部分，语法填空，30题，20分钟。第一、三、四部分类似于HSK（初、中等）考试中的听力、阅读和语法部分，都是多项选择题，是我们的第一个效标，第二部分是完形测试，是我们的重点研究对象。本研究使用的测试题全部为自编题目。

3.1.2.1.2　对各部分试题的解释

我认为听力理解既考查了语法能力又考查了篇章能力。语法结构主要测的是语法能力。阅读理解主要测试被试的语法能力和篇章能力。

在完形测试这一部分里，我们共选取了四段文字，每段文字的长度都在270字到360字之间。选文的难度适合被试的语言水平。在文章中，我们用横线代替每一个被删掉的字词，从而形成各个完形项目。每段文字都分别使用了四种测试方法，在这四种方法下设计出四种形式的完形文章，共16段文字，每段文字中包含10个完形测试题。这些文字不来自任何现有课本中的课文，而是取自报章杂志原文。我们推测被试在学习过程中没有遇到过这些文章。我们希望,被试在接受测试时不是依靠经验而是根据他们现有的实际汉语水平对题目作出反应。

按固定比率删词的完形测试严格按照每隔16个字把第17个字删掉的比例删字。若第17个字是人名、地名、日期、数字等,则删掉第16个字;若第16个字也是这些词,则删掉第18个字。每段语料出题的起始点都是那段语料的第66个字。

意向删词完形测试中对项目的选择是明确根据文章的线索进行的。

多项选择完形测试中去掉的词语和意向删词完形测试中的完全一样。但是多项选择完形测试中去掉的是整词;而意向删词完形测试中去掉的一定是一个字。对每个空儿,都给出了四个备选答案,在多数情况下,三个干扰项和正确选项的词性是一致的。

C-test完形测试是从第二段的第38个字开始删字,后面的题目是每隔4个字就删掉一个字,在空白处给出所删字的一个部件,是形声字的给出声旁,不是形声字的按照《汉字信息字典》的划分;给出的一级部件若是独体字,则不在计数范围内。

3.1.2.2 辅助实验材料

本研究的辅助实验材料为教师评分调查问卷和HSK(初、中等)正式考试成绩。

教师评分调查问卷包括听力、语法、阅读、综合四部分,要求教师根据每个被试的语言水平用5级评分法,给他们打分。最高分为5分,最低分为1分。

参加我们测试的部分被试也参加了2003年12月21号的HSK考试,所以我们有93人的HSK考试成绩作为第二个辅助工具。

3.1.3 数据收集过程

3.1.3.1 测试实施过程

我们于12月17日上午10:00~12:10在青岛大学同时对144名考生进行了本次语言水平测试,四部分测试同时进行。测试时,被试每人得到一份学生卷,被试直接在考卷上选择或填写答案。教师评分表由各班任课老师完成。

为了避免顺序因素的影响、练习效应和教师对评分标准的把握不同，我们对完形测试部分采用了区组随机的实验设计。一个自然班为一个区组，在实验试卷的左上角只标明试卷号，在非实验试卷的左上角除了标明试卷号以外再画一个小圆圈，以保证回答每个题型的被试人数相同。每个人只做包含四段不同文字的四种完形填空。下表是每份试卷中对应的完形填空。

表1　四种完形题目在各试卷中的分布情况

试卷号	第一部分	第二部分	第三部分	第四部分
1	A_R	B_M	C_C	D_F
2	A_F	B_R	C_M	D_C
3	A_C	B_F	C_R	D_M
4	A_M	B_C	C_F	D_R
5	B_R	C_M	D_C	A_F
6	B_M	C_C	D_F	A_R
7	B_C	C_F	D_R	A_M
8	B_F	C_R	D_M	A_C
9	C_M	D_C	A_F	B_R
10	C_C	D_F	A_R	B_M
11	C_F	D_R	A_M	B_C
12	C_R	D_M	A_C	B_F
13	D_C	A_F	B_R	C_M
14	D_F	A_R	B_M	C_C
15	D_R	A_M	B_C	C_F
16	D_M	A_C	B_F	C_R

注：A、B、C、D 表示四篇文章。

下标的 F、R、M、C 表示四种题型，其中 F 代表按固定比率删词，R 代表意向删词，M 代表多项选择，C 代表 C-test。

从上表中我们可以看出虽然有十六种试卷，但实际上只有四套考题。

3.1.3.2 评分

使用0/1制的评分方法进行评分，听力、阅读、语法、多项选择完形测试和C-test使用精确答案评分法；按固定比率删词和意向删词的完形测试使用可接受答案（包括可接受的字或词）评分方法。我们这里所说的可接受答案评分方法是指语义和语法同时正确的答案。这项评分由笔者完成，评分时间为2003年12月27日~31日。（说明：0/1评分用MCAT进行题目分析。）

3.2 数据结果及分析

分别计算四种完形测试的难易度、区分度、信度和效度。难易度用答对率表示；信度，计算Alpha系数，具体指各分测验的Alpha系数；区分度采用点双列相关系数；效度主要指效标关联效度，其中，完形测试总分及用四种方法设计的完形测验与语言测验和HSK（初、中等）正式成绩的相关用皮尔逊积差相关系数表示，完形测试总分及用四种方法设计的完形测验与教师评分的相关用“斯皮尔曼等级”相关系数表示。

3.2.1 难易度检验

3.2.1.1 难易度计算的方法

由于听力、完形、阅读、语法这四类题型都使用的0/1评分，所以我们这里的难易度指的就是答对率，全卷的难易度就是所有题目的平均答对率。

3.2.1.2 结果

在我们的实验中，分别计算每套试卷四部分题目的难易度系数和四种方法完形题目的难易度系数，各部分题目都使用原始分。

通过研究我们可以看出：

1. 听力、语法、阅读在四套试卷中的难易度基本上是一致的。
2. 所有题目的难易度是适合被试的能力水平的。
3. 在四套试卷中，阅读题目都是最简单的。
4. 除试卷161014以外，多项选择完形测试都比意向删词完形测试简单。

5. 除试卷161014以外,多项选择完形测试总是最容易。

6. 在不同试卷中,各种完形题目的平均难易度各不相同。

3.2.1.3 讨论

1. 在四套试卷中,听力、语法、阅读三部分题目的难易度基本上是一致的,这是因为通过我们的实验设计,答每套试卷的被试的能力应该是差不多的,而他们考的又是同一套试卷,所以试卷的难易对他们来说也应该是差不多的。

2. 各套试卷中四部分题目的难易度是适合被试的能力水平的。我们知道,最适合被试能力水平的题目的难易度应该在0.5左右。我们的题目难易度都在0.477到0.630之间,所以说是适合我们的目标群体的。

3. 在我们的语言水平测验中,阅读题目最简单,这可能是因为,参加我们这次实验的日韩被试共占被试总人数的98.62%,而韩国和日本都是汉字文化圈的国家,所以阅读汉语文章对他们来说可能比较简单。

4. 在四套试卷中,按固定比率删词的完形测验的难易度有着比较大的变化,难易度在.422到.614之间,这也从一个侧面支持了Alderson(1980)"完形测验的结果不一致可能不是由删词率决定的,而是由所删掉的那些特定的词不同造成的"的发现。因为在按固定删词的完形测试中,我们无法事先决定所删掉的词的难易度,所以我们就无法控制这部分题目的难易度。

5. 除试卷161014以外,在另外三份试卷中,多项选择完形测试都比意向删词完形测试简单,并且多项选择完形测试总是最容易。这与Chapelle *et al.*(1990)得到的结果是一致的。我认为这可能是因为这两部分题目的测试点是一样的,但多项选择完形测试有备选答案,所以,被试只需要使用再认性技能就可以了;而在意向删词完形测试中,被试需要使用回忆性技能,而再认性技能比回忆性技能要简单得多。

6. 对不同试卷中各种完形题目的平均难易度各不相同,我们认为可以作以下解释:不同完形题目的难易度是由文章的难易度决定的。这一结果印证了Klein-Braley(1981)和Zarabi(1988)"文章的难易度会影响到测试的结果"的结论。这也可能说明了完形测验并不是平行测验,它是会受到文章难易度等因素影响的。

3.2.2 区分度检验

3.2.2.1 区分度计算的方法

由于听力、完形、阅读、语法四类题型同时涉及0/1评分,并且分数的分布都是连续的正态分布,计算区分度时我们选用点双列相关系数。点双列相关系数适用于0/1评分,而且既精确可靠,又不容易受极端值的影响。

3.2.2.2 结果

在我们的实验中,分别计算每套试卷四部分题目的区分度和四种方法完形题目的区分度,各部分题目都使用原始分。

通过研究我们可以看出:

1. 在四套试卷中,四部分题目的区分度都比较高。
2. 在四套试卷中,完形填空的区分度总是最高。
3. 四种方法完形题目的区分度都相当高,都达到了0.4以上。
4. 除试卷471115以外,C-test的区分度总是最高。
5. 在四套试卷中,多项选择完形测试的区分度总是最低。

3.2.2.3 讨论

1. 四种完形填空方法的区分度都比较高,主要是因为按固定比率删词的完形填空、意向删词完形填空和C-test都属于半客观题目,被试在做这些题目时,没有猜测因素,真分数所占比重较大。多项选择完形填空的区分度也较高是因为,对同一篇文章来说,多项选择完形填空和意向删词完形填空的测试点相同,而我们在正式施测之前,曾把意向删词完形填空的题目给一部分学生做过,我们在设计多项选择完形填空的干扰项时,有一部分是根据留学生在做意向删词完形填空时出现的错误答案确定的,有一部分是根据我们平时与学生的接触中发现的他们经常犯的错误确定的。

2. 多项选择完形测试的区分度低于其他方法完形测试的区分度,一方面可能因为这部分题目有备选答案，有一定的猜测因素，另一方面可能因为部分题目的干扰项模糊性太强，以至于把一部分本来水平比较高的被试也迷惑住了。

3.2.3 信度检验

3.2.3.1 信度计算的方法

听力、完形、阅读、语法四类题型，我们计算其内部一致性信度。由于这四类题型同时涉及 0/1 评分，计算内部一致性信度时我们选用 α 系数。α 系数适用于估计连续记分和一切非 0/1 记分测验的信度，而且是内部一致性信度检验中最严格的指标。

3.2.3.2 结果

在我们的实验中，分别计算每套试卷四部分题目的 α 系数和四种方法完形题目的 α 系数，各部分题目都使用原始分。

通过研究我们可以看出：

1. 本研究中试卷的内部一致性信度较高。
2. 在四套试卷中完形填空部分的信度总是最高。
3. 在四套试卷中，语法部分的信度均低于完形填空和阅读部分。
4. 四部分试题在四套试卷中求得的信度系数都不一样。
5. 在四套试卷中，按固定比率删词的完形测试、意向删词完形测试和 C-test 的信度都较高。
6. 在四套试卷中 C-test 的信度都是最高的。
7. 在四套试卷中，多项选择完形测试的信度都是最低的。

3.2.3.3 讨论

1. 在四套试卷中完形填空的信度都特别高，甚至在试卷 471115 中达到了 .949 的信度系数，我们认为这是由以下原因造成的：①考生之间的分数差距比较大，考生的异质程度高。②这部分题目的区分度最高，这部分题目本身的质量最好。③这部分题目中有 3/4 是要求被试写汉字的，这部分题目不具任何猜测因素，分数误差非常小，能够充分体现出学生的真实水平。

2. 在四套试卷中语法部分的信度都低于完形填空和阅读部分，可能因为这一部分的题目数量较其他部分为少（语法 30 题，完形填空和阅读各 40 题），也可能是因为语法部分的题目质量不太高或者是考生在这一部分的同质性高。

3. 在四套试卷中完形填空部分的信度不同可能是由四套试卷中的完形题目不同造成的。四套试卷中听力、阅读和语法部分的题目信度不同，我们认为是由于考生的能力存在差异，因为在四套试卷中这三部分的题目是完全一样的。

4. C-test 的信度在四套试卷中总是最高，一是由于被试在这部分题目上的能力相差比较大；二是由于这种题型本身比较稳定，因为我们在每个空中都给了应填汉字的一部分，所以被试在回答题目时有了一定的限制，更加减少了题目的猜测因素。

5. 多项选择完形测试的信度在四套试卷中总是最低的，由于：①被试在这部分题目上的能力差异不太大；②这部分题目的区分度最低；③多项选择题已经给出了四个备选答案，被试即使不知道哪个是正确答案，随便选一个，也有 25% 的机率答对题目。这样在报告分数中真分数占的比例就相应减少，而误差分数占的比例就相应的增多。由于多项选择这种题型本身的原因给测验加入了更多的不稳定因素，所以它的信度当然就会低于其他题型的信度。

3.2.4 效标关联效度的检验

所谓效标效度，就是考查测验分数与效标的关系，看测验对我们感兴趣的行为预测得如何（郑日昌等，1998）。根据搜集效标的时间，可以将效标效度分为为共时效度（concurrent validity）和预测效度（predictive validity）。共时效度的效标资料是与测验分数同时搜集的，预测效度的效标资料则需要过一段时间才可搜集到。由于条件限制，本研究只调查共时效度。

3.2.4.1 效标的选取

所谓效标指的是衡量测验有效性的外在标准，通常是指我们所要预测的行为。郑日昌等（1998）认为一个好的效标必须符合以下几个条件：

① 效标测量必须真实地反映观念效标的重要侧面；

② 效标测量必须稳定可靠；

③ 效标测量必须客观，避免偏见；

④ 在保证有效性的前提下，效标测量必须尽可能简单、省时、花费少。也就是说，在选择效标时，我们必须注意效标的真实性、可靠性、客观性、有效性和经济性。参照这几条标准，我们选用了以下两组效标：

① 教师的评分：教师评分反映了教师对学生听力、语法、阅读、综合各方面水平的总体把握，是教师对学生的语言水平进行一个学期的观察后得出的结论。我们认为它能较好地反映学生的真实语言水平，是较为理想的效标。

② HSK（初、中等）考试成绩：在前面四项选取效标的条件中，可靠性是非常重要的一项，如果效标测量随时间或情况而变化，就不能与测验分数有恒定的关系。而 HSK 是目前国内最具权威性的测量母语非汉语者的汉语水平的考试，是非常可靠的效标。从卷面构成的角度看，HSK（初、中等）由四大部分组成：听力理解、语法结构、阅读理解和综合填空，可以描述为对听的能力、语法能力、阅读能力和综合运用语言的能力的测量（张凯，1992）。因此我们可以暂且把 HSK 总分看做考生总体语言水平的反映，同时把各部分分数分别看作听力、语法、阅读和综合运用能力的反映。

3.2.4.2 实验结果

3.2.4.2.1 针对我们的语言水平测验

3.2.4.2.1.1 完形填空总分

由于完形填空总分和语言能力测验其他部分的分数都是等距量表，所以在计算完形填空总分与听力、阅读、语法以及总分（不包括完形填空总分）的相关时，我们采用了皮尔逊积差相关，结果如下：

1. 除了在试卷 161014 中，完形填空总分与听力部分的相关较低外，在四套试卷中与四部分题目的相关都在 .4 以上，且在 .05 水平上显著。

2. 在试卷 161014 中，完形填空总分与阅读理解部分的相关最高；在试卷 25913、381216 和 471115 中，完形填空总分都与我们语言能力测验总分的相关最高。

3.2.4.2.1.2 用四种方法设计的完形测验

由于用四种方法设计的完形测验和语言能力测验的各部分分数都是等距量表,所以我们在计算按固定比率删词完形填空、意向删词完形填空、多项选择完形填空及 C-test 与听力、语法、阅读、完形填空以及总分(我们所指的完形填空和总分是除掉所研究部分后得到的分数,例如,在研究按固定比率删词的完形测验时,完形填空分数是扣除按固定比率删词的完形测验分数后的分数,或者说是意向删词完形填空、多项选择完形填空和 C-test 三部分分数之和,总分也是扣除该部分后的分数)的相关时,使用皮尔逊积差相关,结果如下:

1. 在试卷 161014 中,按固定比率删词的完形填空与总分相关最高;在另外三套试卷中与完形填空总分相关最高,与语言水平测验总分的相关为第二高相关。

2. 在四套试卷中,意向删词完形填空总是与完形填空总分的相关最高。

3. 在四套试卷中,意向删词完形填空与语言水平测验总分的相关为第二高相关。

4. 除试卷 381216,意向删词完形填空与听力部分的相关都是最低的。

5. 在试卷 25913 中,多项选择完形填空与总分的相关最高;在另外三套试卷中,多项选择完形填空总是与完形填空总分的相关最高。

6. 在四套试卷中,C-test 与完形填空总分的相关总是最高的。

7. 除试卷 381216,C-test 与听力部分的相关都相当低。

3.2.4.2.2 针对教师评分

由于教师评分为顺序量表,所以我们在计算完形填空总分、按固定比率删词的完形测验、意向删词完形测验、多项选择完形测验及 C-test 与教师评分的相关时采用斯皮尔曼等级相关,结果如下:

1. 总的来看,在四套试卷中,完形填空总分与教师对被试综合填空能力评分的相关都比较高。

2. 在试卷 161014 和 381216 中，按固定比率删词的完形填空与教师对被试阅读能力评分的相关最高；在试卷 25913 中，按固定比率删词的完形填空与教师对被试听力能力评分的相关最高；在试卷 471115 中，按固定比率删词的完形填空与教师对被试语法能力评分的相关最高。

3. 在试卷 25913 中，按固定比率删词的完形填空与教师对被试各项能力评分的相关都很低；在另外三套试卷中，按固定比率删词的完形填空与教师对被试阅读理解能力评分的相关都比较高。

4. 在试卷 161014 中，意向删词完形填空与教师对被试综合填空能力评分的相关最高；在试卷 25913 和 471115 中，意向删词完形填空与教师对被试听力能力评分的相关最高；在试卷 381216 中，意向删词完形填空与教师对被试阅读能力评分的相关最高。

5. 在试卷 161014 中，多项选择完形填空与教师对被试各项能力评分的相关都相当低；在试卷 25913 中，多项选择完形填空与教师对被试听力能力评分的相关最高；在试卷 381216 和 471115 中，多项选择完形填空与教师对被试阅读能力评分的相关最高。

6. 在四套试卷中多项选择完形填空均与教师对被试语法能力评分的相关最低。

7. 在四套试卷中，C-test 与教师对被试各项能力评分的相关都比较低，只有在试卷 471115 中，C-test 与教师对被试语法能力评分的相关达到了 0.4 以上。

（注：以上分析样本数量均为 36 人。）

3.2.4.2.4 针对 HSK（初、中等）正式成绩

由于完形填空总分和用四种方法设计的完形填空的分数及 HSK（初、中等）正式成绩都是等距量表，所以我们在计算相关时采用皮尔逊积差相关。在我们的语言测验中使用试卷 161014、25913、381216、471115 并参加了 2003 年 12 月 21 日的 HSK 考试的被试人数分别为 24、24、25、20。完形填空总分、按固定比率删词的完形测验、意向删词完形测验、多项选择完形测验及 C-test 与 HSK（初、中等）考试听力理解、语法结构、阅读理解、综合填空以及总分的皮尔逊积差相关结果如下：

1. 除试卷 471115 外，完形填空总分与 HSK 各部分之间的相关都比较高。

2. 总的来看，完形填空总分与 HSK 总分的相关都达到了一定的水平。

3. 总的来看，按固定比率删词的完形填空与 HSK 总分之间的相关是比较高的。

4. 总的来看，意向删词完形填空与 HSK 总分之间的相关都较高，在各套试卷中都位于第二高相关的位置。

5. 在试卷 161014 中，多项选择完形填空与 HSK 各部分的相关都不太高，只有与语法部分的相关达到了 0.447，且在 0.05 水平上显著；在试卷 25913 中，多项选择完形填空与 HSK 综合填空部分的相关最高；在试卷 381216 中，多项选择完形填空与 HSK 听力部分的相关最高；在试卷 471115 中，多项选择完形填空与 HSK 阅读部分的相关最高。但在试卷 25913、381216 和 471115 中，多项选择完形填空与 HSK 总分的相关都是第二高相关的。

6. 在试卷 25913 和 471115 中，C-test 与 HSK 各部分之间的相关都非常低；在试卷 161014 中，C-test 与 HSK 总分的相关最高；在试卷 381216 中，C-test 与 HSK 阅读部分的相关最高。

3.2.4.3 讨论

1. 我们发现，完形填空作为一种测量汉语作为第二语言的能力的方法，其结果的变化是比较大的，但它与各项效标都具有实质性关系，所以我们认为完形填空既考查了被试低水平的语言能力，又考查了被试高水平的语言能力。尽管在不同试卷中完形填空与三组效标各部分存在着不同程度的相关，但是完形填空与语法的相关并不高于与其他部分的相关，并且总的来看，完形填空与总分和综合填空能力的相关比较高。这一研究结果表明，单纯的将完形填空看做是一种综合性测验或一种分立式测验都是比较片面的。如果一定要做这种划分，我们认为完形填空更倾向于测量被试的综合能力，这支持了 Darnell(1968)，Oller(1972b，1979)，Stubbs & Tucker(1974)的观点。我们认为之所以会出现这一结果，是因为:首先,被试要想正确回答完形题目,就先要读懂完形文章,然后根据上下文语境,综合他的语法等能力,来推测他所要在空白处填写的那个特定的汉字,在这个过程中,被试需要调动从认读词汇、建立概念,到判断、推理的所有层次的语言行为,所以完形填空考察的应该是被试的综合语言能力;其次,一篇文章可以出比较多的完形填空题目,如果这些完形填空题目是该篇文章的一个有代表性的抽样的话,那么这些题目中应该涵盖了语义、语法、语用等各方面的题目,而这些题目考查的是被试不同方面的语言能力,所以将这些题目综合在一篇完形文章中,这篇文章考查的就应该是被试的综合语言能力。

2. 我们发现,按固定比率删词的完形填空作为一种完形测试方法,其结果是非常不稳定的,在和语言水平测验的相关中,与完形填空总分和语言测验总分的相关最高,在与教师评分的相关中,在不同试卷中分别与听力、阅读、语法的相关最高,在与 HSK 的相关中,分别与听力和阅读的相关最高。我们认为结果的不一致可能与随机删词的原则有关,这再次印证了 Alderson(1980)"完形测验的结果不一致可能不是由删词率决定的,而是由所删掉的那些特定的词不同造成的"的发现。因为随机删词忽略了文章句法和语义上的关系,因此可能就会出现不同完形测试文章结果的不一致。完形测试的结果究竟会怎样,就要看需要被试填的词的句法功能和语义功能了。如果在一篇文章中,我们按照按固定比率删词的原则删掉的词,主要是和语法有关的,那么我们的完形测验考查的有可能就是被试的语法能力,所以看起来似乎就只考查了被试低水平的语言能力;如果在一篇文章中,我们按照按固定比率删词的原则删掉的词,主要是和语义、语用有关的,那么我们的完形测验考查的有可能就是被试的阅读能力,所以看起来似乎就只考查了被试高水平的语言能力;如果在一篇文章中我们按照按固定比率删词的原则删掉的恰好既有与语法有关的,又有与语义、语用有关的,那么我们的完形填空考查的有可能就是被试的综合语言能力,所以看起来似乎就既考查了被试高水平的语言能力,又考查了被试低水平的语言能力。但是有一点我们不得不承认,就是我们按照按固定比率删词的原则删掉的词究竟是什么样的,我们究竟会得到什么样的结果，这是事先不可预知的。所以我同意 Hanania & Shikhani (1986) 的观点，认为按固定比率删词的完形测验和其他测验方法一样，只是我们用来开发、制造测验的一种方法，“它本身并不能自动生成效度很高的测验”。

3. 我们发现，不同试卷中意向删词完形测验与语言水平测验中完形填空总分的相关总是最高，分别与教师评价中综合填空、听力和阅读能力的相关最高，分别与 HSK 的听力、语法、综合部分的相关最高。我们在文献回顾部分已经说过，听力测验考察的是被试的综合能力，根据我们的讨论 2，我们可以知道完形测试也是一种综合性测试，所以，综合我们的实验结果，我们有理由认为意向删词完形测试是一种综合性测试。这与 Yamashita(2003)“意向删词完形测试是测量阅读理解能力的方法”的结论有所不同。我们认为，意向删词完形填空不仅测量了被试的阅读能力，而且测量了阅读能力以外的其他能力。这是因为：第一，被试在做意向删词的完形题目时，首先要读懂文章，这似乎考查了被试的阅读能力，但是完形填空和我们普通的阅读毕竟不一样，在我们普通阅读中我们获得的完整的文章在完形测试中是没有的；在普通阅读中我们的主要任务是把握文章大意，而在完形测试中我们除了要把握文章大意外，还需要综合包括语法知识在内的多种信息资源，来推测需填汉字。第二，我们在设计意向删词完形填空时，测验开发者有着很大的主动性，他可以根据文章的特点来设计题目，所以他既可以设计与语法有关的题目，又可以设计与语义有关的题目，还可以设计与语用有关的题目，即使在测验生成之后也可以根据预测的结果增加或删减一些题目，所以被试在做题时，就既需要即时语境又需要长语境，这些都为有效地考查被试的综合语言能力提供了保障。

4. 我们发现，在不同试卷中，多项选择完形测验分别与语言水平测验中完形填空总分和总分的相关最高，与教师评价中听力和阅读的相关最高，分别与 HSK 听力、语法、阅读、综合填空的相关最高。但总的来看，虽然多项选择完形填空和分立式测验的相关也不低，但还是和完形填空总分、听力和阅读部分的相关更高，也就是说，多项选择完形测验主要考查了被试的综合语言能力和高水平的语言技能，这一结果和 Brown (1988, 1993)的研究结果是一致的。我们认为多项选择完形测试和阅读能力相关较高是因为，被试在做多项选择完形题目和阅读题目时，都需要将注意力集中于文章的某个或某些特定部分，然后回答问题，当然这些特定部分既可以是一个词，也可以是整篇文章。我们认为多项选择完形填空考查的主要是综合语言能力，可能是因为多项选择完形填空和意向删词完形填空的测试点是一样的，而我们的测试点中有一部分是考查被试的语法能力的，有一部分是考查被试对较长篇章的理解能力的，所以被试在做完形题目时，既需要使用分句层次的信息，又需要使用篇章层次的信息。

5. 我们发现，C-test 和语言水平测验中完形填空总分的相关最高，和教师评分及 HSK 各部分的相关都不太高，所以我们很难说这部分题目测的是何种能力。出现这种结果可能是因为被试以前从没接触过这种题型，而我们在题目说明时只做了一般性说明，并没有特别举例，所以一些接受新事物较快的被试可能明白了我们的题目要求，另外一些学生可能不知道我们这部分题目究竟要怎么做。本人在评分时发现，这部分题目空着没做的考生中既有在其他题目中得分很高的，也有在其他题目中得分很低的，所以我们有理由相信，至少有一部分考生不是真的不会我们要考查的内容，而是不明白我们的测试方法。当然，出现这一结果也有可能说明 C-test 不适合在汉语能力考试中应用。

6. 我们发现，完形填空总分和用四种方法设计的完形题目与各组效标中语法部分的相关变化较大，有时相关较高，有时相关较低，我们认为这有可能是因为语句层面上的语法和篇章层面上的语法是不完全相同的，是既相互独立又相互影响的。因为若干句子组成一个段落，句子和句子之间不仅有意义上的联系，也常常有形式上的联系，许多语法现象只有在话语里才看得清楚，语法受话语的影响（盛炎，1990）。Rob Batstone (1995，见王佶旻，2001）深入分析了语法和话语的关系，认为二者是既独立又相关的。语法本身是意义构成的形式，在传达意义上具有独立性，但在话语中常常出现一些含糊的或是笼统的概念，必须依靠话语语境才能传达和被理解。所以，我们认为这造成了完形填空总分和用四种方法设计的完形题目与语法部分的相关忽高忽低。

7. 在我们的研究结果中，我们发现了一个有意思的现象，就是完形填空作为一种书面测试形式，在各套试卷中与三组效标中听力部分的相关都比较高，我们认为这有可能在向我们暗示，当我们考查的确实是被试的真实语言能力，或者说是被试内化了的能力的时候，测验形式对测验结果的影响就会是十分微弱的，甚至是可以忽略的。完形填空和听力的相关之所以会比较高，是因为它们之间存在着某种共同的东西，我们认为那就是它们要求被试完成的任务的综合性本质。

3.3 结论

通过我们的研究，我们发现在我们的四套试卷中，用四种方法设计的完形题目的难易度都是适合我们被试的水平的，但多项选择完形测试最容易；四份试卷中用四种方法设计的完形题目的区分度都是相当高的，点双列相关系数都达到了 0.4 以上；四份试卷中用四种方法设计的完形题目的信度都非常高，但多项选择完形填空的信度要比其他三种方法设计的完形填空的信度低；我们的完形测验的确是一种测量综合语言能力的方法，不同文章中按固定比率删词的完形测验测的可能是不同的语言能力，意向删词完形测验和多项选择完形测验考查的是被试的综合语言能力。

当然，本研究只是完形测试方法在汉语作为第二语言测试领域中所做的一次理论探讨和实验尝试，涉及的考试题型和实验规模都比较小，因而只能当做在该领域的一次试航。

参考文献

国家汉语水平考试委员会办公室考试中心 2001 中国汉语水平考试大纲（初、中等），现代出版社。

李光荣 1990 完形程序的由来及其在教学中的发展，《外语教学与研究》

第4期。

盛 炎 1990《语言教学原理》,重庆出版社。

王佶旻 2001 三类口语考试题型的评分研究(硕士论文)。

张厚粲、徐建平 2003《现代心理与教育统计学》,北京师范大学出版社。

张 凯 1995 汉语水平考试结构效度初探,《首届汉语考试国际学术讨论会论文选》,北京语言学院出版社。

张 凯 2001《语言测验理论与实践》,北京语言大学出版社。

郑日昌、蔡永红、周益群 1998《心理测量学》,人民教育出版社。

Alderson, J. C. 1980 Native and Nonnative Speaker Performance on Cloze Tests, *Language Learning*, 30, 59 – 76.

Bachman, L. F. 1982 The Trait Structure of Cloze Test Scores, *TESOL Quarterly*, 16, 61 – 70.

——1985 Performance on Cloze Tests with Fixed-ratio and Rational Deletions, *TESOL Quarterly* 19, 535 – 555.

Bensoussan, M. & Ramraz, R. 1984 Testing EFL Reading Comprehension Using a Multiple-choice Rational Cloze, *The Modern Language Journal* 68, 230 – 39.

Brown, J. D. 1988a What Makes a Cloze Item Difficult? *University of Hawaii Working Papers in ESL*, 7(2), 17 – 39.

——1988b Tailored Cloze: Improved with Classical Item Analysis Techniques, *Language Testing* 10, 93 – 106.

——1993 What Are the Characteristics of Natural Cloze Tests? *Language Testing* 10, 93 – 116.

Burton, N. G. & J. C. R. Licklider. 1955 Long-range Constraints in the Statistical Structure of Printed English, *American Journal of Psychology* 68:650 – 653.

Carroll, J. B., Carton, A. S. & Wilds, C. 1959 *An Investigation of 'Cloze' Items in the Measurement of Achievement in Foreign Languages*, College Entrance Examination Board Research and Development Reports. Laboratory for Research in Instruction, Graduate School of Education, Harvard University. (ERIC) ed. 21 – 513.

Chapelle, C. A. & Abraham, R. G. 1990 Cloze Method: What Difference Ddoes It Make? *Language Testing* 7, 121 – 146.

Cohen, A. D., Segal, M. & Weiss, R. 1984 The C-test in Hebrew, *Language Testing* 1, 221 – 225.

Coleman, E. B. & Miller, G. R. 1967 The Measurement of Information Gained During Prose Learning, *Reading Research Quarterly* 3, 369 – 386.

Cranney, A. G. 1972 The Construction of Two Types of Cloze Reading Tests for College Students, *Journal of Reading Behavior* 5, 60 – 64.

Darnell, D. K. 1970 Clozentropy: A Procedure for Testing English Language Proficiency of Foreign Students, *Speech Monographs* 37, 36 – 46.

Farhady, H., Keramati, M. N. 1996 A Text-driven Method for the Deletion Procedure in Cloze Passages, *Language Testing* 13, 191 – 207.

Gallant, R. 1965 Use of Cloze Tests as a Measure of Readability in the Primary Grades, In Figurel, J. A., editor, *Reading and Inquiry*, Newark, Delaware: International Reading Associations, 286 – 287.

Greene, F. P. 1965 Modifications of the Cloze Procedure and Changes in Reading Test Performances, *Journal of Educational Measurement*, 2, 213 – 217. b

Hale, G. A., Stansfield, C. W., Rock, D. A., Hicks, M. M., Butler, F. A. & Oller, J. W., J. R. 1988 *Multiple-choice Items and the TOEFL*, TOEFL Research Report No. 26, Princeton, New Jersey, Educational Testing Service.

Hale, G. A., Stansfield, C. W., Rock, D. A., Hicks, M. M., Butler, F. A. & Oller, J. W., J. R. 1989 The Relation of Multiple-choice Cloze Items to the Test of English as a Foreign Language, *Language Testing* 6, 49 – 78.

Hanania, E. & Shikhani, M. 1986 Interrelationships among Three Tests of Language Proficiency: Standardized ESL, Cloze, and Writing, *TESOL Quarterly*, 20, 97 – 109.

Hughes, A. 1989 *Testing for Language Teachers*, Cambridge University Press.

Jafarpur, A. 1994 Native Speaker Performance Validity: in Vain or for Gain? *System* 22.

——— 1995 Is C-testing Superior to Cloze? *Language Testing* 12, 194 – 216.

Jonz, J. 1976 Improving on the Basic Egg: the M-C cloze, *Language Learning* 26, 255 – 256.

Klein-Braley, C. & Raatz, E. 1984 A Survey of Research on the C-test, *Language Testing* 1, 134 – 146.

Klein-Braley, C. 1981 *Empirical Investigations of Cloze Tests*, Unpublished PhD, University of Duisburg.

——— 1997 C-tests in the Context of Reduced Redundancy Testing: an Appraisal, *Language Testing* 14, 47 – 84.

Negishi, M. 1987 The C-test: an Integrative Measure? *The IRLT Bulletin* 1, 3 – 26.

Oller, J. W. Jr. 1972a Dictation as a Test of ESL Proficiency, In Allen, H. B. and Campbell, R. N., editors, *Teaching English as a Second Language: a Book of Readings*, New York, McGraw-Hill.

——— 1972b Scoring Methods and Difficulty Levels for Cloze Tests of Proficiency in English as a Second Language, *Modern Language Journal* 56, 151 – 158.

——— 1979 *Language Tests at School*. NY, Longman.

Shohamy, E. 1984 Does the Testing Method Make a Difference? The Case of Reading Comprehension, *Language Testing* 1, 147 – 170.

Stubbs, J. B., Tucker, G. R. 1974 The Cloze Test as a Measure of English Proficiency, *Modern Language Journal* 58, 239 – 242.

Taylor, W. L. 1953 Cloze Procedure: A New Tool for Measuring Readability, *Journalism Quarterly* 30,414 –438.

——— 1956 "Cloze" Readability Scores as Indices of Individual Differences in Comprehension and Aptitude, *Journal of Applied Psychology* 41: 19 –26.

Yamashita, J. 2003 Processes of Taking a Gap-filling Test: Comparison of Skilled and Less Skilled EFL Readers, *Language Testing* 20: 267 –293.

Zarrabi, A. 1988 *Deletion Rate and Test Difficulty in Cloze*, Unpublished MA, Alameh Tabatabaie Univesity, Tehran..

多种 DIF 检测方法的比较研究

于媛颖

内容提要: DIF(Differential Item Functioning)即项目功能差异日渐得到重视,从最初的公平性研究到现在对测验自身效度和信度的考量,DIF 研究一直发挥着重要作用。目前已有多种 DIF 检测方法,这些不同的方法在概念、计算和结果解释方面都有所不同。本文拟通过介绍几种常用的 DIF 检测方法,并通过实验研究,解决下面问题:

1. 这些不同的 DIF 检测方法有何共同点,有何差异?

2. 统计意义上的项目功能差异和主观判断的项目功能差异是否一致?

3. 在相同样本容量情况下,各种 DIF 检测方法的检测敏感性是否一致?

关键词: 项目功能差异 SIBTEST 方法 MH 方法 STND 方法

Abstract: This thesis focuses on DIF(Differential Item Functioning) and Bias. It introduces the background of DIF and Bias, at the same time offers some statistic methods for detecting DIF in a test.

This research uses DIF theory to detect whether there are differential item performances in HSK testing between male students and female students. The thesis uses six methods to detect the DIF, including Scheuneman's chi-square method, Camilli's chi-square method, MH method, SIBTEST method, STND method and delta-plot method.

Through the research, we want to know answers to some

questions as following:

1. What are the similarity and the difference between these six DIF detecting methods?

2. Whether is the statistic DIF same with judgmental bias?

3. Whether have the six methods the same sensitivity in the same sample?

Key words: DIF(differential item functioning), SIBTEST, MH, STND

零 引 言

0.1 背景介绍

0.1.1 社会背景

提到测验偏差(test bias),就不能不提到20世纪60年代的人权运动。这个时期之所以对人们了解DIF产生重要影响,是因为现代测验形式及项目偏差(item bias)分析都来自于这个时代,受这个时代的影响,并且把人权运动的准则作为测验实行的一个标准部分。在这种情况下,人们注意到项目偏差,开始用公平性原则研究文化差异,并且发现在当时的考试内容中有一些题目超出了少数民族的文化领域,因此造成了黑人和西班牙人与白人之间在考试行为上的极大差异。

在这里有必要认真地考虑一下,在测验偏差和项目偏差中经常使用的一些词语,尤其是偏差——"bias"这个词。从20世纪80年代开始,有很多作者Linn,Levine,Hastings,& Wardrop(1981),对bias下过类似的定义:如果来自不同组的能力水平相同的被试对某一题目没有相同的答对率,那么,这个题目是有bias的。Shepard对bias的定义可能更有趣一些,他说:bias是一种无效性,它更大地伤害了其中的一组。第一种定义指的是所能观察到的不同被试考试行为的差异,第二种定义超出了差异本身,而带有评价的意味,指的是考试对其中一组的不公平对待。词典中对bias的解释是,和真相的一种分歧。从统计学意义上讲,这种意思可以理解为对真值偏离方向的评估;从社会学意义上讲,它意味着和偏见类似的东西,一种毫无理由的个人喜好。

0.1.2 行业背景

从20世纪60年代起,美国教育界就开始对性别与种族在测验结果上的差异特别感兴趣,一些人认为传统的教育和职业测验偏向白人文化,不能反映少数民族的能力。如今美国的心理测量界有两个趋势:一是计算机在测验上的应用越来越广泛和深入,人们使用计算程序来处理一些心理测量问题;二是政治和法律的介入越来越明显,为了测验的公正与否而诉诸公堂的案子屡屡发生,与此同时美国的州和国家也多次为公民的不被歧视的权益通过了有关的法律条文。因此,对于测量界的专家们来说,研究出一些方法来保证测验的公平性成了至关重要的问题。

研究者对项目偏差(bias)和项目功能差异(DIF)的研究(Reynolds,1980;Schmidt & Hunter,1974;Hale,1988;Cole & Zieky,2001;Steenkamp & Baumgartner,1998;Chinn,1976;Katzenmeyer,1977)更多地关注性别差异和种族差异等问题,本论文的实验研究部分拟通过几种DIF检测方法,检测在初、中等汉语水平考试中是否存在性别差异。

0.2 DIF和bias

项目偏差指的是,如果来自不同团体的具有相同能力或熟练水平的子群体对某题正确回答的概率不同,那么这道题就是有偏差的。例如,某个测验的作文题目是要求写一篇有关电脑革命带来的巨大变化,测验编制者的目的是想要了解被试的作文能力,但是由于地区经济发达程度不同的被试对电脑的认识是不同的,由于经济发达地区的被试接触电脑的机会更多一些,因此他们的得分可能比具有同等作文能力的经济欠发达地区的被试更高,这个题目对经济欠发达地区的被试不利,即这个题目有项目偏差。

0.3 DIF研究方法的历史发展过程

评估测验中的题目在何种程度上被认为有bias的第一个正式程序由

Cardall 和 Coffman 于 1964 年提出,他们用方差分析方法分析参加 1963 年 SAT 考试的黑人组和白人组是否有相同的考试反应。1972 年,Angoff 提供了一种新的方法研究文化差异,这就是后来被人们熟知的散点图法,也叫项目难度转换法。这种方法很快大受欢迎,因为它逻辑简单,又容易被人们使用,而且稳定性也比较高。

1979 年,Scheuneman 提出一种和卡方相似但不是完全一样的方法,用这种方法来检测 DIF,人们称之为 S 卡方方法。但是这种方法很快受到 Baker(1981)等人的抨击,他认为 S 卡方方法受样本数量的影响很大,卡方值会随着样本数量的变化有很大的不同。有一种与 S 卡方方法不同的卡方方法,由 Holland 等人提出,人们把它叫做全卡方方法。

20 世纪 80 年代,散点图方法也有了进一步的发展。Angoff 等人(1982)认为,如果散点图中所有的项目没有相同的区分度,那么散点图方法将会产生错误的结果,尤其是当被研究的两组被试在能力水平相差很大的情况下却有相同的平均分。

1988 年,Holland 和 Thayer 用一种新的方法来检测 DIF,这种方法被称为 MH 方法,原先是由 Mantel 和 Haenszel(1959)提出,用于医学研究的方法。Holland 和 Thayer 认为 MH 方法比全卡方方法有更多的统计优越性。

Dorans 和 Kulick(1986)提供了一种检测 DIF 的方法——标准化方法(简称 STND),这种方法与 MH 方法极为相似。与散点图方法和全卡方方法相同,与 IRT 方法不同,MH 方法和 STND 方法只提供不同的题目难度指数,而没有提供不同的题目区分度指数。

以上的这些方法,除了全卡方方法既包括答对率又包括答错率之外,其他的方法都只是考虑答对率。

0.4 一致性 DIF 和非一致性 DIF

Mellenbergh(1982)提出一致性 DIF(uniform DIF)和非一致性 DIF(nonuniform DIF)概念。在当前的研究中,这两种 DIF 都可以被观察到。当被试的能力水平与其组别之间没有联系时,一致性 DIF 发生。当能力水平与其组别之间有联系时,非一致性 DIF 发生。在标准化测验中,一致性 DIF 比非一致性 DIF 更常见。

0.5 参照组与目标组

在 DIF 的研究中常会人为地把被试分为两组,分别称为参照组和目标组。划分被试的依据一般有:性别、地域、民族、年级、职业、社会经济地位等。衡量参照组与目标组的被试是否具有相同能力水平的变量就称为匹配变量。匹配变量既可以是观察分数,一般是测验的总分;又可以是潜在能力值,一般是用 IRT 模型估计出的 θ 值以及经典测验理论的真分数 t。

0.6 检测 DIF 方法的分类

为了更好地理解和正确选择 DIF 方法,下面列举几种较常见的分类。

1. 根据检测项目的记分形式,可分为适用于"0"、"1"项目的方法(如 MH、SIBTEST、和 STND 等大多数方法都是这种方法)和适用于多重记分项目的方法(如多重记分的 STND、SIBTEST 等都是用"0"、"1"的记分方法扩展成的方法)。

2. 根据方法是否要以参数方程为基础,可分为参数方法和非参数方法(MH 方法、STND 和 SIBTEST 方法)。

3. 根据匹配变量是否是真分数,可分为以实际得分为匹配变量的方法(如 STND 和 MH 方法)和以潜在变量为匹配变量的方法(如 SIBTEST 方法)。

0.7 影响 DIF 方法检验力的因素

DIF 方法在检验 DIF 的过程当中,把辨认具有 DIF 项目的能力称为 DIF 方法的检验力或检验效率。方法不同,其检验力也不同,下文即将介绍的六种方法的检验力在众多方法中是比较高的。每种方法的检验力不是固定不变的,有一系列的因素影响其检验力。

以往的研究表明,影响最大的一个因素是样本的容量,样本容量越大,检测力就越高。如果样本容量太小,则无法检验出有 DIF 的项目。

测验长度也会影响 DIF 的检测力,因为长的测验将测得更可靠的分数,因而对能力的估计就更准确。但是,随着具有 DIF 项目的增加,对匹配变量的污染也会增加,这将会影响 DIF 检测力。所以测验长度增加而 DIF 项目比例减少时,DIF 方法的检验力才会增加。

目标组和参照组的总体分布差异也会对 DIF 检验力发生影响,研究表明:目标组和参照组具有相同的总体能力分布时,DIF 检测力较高;当目标组和参照组不具有相同的总体能力分布时,DIF 检测力较低。

一　研究方法和目的

本文介绍六种检测 DIF 的方法,并使用这六种方法进行 DIF 研究,通过具体实验对这六种方法进行分析比较。以下是本论文的研究方法。

1.1　样本

本论文使用的样本是在韩国本土参加初、中等汉语水平考试(HSK)的韩国学生,共 5701 人,从中随机抽取男女生各 1370 名。试题卷号为 RD003,考试时间是 2003 年 12 月。目标组为韩国女生,参照组为韩国男生。

1.2　工具

初、中等汉语水平考试(HSK)由北京语言大学汉语水平考试中心设计研制,是专门为测量母语为非汉语者的汉语水平而设立的一种标准化考试。HSK 初、中等试卷共有 170 题,分为四大项,其中听力理解 50 题,语法结构 30 题,阅读理解 50 题,综合填空 40 题。

1.3 程序

S 卡方检验的程序:把参照组和目标组被试划分为 N 个能力水平组,根据此考试情况共划分为五个能力区间,即 1(低)、2(中下)、3(中)、4(中上)和 5(高)共五组。每一能力水平组的人数没有很大的差距,确保有大致相同的参照组和目标组被试。然后分别计算每一个能力区间的每一个题目的卡方值。

全卡方卡方检测程序与 S 卡方方法基本一致,但是最后的计算公式不同,它计算的是答对率的卡方值和答错率的卡方值累加之和。

SIBTEST 方法使用的是由 Shealy、Stout 和 Roussos 开发出来的 SIBTEST 程序,MH 方法和标准化方法使用的是自编的程序。

Δ 散点分布图法程序:分别计算参照组和目标组的难度 p 值,然后把 p 值转化成 z 值,最后把 z 值转化成 Δ 值。使用的方程式:$\Delta = 4z + 13$。这样每一个题目都得到一个相应的 Δ 值,然后使用 Δ 散点分布图来分析 DIF。

1.4 研究目的

本文拟通过介绍几种常用 DIF 检测方法,并通过实验研究,试图解决下列问题:

1. 这些不同的 DIF 检测方法什么地方比较相似,什么地方差异明显?

2. 统计意义上的项目功能差异和主观判断的项目功能差异是否一致?

3. 在相同样本容量情况下,各种 DIF 检测方法的检测敏感性是否一致?

二 本文使用的 DIF 检测方法简介

检测 DIF 的方法有很多种,许多的研究者(Lois,1980;Cecil,1980;

Ruder & Knight, 1980; Cochran, 1954; Flaugher, 1978; Humphreys, 1973; Clauser & Mazor,1998)也分别介绍过 DIF 的一些检测方法,本文介绍和使用的六种方法是其中较为常用的几种方法,分别是 S 卡方方法、全卡方方法、SIBTEST 方法、MH 方法、STND 方法和 Δ 散点图方法。

2.1 卡方检验

2.1.1 项目偏差卡方指标

根据卡方检验方法,项目偏差指的是,当个体来自于不同的子体,在测验中具有相同的总分,对某一项目的正确反应概率不同时,项目便具有偏差性。根据这种方法,先将整个样本分成有关的子体(黑人/白人,男人/女人等)。然后,测验总分被划分成 J 个连续区间,虽然,根据样本中的人数、项目难度、测验总分的不同,可以进行不同的划分,但通常采用五个区间。在每一个测验区间中,那些对某一项目能正确或错误回答的人数比例被用来估计那一区间中个体正确或错误反应的概率。因为,如果一个项目是无偏差的,那么,在所有有关子体中处于某一特定测验分数区间的个体的正确反应概率就应相同。

2.1.2 Scheuneman 的卡方检验方法

S 方法(Scheuneman,1979)是检验 DIF 的多种卡方方法之一,其他的卡方检验方法都是全卡方方法。与其他的全卡方方法(如 Camilli 的全卡方方法,1981)不同,S 方法只考虑回答正确的人数比例。而且,S 方法是惟一允许样本容量小于 100 的卡方方法。

S 方法检验的第一步是根据被试的考试总分,把被试划分成 J 个能力区间。每个组的分数线划分应该遵循常规的卡方假设,也就是说,每个组的理论频数不得少于 5(Scheuneman,1979)。如果满足这个假设,就可以通过多种方式建立能力区间。Ironson(1982)总结了下面的 3 种方法:

(1)根据总分量表,能力区间应该包括大致相同的分数幅度。

(2)能力区间应该包括大致相同的人数(两个组都应如此)。

(3)确定能力区间以保证每个能力水平上的最小的分频数的能力是

相同的。

被试被划分成不同的能力水平以后，就可以用 Scheuneman 的公式并用卡方表来计算不同组的能力相同的人的数据。分属于不同组但能力水平相同的被试，每个题目的正确反应概率应该大致相同。因此，用这个公式来计算每组每个水平等级的所有被试的正确反应的实际频数在多大程度上偏离了理论频数。公式如下：

$$x^2_{correct} = \sum_{j=1}^{J} \frac{(E_{1j} - O_{1j})^2}{E_{1j}} + \sum_{j=1}^{J} \frac{(E_{2j} - O_{2j})^2}{E_{2j}}$$

其中，j 代表能力水平，即按照被试的能力水平分成 J 个能力区间

E_{1j}代表组别为 1 的能力水平为 j 的被试的正确的理论频数

O_{1j}代表组别为 1 的能力水平为 j 的被试的正确的实际频数

E_{2j}代表组别为 2 的能力水平为 j 的被试的正确的理论频数

O_{2j}代表组别为 2 的能力水平为 j 的被试的正确的 E 实际频数

公式的计算遵循一般的卡方检验计算。最后的卡方值越大，DIF 的可能性就越大。

2.1.3 Camilli 的卡方检验方法

Camilli 的卡方检验方法也叫全卡方检验方法，所谓全卡方检验是指既要考虑回答正确的人数比例，也要考虑回答错误的人数比例。而 S 卡方方法只考虑回答正确的人数比例。另外，全卡方检验方法的样本需求量也比 S 卡方的样本需求量要大，所需样本要大于 100。全卡方的计算公式如下：

$$x^2_{full} = x^2_{correct} + x^2_{incorrect}$$

因为

$$x^2_{correct} = \sum_{j=1}^{J} \frac{(E_{1j} - O_{1j})^2}{E_{1j}} + \sum_{j=1}^{J} \frac{(E_{2j} - O_{2j})^2}{E_{2j}}$$

$$x^2_{inrrect} = \sum_{j=1}^{J} \frac{(E'_{1j} - O'_{1j})^2}{E'_{1j}} + \sum_{j=1}^{J} \frac{(E'_{2j} - O'_{2j})^2}{E'_{2j}}$$

所以这个方程还可以写成下面的形式：

$$x^2_{full} = x^2_{correct} + x^2_{incorrect}$$

$$=\sum_{j=1}^{J}\frac{(E_{1j}-O_{1j})^2}{E_{1j}}+\sum_{j=1}^{J}\frac{(E_{2j}-O_{2j})^2}{E_{2j}}+\sum_{j=1}^{J}\frac{(E'_{1j}-O'_{1j})^2}{E'_{1j}}+\sum_{j=1}^{J}\frac{(E'_{2j}-O'_{2j})^2}{E'_{2j}}$$

其中,E_{1j}代表组别为 1 的能力水平为 j 的被试的正确的理论频数

O_{1j}代表组别为 1 的能力水平为 j 的被试的正确的实际频数

E_{2j}代表组别为 2 的能力水平为 j 的被试的正确的理论频数

O_{2j}代表组别为 2 的能力水平为 j 的被试的正确的实际频数

E'_{1j}代表组别为 1 的能力水平为 j 的被试的错误的理论频数

O'_{1j}代表组别为 1 的能力水平为 j 的被试的错误的实际频数

E'_{2j}代表组别为 2 的能力水平为 j 的被试的错误的理论频数

O'_{1j}代表组别为 2 的能力水平为 j 的被试的错误的实际频数

2.2 SIBTEST 方法

SIBTEST 方法,也叫同时性项目偏差估计(simultaneous item bias procedure),是由 Shealy 和 Stout 于 1993 年提出的一种新方法。

该方法的特点是:

(1)可以同时计算单个题目的 DIF 和一批题目的项目束功能差异(differential bundle functioning,简称 DBF)。

(2)可以帮助分析产生 DIF 的原因。

(3)SIBTEST 方法用潜在能力作为匹配变量,它用回归矫正(regression-based correction)方法来估计匹配分数。

SIBTEST 方法的 DIF 指标为 β:

$$\beta=\sum_{s=1}^{k}P_S(\bar{Y}_{rs}-\bar{Y}_{fs})$$

其中,P_S 为第 S 能力水平组中答对该项目的人数比率

$\bar{Y}_{rs}$是第 S 能力水平组中的参照组被试在该题目上的平均得分

$\bar{Y}_{fs}$是第 S 能力水平组中的目标组被试在该题目上的平均得分

β 值计算出来以后,还要对其进行显著性检验,其检验统计量为:

$$B=\frac{-\beta}{\sigma(\beta)}$$

其中，$\sigma(\beta)=\left\{\sum_{s=1}^{k}P_s^2\left[\frac{\sigma^2(Y|S,R)}{N_{R_s}}+\frac{\sigma^2(Y|S,F)}{N_{F_s}}\right]\right\}^{\frac{1}{2}}$

其中，$\sigma^2(Y|S,g)$是匹配测验分数为 S 的 g 组（g = R 或 F）被试，在所研究项目上得分的方差。当项目无 DIF 时，B 近似于 N(0,1)的正态分布，B 值大于 1.96 或小于 -1.96 时（$\alpha=0.05$，双侧检验），零假设被拒绝，即认为该项目存在 DIF。

2.3 MH 方法（Mantel-Haenszel procedure）

MH 方法由 Mantel 和 Haenszel（1959）首先提出并应用于医学研究中，之后这种方法又用于检测项目功能差异，现在已经成为检测 DIF 应用最为广泛的一种方法，公式如下：

$$\alpha MH=[\sum(f_{1rk}\cdot f_{0fk})/n_k]/[\sum(f_{0rk}\cdot f_{1fk})/n_k]$$

其中，f_{1rk}是在第 K 个能力水平组中参照组答对项目的人数

f_{0rk}是在第 K 个能力水平组中参照组答错项目的人数

f_{1fk}是在第 K 个能力水平组中目标组答对项目的人数

f_{0fk}是在第 K 个能力水平组中目标组答错项目的人数

αMH 的取值介于 0 至正无穷之间。当 αMH = 1.0 时，表示该项目无 DIF；当 αMH < 1.0 时，表示该项目对目标组有较低难度；当 αMH > 1.0 时，表示该项目对参照组有较低难度。

但是由于 αMH 的计算来自于样本数据，因此对其值是否显著必须进行统计检验。检验统计量是 MH_{x^2}，其计算公式为：

$$MH_{x^2}=[|\sum_{k=1}^{s}f_{1rk}-\sum_{k=1}^{s}E(f_{1rk})|-0.5]^2/\sum_{k=1}^{s}V_{ar}(f_{1rk})$$

其中，$E(f_{1rk})=n_{1k}\cdot n_{rk}/n_k$

$V_{ar}(f_{1rk})=n_{1k}\cdot n_{0k}\cdot n_{rk}\cdot n_{fk}/[n_k^2(n_k-1)]$

MH_{x^2}被认为是服从自由度为 1 的卡方分布的，如果经检验 MH_{x^2}值处于显著性水平，则认为所研究项目存在 DIF。美国 ETS 对 αMH 又作了一个变换，与他们的 Δ 量表相配，转换公式如下：

$$\Delta MH=-\frac{4}{1.7}\ln(\alpha MH)=-2.35\ln(\alpha MH)$$

此时,ΔMH 为 0 表示项目无 DIF,ΔMH 为正表示对目标组有利,ΔMH 为负表示对参照组有利。

ETS 将 DIF 分为三种水平:A 级,可忽略;B 级,应该修改;C 级,应该删除。

2.4 STND 方法(Standardization)

STND 方法常被译为标准化方法,由 Dorans 和 Kulick(1986)提出。标准化方法认为,如果一个项目无 DIF,那么 $E_r(Y|Z) = E_f(Y|Z)$,$E(Y|Z)$表示项目分数对测验分数水平 Z 的回归,意思是说如果项目无 DIF,则项目分数的回归应该是不受群体划分的影响而完全相等的,如果在不同群体上的回归不等,就说明项目存在 DIF。

应用标准化方法计算 DIF 统计量被称为标准化 P 差(简记为 $STND_{P-DIF}$),计算公式如下:

$$STND_{P-DIF} = \sum_{k=1}^{s} [W_k(P_{fk} - P_{rk})] / \sum_{k=1}^{s}$$

其中,

$P_{fk} = f_{1fk}/n_{fk}$,表示目标组在第 k 个分数水平上正确作答测验项目的概率

$P_{rk} = f_{1rk}/n_{rk}$,表示参照组在第 k 个分数水平上正确作答测验项目的概率

$W_k / \sum_{k=1}^{s} W_k$,表示在第 k 个分数水平上两组正确作答之差的加权数

$STND_{P-DIF}$取值范围在 -1.0 到 +1.0 之间。负值表示项目有利于参照组,正值表示项目有利于目标组。STND 方法没有显著性检验,只用$STND_{P-DIF}$来表示项目功能差异的大小。通常对于 $STND_{P-DIF}$指标取值介于 -0.1 到 +0.1 之间时,认为是可以接受的取值误差,即使是稍有偏差也可以忽略不记。对于取值在正负 0.1 范围之外的值,就必须对项目作进一步的检查,以了解形成 DIF 的原因。

2.5 Δ 散点图方法(delta-plot method)

Δ 散点图方法的主要代表人物是 Angoff(Angoff,1972)。在这种方法

中，项目难度被定义为(1 - Pi)，其中，Pi 指的是某一样本对第 i 个项目正确回答的比例。由于子体间的能力 θ 分布不同，因此项目难度在子体间也可能有所差异。根据项目偏差的能力难度的定义子体间能力分布的差异在 1 - Pi 上应有一致的效应。这样，对于能力欠佳的子体而言，项目一致地具有较大的 1 - Pi 值。如果两个子体的相对项目难度或难度排列顺序不同，那么，我们把那些产生排列顺序差异的项目看做具有 DIF 的项目。

三 结 果

3.1 描述性统计

描述性统计内容如表 11 - 1：

表 11 - 1 样本描述性统计

	样本数	平均分	平均难度	标准差
目标组	1370	96.05	0.56	29.29
参照组	1370	90.59	0.53	29.36
总样本	2740	93.32	0.55	29.34

3.2 卡方检验结果

3.2.1 S 卡方检验结果

用 S 卡方方法一共检测出 3 道题有 DIF，分别是来自语法部分的 57 题，来自阅读部分的 84 题和 132 题。其中 57 题和 84 题有利于参照组男生，132 题有利于目标组女生。表 11 - 2 具体说明 DIF 的存在情况。

表 11－2　S 卡方检验结果

题目	卡方值	DIF 情况
84	17.46	有利于能力区间为 2,3,4 的男生
121	9.58	有利于所有能力区间的女生
132	7.45	有利于能力区间为 5 的女生

3.2.2　全卡方检验结果

用全卡方方法一共检测出 4 道题有 DIF,分别是来自听力部分的 23 题,来自语法部分的 57 题,来自阅读部分的 84 题和 121 题。其中的 23 题和 121 题有利于目标组女生,57 题和 121 题有利于参照组男生。具体情况如表 11－3:

表 11－3　全卡方检验结果

题目	卡方值	DIF 情况
23	10.16	有利于所有能力区间的女生
57	14.58	有利于能力区间为 3,4 的女生
84	24.22	有利于所有能力区间的男生
121	12.87	有利于所有能力区间的女生

3.3　SIBTEST 检验结果

用 SIBTEST 方法只检测出 1 道有 DIF 的题目,即对参照组有利的 84 题。结果如表 11－4:

表 11－4　SIBTEST 检验结果

题目	DIF 值/标准误/有利于
84	－.11/0.02/参照组

3.4 MH检验结果

用MH方法共检测出2道有DIF的题目，分别是来自阅读部分的84题和来自综合部分的145题，其中84题有利于参照组，145题有利于目标组。具体数据如表11－5：

表11－5 MH检验结果

题目	DIF值/标准误/级别/有利于
84	－1.3/0.20/B/参照
145	1.07/0.47/B/目标

3.5 STND检验结果

用STND方法共检测出6道可能有DIF的题目。其中有3道有利于参照组，有3道有利于目标组。具体题目如表11－6：

表11－6 STND检验结果

题目	选A差异	选B差异	选C差异	选D差异
4	1	5	－6	1
23	5	－6	2	－1
57	－3	－1	6	－2
84	4	4	2	－11
108	－6	0	2	5
121	8	－2	－3	－3

其中，第4、第84和第108题是有利于参照组的题目，第23、第57和第121题是有利于目标组的题目。

发现有DIF的题目较其他方法分布更均匀，有1道来自听力部分，1道来自语法部分，2道来自阅读部分，还有1道来自综合部分。

3.6 Δ散点图分布检验结果

根据这次考试结果生成的散点图是一个狭长的椭圆形，相关系数高达0.984,这说明这次考试对参照组和目标组来说,没有明显的DIF倾向,即无论对男生还是对女生都是公平的。比较而言,于主轴偏离较大的题目有2道,分别是来自阅读部分的84题和来自综合部分的157题。其中84题有利于参照组,157有利于目标组。具体结果如表11－7:

表11－7 Δ散点图分布检验结果

		男生	女生
男生	Pearson 相关	1	.984
	协方差	3.986	4.115
	题目数	170	170
女生	Pearson 相关	.984	1
	协方差	4.115	4.389
	题目数	170	170

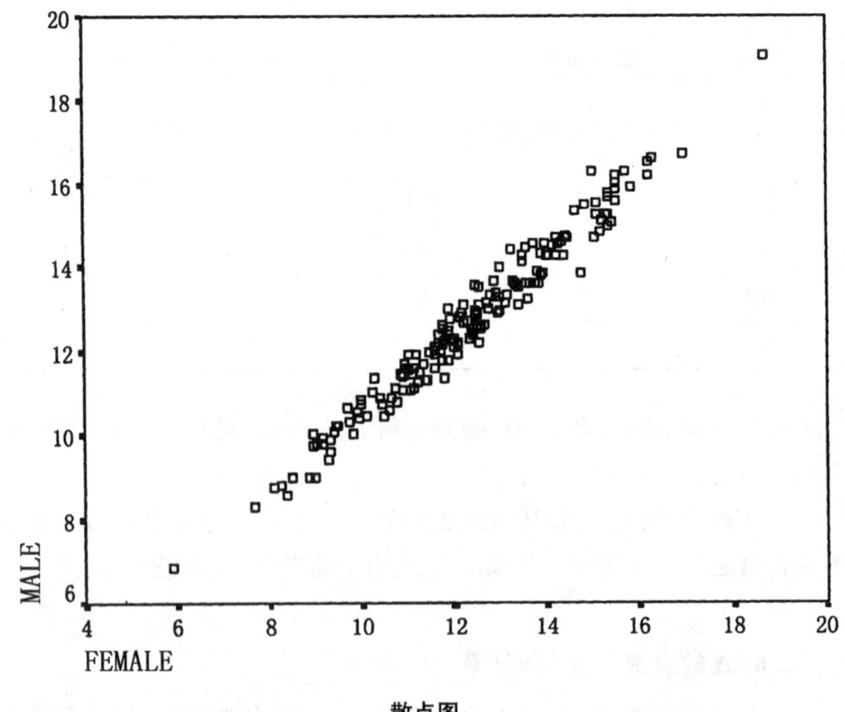

散点图

四 讨 论

4.1 S 卡方与全卡方的比较

4.1.1 S 卡方与全卡方的不同之处

1. 全卡方分布更符合卡方分布特征,它既包括答对率,又包括答错率,而 S 的卡方方法只包括答对率,因此相同题目的全卡方值要大于 S 卡方值。例如被两种方法同时检测出有 DIF 的 84 题和 121 题,其 S 卡方值分别为 17.46 和 9.58,其全卡方值分别为 24.22 和 12.87。包括 Scheuneman 本人在内的一些研究者(Baker,1981;Marascuilo & Slaughter,1981)认为,从严格意义上讲,S 卡方方法并不符合卡方分布的要求。

2. 自由度不同。S 卡方检测方法的自由度为(I-1)(J-1),I 是被试组数,J 是所分的能力区间数。当自由度增大时,拒绝零假设所需的卡方值增大,即更难拒绝零假设。全卡方值比 S 的卡方值大,因为全卡方值是答对率和答错率之和的累加。

3. 样本容量不同。S 卡方的样本容量比较小,因为它不考虑答错率,它的最小样本要求为 100。而全卡方既要考虑答对率,又要考虑答错率,需要的样本容量要大一些,它的最小样本要求为 150。

4. 对简单题目和难题的分析评估。因为只考虑答对率,所以,用 S 卡方更容易评估非常容易的题目(Gail,1980)。而对难题来说,无论是用 S 卡方还是全卡方都很难评估,因为难题的答对率很低,很难达到理论频数的需要。

5. 两种方法的一致性和不一致性(Gail,1980)。这两种方法检测难题的一致性较高,而检测简单题目的一致性较低。越是简单的题目,全卡方检测方法越是能轻易地检测出其存在 DIF,而 S 卡方检测方法越是很难检测出是否该题存在 DIF。全卡方值等于答对率的卡方值和答错率的卡方值之和,S 卡方值只是计算答对率的卡方值。对一个简单的题目,答错率的卡方值会很大,而答对率的卡方值会很小,因此 S 卡方值很小,而全卡方值会很大。同理,对一个难题,S 卡方和全卡方的值都很大。

4.1.2 S 卡方与全卡方的相同之处

这两种方法有一些共同的优点和缺点。

优点：

1. 更易于被测验使用者所理解。因为这两种方法考虑的是来自不同组的具有相同能力水平的被试是否具有相同的答对率。

2. 样本容量不大。每组大概需要 100～200 人左右。

3. 花费较少，经济实用。

缺点：

1. 决定划分能力区间的分数线具有任意性。为了求理论频数，使用卡方方法必须确定划分不同能力区间的分数线。而分数线的划定没有公式可循，具有任意性。如果分数线发生变化，那么卡方值也很容易发生变化。

2. 把测验总分作为衡量能力水平的标准并不是十分准确的事情（Gail，1980）。假设测试的结果是被试真实能力水平的体现，那么可以用测验总分作为衡量的标准。但是测验总分有一些不尽人意的地方。首先，测验总分并不是绝对可靠的，有时候总分并不能反映被试的真正水平，此时真分数匹配是一个很好的选择。其次，如果整个测验包含有 DIF 的题目，假设这个测验对男生有利，而对女生不利，那么使用测验总分就会低估了女生的能力。

3. 不能有效利用所有的信息（Marascuilo & Slaughter，1981）。这两种卡方方法没有注意到潜在变量（能力）的连续性和量化特征。而现在的很多 DIF 的方法如 IRT 方法等都十分注意潜在能力变量。

4.2 SIBTEST 方法分析

用 SIBTEST 方法只检测出 1 道有 DIF 的题目，而且并没有检测出项目束功能差异，说明被检测出有 DIF 的题目并不存在第二维度的问题。SIBTEST 方法的一个主要优点就是它可以从多维度帮助分析 DIF 产生原因（曾秀芹、孟庆茂，1999）。当考试想要测量的内容不是一个维度时，使用总分作为匹配标准并不合适。Ackerman（1992）曾经指出，如果匹配分测验中的题目包含多个维度，而只使用测验总分作为匹配标准，那么错误拒绝 DIF 题目的比例就会增加。而 SIBTEST 方法是用潜变量作为匹配变量,可以同时检测出一致性 DIF 和非一致性 DIF。

SIBTEST 方法的另一个优点是它对目标组和参照组的能力分布不敏感(董圣鸿,2001),即它对两组被试的能力分布没有什么特别的要求,这会大大提高它的适用范围,因为在实践当中,很多目标组和参照组的能力分别是不均衡的,如果使用其他的 DIF 检测方法可能会影响检测结果,而使用 SIBTEST 方法不会影响检测结果。

4.3 MH 方法分析

MH 方法与 SIBTEST 方法具有相同的理论框架,而且都比较简单。MH 方法费用低,提供 DIF 的显著性检验,并且不需要很大的样本。MH 方法是使用较久的、经典的、标准化方法,ETS 就用 MH 方法对 DIF 作常规分析。

4.4 STND 方法分析

用 STND 方法检测出最多的有 DIF 的题目,一共有 6 道。STND 方法和散点图方法相同,但与其他四种方法不同的是,它没有显著性检验,只是根据标准化 P 差的大小来表示项目功能差异的大小。

4.5 Δ 散点图分布方法分析

优点:

1. 使用这一方法十分简便,只要分别求得两组被试的难度值,然后转化成 Z 分数,再由 Z 分数转化成 Δ 值,在 SPSS 中即可求得散点图分布图。

2. 因为有现成的 SPSS 程序计算散点图,不用另外寻找其他昂贵的商业程序,所以散点图方法是非常经济实用的检测 DIF 方法。

3. 对这种散点图方法的结果解释较为容易理解。根据散点图的分布情况,只需考量那些偏离主轴较大的题目就可以;如果题目偏离主轴较大,就可以认为这个题目有 DIF。

4. 不需要很多的样本数量来保证检测的稳定性（William,1980）。其他检测 DIF 的方法都对样本数量有一定的要求，而散点图检测方法对样本数量并没有特别的要求。

缺点：

双变量量表中的散点分布受项目区分度的干扰（William,1980）。如果两组被试的能力分布非常不同并且题目区分度也有很大的不同，在这种情况下，题目区分度的干扰会把一些没有 DIF 的题目错误地归为有 DIF 的题目。

4.6 六种方法比较分析

用六种方法一共检测出有 DIF 的题目是 9 道题，其中有 2 道是听力题，有 1 道是语法题，有 3 道是阅读题，有 3 道是综合题。用六种方法同时检测出有 DIF 的题目只有 1 道，就是来自阅读部分的 84 题，用三种方法检测出有 DIF 的题目是来自阅读部分的 121 题，这三种方法分别是 S 卡方方法，全卡方方法和 SIND 方法，用两种方法检测出有 DIF 的题目一共有 2 道，分别是来自听力部分的 23 题和来自语法部分的 57 题，这两种方法是全卡方方法和 STND 方法。其余 5 道题分别只用一种方法检测出有 DIF。用 STND 方法检测出最多的 DIF 题目，共有 6 道题目。用 SIBTEST 方法检测出最少的 DIF 题目，只有 1 道题目。用 S 卡方方法和全卡方方法分别检测出 3 道和 4 道有 DIF 的题目。用 MH 方法和散点图方法分别检测出 2 道有 DIF 的题目。具体情况如表 11－8：

表 11－8　六种方法检测出的 DIF 题目

S 卡方	全卡方	SIBTEST	MH	STND	散点图
R84	R84	R84	R84	R84	R84
R121	R121			R121	
	G57			G57	
	L23			L23	
C132			C145	R108	C157
				L4	

(其中,L代表听力测验,G代表语法测验,R代表阅读测验,C代表综合测验)

4.6.1 样本容量比较

这六种检测方法对样本容量的需求不同。有的对样本容量要求较大,如SIBTEST方法,MH方法,STND方法;有的对样本容量的要求并不大,如两种卡方方法;有的甚至对样本容量没有特别的要求。具体情况如表11-9:

表11-9 样本容量比较

方法	S卡方	全卡方	SIBTEST	MH	STND	散点图
最小样本	100以上	150以上	200-250	200-250	200-250	无特别要求

本论文中共采用了2740个样本,其中目标组和参照组各1370个,样本数量足够大,因此不存在因为样本容量的大小而影响检测结果的问题。

4.6.2 检测出DIF题目的难度值分析

对有DIF题目的难度值进行分析有助于进一步了解检测方法的异同。对检测出的有DIF题目的难度值分析如表11-10:

表11-10 难度值一览表

题目与方法	p值(女)	p值(男)	p值(总)	p值(差)
4/STND	0.44	0.48	0.46	0.04
23/STND/S卡方/全卡方	0.69	0.61	0.65	0.08
57/STND/散点图	0.62	0.54	0.58	0.08
84/所有方法	0.33	0.42	0.38	0.09
108/STND	0.46	0.49	0.48	0.03
121/STND/S卡方/全卡方	0.55	0.45	0.50	0.10
132/S卡方	0.36	0.33	0.35	0.03
145/MH	0.96	0.94	0.95	0.02
157/散点图	0.31	0.21	0.26	0.10

从表中可以看到,用所有的方法都检测出有 DIF 的 84 题对两组被试来说,都是偏难的题目,比较两组被试在这个题目上所获得的难度值,可以发现这道题对男生组相对容易一些,对女生组相对难一些。第 4 题、第 23 题、第 57 题、第 108 题和第 121 题对两组被试都是难度适中的题。第 132 题和第 157 题对两组被试都是偏难一点的题目。而第 145 题对两组被试都是非常容易的题目,总的难度值达到 0. 95,即有 96% 的女生、94% 的男生正确回答了这个题目。

其中,除了共同检测出的第 84 题以外,用 S 卡方方法检测出有 DIF 的题目难度适中,没有特别难也没有特别容易的题目。全卡方方法检测的题目难度跟 S 卡方方法检测的题目难度大致相同。MH 方法检测出有 DIF 的题目——第 145 题难度很小,对两组被试都是非常容易的题目。用 STND 方法检测出的 DIF 的题目的难度值大致在 0. 50 左右,也是难度适中的题目。用散点图检测出的有 DIF 的题目——第 157 题是这几道题目中最难的一道,总的难度值达到 0. 26。由此可以得到这样的结论,被检测出有 DIF 的题目大部分难度适中,只有极少数比较难或者比较容易的题目被检测出 DIF。

这几道题目的难度值差也不是非常明显,最大的 p 值差为 0. 10,最小的 p 值差为 0. 02。这说明在这次考试中,对两组被试来说,考试难度大致相当,没有明显的差距,这也从一个侧面解释为何没有从中发现更多的有 DIF 的题目,且 DIF 值并不是十分显著。

4. 6. 3 DIF 检测敏感度

根据此次研究的结果,我们可以看出用 STND 方法检测出有 DIF 的题目最多,一共 6 道;用 SIBTEST 方法检测出最少的有 DIF 的题目,只有 1 道;两种卡方方法,MH 方法和散点图方法检测出的 DIF 题目居中,分别为 4 道、3 道和 2 道。因此,对这次测验来说,STND 方法检测 DIF 的敏感度最高,SIBTEST 方法检测 DIF 的敏感度最低,其他四种方法的敏感度居中。这六种方法检测 DIF 的敏感度由高至低排列如下:STND,全卡方,S 卡方,MH 和散点图(并列),SIBTEST。

4.6.4 DIF检测方向性

此次研究中用两种或两种以上方法检测出有DIF的题目共有4道，分别是23题（全卡方和STND）、57题（全卡方和STND）、84题（所有方法）、121题（S卡方，全卡方和STND）。值得注意的是，用多种方法检测出有DIF的题目其方向性是一致的，即同时有利于目标组或者参照组。如23题和57题用两种方法检测的结果都有利于目标组，84题用所有的方法检测的结果都有利于参照组，121题用三种方法检测的结果都有利于目标组。据此可以推论，虽然用各种方法检测出有DIF的题目不尽相同，但是如果由两种或以上的方法检测出的DIF题目，其DIF方向性一致，也可以理解为检测效率比较高，比较准确。

4.7 人工判断有bias的题目

针对用上述方法检验出的统计意义上显著的DIF题目，我们请了三位语言测试专业的研究生对上述题目作人工判断，由他们进行表决，判断这些题目是否真的有DIF存在。具体表决情况如表11－11：

表11－11 人工判断结果

题目	是否有DIF	有利于
4	有	目标组
23	有	目标组
57	无	——
84	有	参照组
108	无	——
121	有	目标组
132	有	目标组
145	无	——
157	有	目标组

4.7.1 人工判断与统计意义上的DIF方向性比较

人工判断与统计分析得到的可能有bias的题目并不相同。用两种方法同时分析出可能有bias的题目是第4题、第23题、第84题、第121题、第132题和第157题,另外3道题、第57题、第108题和第145题用人工判断的方法并没有检测出有bias。值得注意的是同时检测出的可能有bias的题目方向性并不完全一致,例如第4题用STND方法检测出这是一道有利于参照组的题目,而人工判断的结果却是有利于目标组。

4.7.2 人工判断题目分析

现选其中的题目作分析。第84题用多种DIF检测方法都检测出有DIF,而且方向性一致,都是有利于参照组。人工判断的结果与统计结果一致,也是有利于参照组。这是一道来自阅读部分的词汇填空题,要求为一个带有描写性意味的句子选择一个合适的动词,此题的答案是一个科学实验中常用的词语。人工判断认为,男生组即目标组在现实生活中可能对这些带有科学性质的事物比较关注,他们更习惯接受和学习这些与科学有关的事物,因此比较女生组即目标组来说,更容易选对正确答案。

人工判断的依据大致与上述两种情况相同,用人工判断的方法判断出有DIF的其他题目与上述两题也大致相同。

4.7.3 结论

1. 统计意义上有bias的题目和人工判断有bias的题目不一定相同。被多种方法检测出有DIF的题目,人工判断可能认为它们并没有对某一组不利,而更倾向与把它们与文化理解力的不同联系起来。这两种方法会产生不同的结果(虽然有时结果是重叠的),因此这两种方法不能互相取代,只能互相作参照。在DIF研究时,最好同时使用两种方法,这样会得到更全面的分析结果。

2. 目前对题目有DIF的概念包括这样的意思,即这个题目并不适合它本来应该属于的题目群体。因此,DIF不一定是某一题目的“不好”的表现;它所以被检测出DIF是因为它和它所在的题目群中的其他题目不同。从这个意义上讲,因为在建构测验的过程中不可能使所有的题目都达到某一特定的标准,因此要想完全清除测验中有DIF的题目也是不太可能的事情。惟一可以做的就是提高测验的同质性，使得每一个题目都能产生和别的题目相同的信息量。

3. 不同被试组的能力差异很难被消除。至少到目前为止，有一点是不得不承认的，不管被试的种族如何，性别如何，大多数的被试组之间是存在能力差异的。因此，在进行 DIF 研究的时候，应该尽量保证被试的能力水平相同。S 卡方和全卡方方法根据被试的总分划分了 N 个能力水平区间，是较好地克服这一缺点的方法。

4. DIF 显著指数有时会对人们产生误导作用。当用普通的能力水平作为零点，偏离这个零点的题目被认为是异常的题目，即有 DIF 的题目，此时可以很容易地判断 DIF 的方向。但是当使用卡方检测方法时，因为能力水平被分成了 N 个区间，因此可以观察到在不同的水平区间内，在相反的方向都会产生不同，找不到可以作为零点的能力水平。

5. 到目前为止，人们还不能知道如何避免写出有 DIF 的题目，而且那些有 DIF 的题目是否应当从考试中剔除以及如何剔除，也是值得研究的问题。

五 建 议

1. 不要只依赖统计意义上的 DIF 检测方法。可以通过多种形式来检测 DIF 是否存在，除了上面介绍过的人工判断之外，还可以请与这个领域不相干的人再来作评定，但是前提是他们必须经过一定的培训。总之，要从多方面来检测 DIF 问题，最后才可以获得最准确的信息。

2. 如果要选择传统的 DIF 检测方法，卡方方法和散点图方法都是不错的选择。如果更关注测验是否对目标组不利时，可以选用散点图方法；如果更关心效度不同问题，可以选用卡方方法。这两种方法都不会产生太多的有 DIF 的题目。这两种方法都很容易计算，而且容易解释。

3. 不要提前先划定一个绝对的界限去定义哪个题是否有 DIF，而是把挑选出的可能有 DIF 的题目按照 DIF 指标从大到小或从小到大进行排列。当有这样的一个题目集时,就可以把这个排序作为一个惟一的标准进行 DIF 题目的选择。如果题目的 DIF 指标在这个排序中比较大,那么就可以把这个 DIF 指标大的题目认为是有 DIF 的题目。

参考文献

[美]安妮·安娜斯塔西、苏珊娜·厄比纳 2001《心理测验》,浙江教育出版社。

曹亦薇、张厚粲 1999 汉语词汇测验中的项目功能差异初探,《心理学报》31(4),460-466。

[美]查尔斯. L. 赫林,弗里茨. 德雷斯哥,查尔斯. K. 帕森斯 1990《项目反应理论——在心理测量中的应用》,湖北教育出版社。

董圣鸿 2001 三种常用 DIF 检测方法的比较研究,《心理学探新》2001 第 1 期。

桂诗春、宁春岩 1997《语言学方法论》,外语教学与研究出版社。

任 杰、谢小庆 2002 中国少数民族考生与外国考生 HSK 成绩公平性分析,《考试研究文集》第 1 辑,经济科学出版社。

曾秀芹、孟庆茂 1999 项目功能差异及其检测方法,《心理学动态》第 7 期。

张厚粲、徐建平编著 2003《现代心理与教育统计学》,北京师范大学出版社。

Ackerman, T. 1992 A Didactic Explanation of Item Bias, Item Impact, and Item Validity From a Multidimensional Perspective, *Journal of Educational Measurement*, 29, 67-91.

Angoff, W. H. 1982 Use of Difficulty and Discrimination Indices for Detecting Item Bias, *Handbook of Methods for Detecting Test Bias.* Baltimore, Maryland: John Hopkins University Press.

Baker, F. B. 1981 A Criticism of Scheuneman's Item Bias Technique, *Journal of Educational Measurement*, 18, 59-62.

Cecil, R. R. 1980 Methods for Detecting Construct and Predictive Bias, *Handbooks of Methods for Detecting Test Bias*, 199 -227.

Chinn, P. 1976 The Exceptional Minority Child: Issues and Some Answers. *Exceptional children*, 46, 532 -536.

Clauser, B. E., Mazor, K. M. 1998 Using Statistical Procedures to Identify Differential Item Functioning Test Items, *Educational Measurement: Issues and Practice*, 17, 31 -44.

Cleary, A. 1968 Test Bias: Prediction of Grades of Negro and White Students in Integrated Colleges. *Journal of Educational Measurement*, 5, 115 -124.

Cochran, W. G. 1954 Some Methods for Strengthening the Common Chi-square Tests, *Biometrics*, 10, 417 -451.

Coffman, W. E. 1961 Sex Differences in Responses to Items in an Aptitude Test, in *Eighteenth Yearbook of the National Council on Measurement in Education*, 117 -124.

Cole, N. S. Zieky, M. J. 2001 The New Faces of Fairness, *Journal of Educational Measurement*, 4, 369 -382.

Dorans, N. J., Kulick, E. M. 1986 Demonstrating the Utility of the Standard-ization Approach to Assessing Differential Item Performance on the Scholastic Aptitude Test. *Journal of Educational Measurement*, 23, 355 -368.

Flaugher, R. L. 1978 The Many Definitions of Test Bias, *American Psychologist*, 33, 671 -679.

Gail, H. I. 1980 Use of Chi-square and Latent Trait Approach for Detecting Item Bias, *Handbooks of Methods for Detecting Test Bias*, 157 -159.

Hale, G. A. 1988 *The Interaction of Student Major-field Group and Text Content in TOEFL Reading Comprehension*, TOEFL Research Report 25. Princeton, New Jersey: Educational Testing Service.

Humphreys, L. G. 1973 Statistical Definitions of Test Validity for Minority

Groups, *Journal of Applied Psychology*, 58, 1 –4.

Ironson, J. H. 1982 Use of Chi-square and Latent Trait Approach for Detecting Item Bias, *Handbooks of Methods for Detecting Item Bias*, Baltimore: Johns Hopkins University Press.

Katzenmeyer, H., Hunka, S., Stenner, A. J. 1977 Estimation of the Invariance of Factor Structures across Race and Sex with Implications for Hypothesis Testing, *Educational and Psychological Measurement*, 37, 111 –119.

Linn, R. L, Levine, M. V, Hasting, C. N. 1981 *An Investigation of Item Bias in a Test of Reading Comprehensive*, University of Illinois.

Lois, E. B. 1980 Comparative Studies of Item Bias Methods, *Handbooks of Methods for Detecting Test Bias*, 161 –179.

Mantel, N., Haenszel, W. 1959 Statistical Aspects of the Analysis of Data from Retrospective Studies of Disease, *Journal of the National Cancer Institute*, 22, 719 –748.

Mellenbergh, G. J. 1982 Contingency Table Models for Assessing Item Bias, *Journal of Educational Statistics*, 7(2), 105 –118.

Reynolds, C. R. 1980 An Examination for Bias in a Preschool Battery across Race and Sex, *Journal of Educational Measurement*, 17, 137 –146.

Ruder, L. M., Getson, P. R., Knight, D. L 1980 A Monte Carlo Comparison of Seven Biased Item Detection Techniques, *Journal of Educational Measurement*, 17, 1 –10.

Scheuneman, J. D. 1979 A New Method for Assessing Bias in Test Items, *Journal of Educational Measurement* 16, 143 –152.

Schmidt, F. L., Hunter, J. E. 1974 Racial and Ethnic Bias in Psychological Tests: Divergent Implications of Two Definitions of Test Bias. *American psychologist*, 29, 1 –8.

Shealy, R., Stout, W. 1993 A Model-based Standardization that Separates True Bias/DIF from Group Ability Differences and Detects Test Bias/

DIF as well as Item Bias/DIF, *Psychometrika*, 58, 159 – 194.

Shepard, L. 1981 Identifying Bias in Test Items, In Green, B. editor, *Issues in Testing: Coaching, Disclosure, and Ethnic Bias.* San Francisco, CA: Jossey-Bass.

Steenkamp, J. E. M, Baumgartner, H. 1998 Assessing Measurement Invariance in Cross-National Consumer Research, *Journal of Consumer Research*, 25, 78 – 90.

William, H. A. 1980 Use of Difficulty and Discrimination Indices for Detecting Item·Bias, *Handbooks of Methods for Detecting Test Bias*, 96 (11).

对 HSK 三、六级发证标准的验证性研究

徐　静

■内容提要：本文主要采用安哥夫、边缘组和对照组三种方法对 HSK 三、六级的发证标准进行验证性研究。文章首先提出当初建立留学生入系学习相关标准时存在一定的主观性，然后介绍了标准确立的定义、历史、重要性，标准确立的常用方法以及实际应用情况，最后利用安哥夫、边缘组和对照组三种方法相结合，收集、处理数据并得出结论：认为现在中国大学理工西医科的入系 3 级标准偏低，建议设立在 4 ~ 5 级之间；文史中医科大学的入系标准建议设立在 5 ~ 7 级之间。此外，还从四个方面对验证性研究的结论进行了讨论。最后指出本次研究过程中的不足并提出今后的研究重点。

■关键词：　安哥夫　边缘组　对照组　汉语水平考试　入系标准

Abstract: This paper will use Angoff's Procedure, Borderline Groups Method and Contrasting Groups Method to test whether the two requirements are reasonable。The paper first points out that the two levels were subjectively established and practice also proved that the two levels have some problems. Second, the paper introduces the definition, the history, the importance and the methods of Standard setting. Then use the Angoff's Procedure, Borderline Groups Method and Contrasting Groups Method to test them, then get a conclusion: HSK 3, the level required now for entering technical and science university is a bit low and should be between HSK 4 and HSK5. The level required for entering literature and art university should be HSK 5 - 7. Moreover, the paper still discusses why the standard made by Angoff's Procedure is lowest, which method will be most appropriate and fair in the given situation and so on. At last, the paper points out several shortcomings of this study in this paper, and the direction of further researches.

Key words: Angoff's procedure, borderline groups method, contrasting groups method, Chinese proficiency test, standard setting, cut scores

零　引　言

汉语水平考试(HSK)是测试汉语非母语者(包括外国人、华侨和中国国内少数民族学员)的汉语水平而设立的国家级标准化考试,分为基础、初中等和高等。汉语水平考试具有多方面功能,其中之一就是作为"界定留学生进入我国大学学习时具备的汉语能力标准"。简单来看,3级(等级分152~188分,原始分约69~76分)是进入理工科院校入系学习的最低标准;6级(等级分263~299分,原始分约120~127分)是进入中国文史科院校入系学习的最低标准。

HSK作为留学生入系学习标准问题的研究相对有限,当初留学生入系学习的相关标准"主要根据使用者的意见"(刘英林、郭树军、王志芳,1988)建立,存在一定的主观性,近十年的实际情况也反映出存在一定的问题,到底以哪一级作为最低入系标准存在争议。对于文史中医科的入系标准,有人认为"5级应是人文科各系的最低标准","6级基本符合入系要求"(刘英林、郭树军、王志芳,1988);也有人认为"HSK所规定的人文科系的最低标准,合格标准和优秀标准作为进修生入系标准是合适的","本科生入系的三个标准相应的应比进修生入系的三个标准高一些”(杨德峰,1992)。对于理工西医科的入系标准,“比较复杂,存在十分矛盾的现象”(刘英林、郭树军、王志芳,1988)。以 HSK 3 级成绩入系的学生一般要先补习一年汉语,还要单独开班。从实际情况来看,各个学校的具体操作标准也不一致,比如北京大学以 6 级作为进入文科院系的最低标准,而进入历史、国政等系达到 5 级即可。清华大学把 6 级作为留学生入系学专业的最低标准,这相对于其他理科院校要高出许多。

那么,到底以哪一级作为留学生入系学习的最低标准比较合适呢?

一　国内外相关研究

1.1　分界标准确立问题概述

1.1.1　分界标准确立的定义

标准,即衡量事物的准则(《现代汉语词典》)。在心理与教育测量领域,分界标准又被称为分界分数或者及格线(cut-off score,passing score),主要用于各种证书、执照和资格等标准参照测验。标准参照测验使对被试所掌握知识与技能的绝对测量成为可能,目前已广泛应用于教育的诊断与评价、行业资格认证和职业技能的鉴定等领域,在社会生活中发挥着日益重要的作用。分界标准的确立目的就在于给标准参照测验确定一个科学的分界分数,据此判断应试者是否达到了获取证书或者胜任某项工作的最低要求,以区别应试者当中的合格者和非合格者。

1.1.2　分界标准确立的历史

分界标准确定的发展历史大体分为四个阶段:空白时期(the age of innocence);觉醒时期(the age of awakening);反省时期(the age of disillusionment)和接受时期 (the age of realistic acceptance)。(Zieky,1994)

20 世纪 50 年代以前都被称为“空白时期”。在这段时期人们大都采用相对的方法来确定分界标准,例如我们所熟悉的答对试题内容的 60% 即为合格。根据这样的分界分数,我们只能了解应试者的相对能力和相对地位，而不能了解其真正的掌握、熟练和胜任程度。

20世纪50年代至70年代末，是标准确立的觉醒时期，此间发生的两件事情大大推动了标准确立的发展。首先从70年代开始，标准参照测验及其理论迅猛发展。其次，1977年美国发起了学生最低能力测试运动，各州相继立法要求学生在获得高中文凭前必须通过最低能力测试。佛罗里达州率先实施了这种测试，以70%的答对率作为及格标准。结果却有35%的学生无法通过数学测试，有10%的学生无法通过语文测试，以至佛罗里达州的学生为逃避最低能力测试纷纷转学至邻州的学校。在上述背景下，标准确定的研究逐步引起研究者的注意，确定科学分界标准的各种方法也开始大量涌现。

20世纪70年代末开始，标准确定进入了"反省时期"。这一时期，一方面大量系统的标准确定方法产生；另一方面研究者们开始对各种标准确定方法进行比较，发现因为任何标准确定的方法都依赖于人的主观判断，因此不同的标准确定方法会产生不同的分界分数，不同的专家也会产生不同的分界分数。因此研究者们开始对标准确定方法的应用产生怀疑，并进行了激烈的论战。

如今，标准确定研究已进入"接受时期"。虽然无论多么详尽、多么系统的标准确定方法都以人的主观判断为基础，但标准确定并不是武断的。因为从专家的挑选、培训到数据的收集和统计，标准确定的整个过程都经过了标准化的设计，最后还需要对分界分数的有效性进行充分的评价和验证。

1.1.3 分界标准确立的重要性

分界标准和信度、效度一样，是共同构成证书测验的重要指标。从测验本身来看，分界标准是后期统计分析的基础与前提，同时也与测验的信度、效度有关：一个一致性高的分界标准是建立在高信度的测验基础上的，反过来又能检验测验的可信性；分界标准的确定通常依据测验的目的，而这与"构念"（谢小庆，2001）有关。

不仅如此，测验最大的作用在于为决策者（测验使用者）提供详实、可靠的信息，分界标准的确立保证了测验的科学性、应试者参与竞争的公平性和用人部门决策的正确性。标准设定的研究既具有理论意义，又具有实践价值。标准设定是否科学、合理，涉及到人才的评价、鉴定、选拔是否正确、可靠。它的发展标志着社会文明的进步，标志着用客观方法来探索主观世界的研究方法的进步。此外，也有观点说分界分数“是心理与教育测量的一个分支，包含美学、政治学和文化元素在其中，是一个综合的产物”（Gregory J. Cizek 2001），而非单纯的测量问题。

1.2 分界标准确立的方法

标准确定的方法繁多，一般分为以测验为中心（test-centered models）和以被试为中心（subject-centered models）两大类型，当然也存在折中方法（compromise models）。

1.2.1 以测验为中心的主要方法

1.2.1.1 莱德尔斯基方法（Nedelsky's procedure）

莱德尔斯基方法是 Nedelsky 在 1954 年首先提出的，早期广泛用于确定医学考试的分界标准，只能判断多项选择题。在此方法中，专家判断最低能力被试可以明确排除的错误选项数目，剩下选项个数的倒数即为此题的分界分数，也称为最低通过水平（minimum passing level, MPL）。所谓最低能力被试，又称边缘组，是指可以达到某一个标准的最低水平的一组或一个学生。举例来说，如果一个多选题有 4 个选项，学科专家判断边缘组被试完全可以排除其中两个选项，那么这道题的分界标准为 1/(4 -2) =1/2，即 0.5。最后所有题目的分界标准相加之和就是整个测验的分界标准。莱德尔斯基方法只能得到 1/2、1/3、1/4、1/5 和 1 这几种固定的比例，不允许出现大于 0.5、小于 1.0 之间的概率，所以容易低估实际的分界标准。因此操作虽然简便，但只能用于多项选择题，受题型限制。下表是莱德尔斯基方法应用举例。测验由 10 道题目构成，每个题目有 4 个选项，按照莱德尔斯基方法的操作步骤，得到测验的分界标准为 5.49。

表1　莱德尔斯基方法应用举例

题号	选项				剩余选项个数	分界标准
1	~~A~~	B	C	D	3	1/3 = 0.33
2	A	~~B~~	C	~~D~~	2	1/2 = 0.50
3	A	B	~~C~~	D	3	1/3 = 0.33
4	~~A~~	B	C	~~D~~	2	1/2 = 0.50
5	A	~~B~~	~~C~~	D	2	1/2 = 0.50
6	~~A~~	~~B~~	~~C~~	D	1	1/1 = 1.00
7	~~A~~	~~B~~	C	~~D~~	1	1/1 = 1.00
8	A	B	~~C~~	~~D~~	2	1/2 = 0.50
9	~~A~~	~~B~~	C	D	2	1/2 = 0.50
10	A	B	~~C~~	D	3	1/3 = 0.33
					测验的分界标准	5.49

（~~A~~ 为专家判断出边缘组被试能够明显排除的错误选项）

1.2.1.2　安哥夫方法（Angoff's procedure）

安哥夫方法提供了一个简单却很有条理的标准确立程序，它易于理解，也易于向专家及非专业人员解释，是很多标准确立的首选方法。安哥夫方法要求专家研究测试的每一个题目，然后估计边缘组可以正确回答这个问题的概率。在实际操作中，可以要求专家在心中形成一个假想的边缘组，比如100人，如果估计有50人可以答对，那么这道题目的通过率即为50%；也可以要求专家以边缘组中的一名学生为参照，例如这名学生有50%的可能性答对，那么此题的通过率即为50%。具体以哪种方法估计，由专家根据自己的情况决定。最后这些概率的总和即为测验的及格线。安格夫方法的特点在于统计上占优势，但在操作上对专家的要求较高，比较适合于学校情境中的学科测验、毕业考试和会考。

1.2.1.3　埃伯方法（Ebel's procedure）

埃伯方法是Ebel于1972年提出的，相对于前两种方法，埃伯方法要求专家对测验题目进行更加详细的分析，主要包括三步。首先，需要确定一个双向细目表，把考试题目的有关信息根据其重要程度和难度系数加以分类。比如按照难度将题目分成“难”、“中等”、“易”三种。依照试题所考查知识的重要性程度与测验的相关性将题目分为“高相关”、“中相关”、“低相关”、“不相关”四个等级。表格确定好后，判断者需要把每一道试题根据表格的内容加以分类，比如某道题可能是简单的但是高相关的，某道题目可能是中等难度但属于不相关内容。这样就把全部试题分成了不同等级的几个大类。最后进行第三步，类似于安哥夫方法，要求专家判断边缘组回答对某一类题目的百分比。在每个维度上，判断百分比或概率应该是按所列等级由大到小变化的。最后标准确立人员根据不同类别的题目数量以及答对比率加权得出最后的及格线。

表 2　埃伯方法应用举例

步骤 1:计算各单元格的题目个数				
难度\相关度	高相关	中等相关	低相关	不相关
低	3	2	0	0
中	1	3	0	2
高	0	1	3	0
步骤 2:赋予各单元格一个概率				
难度\相关度	高相关	中等相关	低相关	不相关
低	0.95	0.85	0.75	0.50
中	0.90	0.80	0.60	0.30
高	0.75	0.60	0.45	0.15
步骤 3:各单元格的题目个数×各单元格的概率				
难度\相关度	高相关	中等相关	低相关	不相关
低	2.85	1.70	0.00	0.00
中	0.90	2.40	0.00	0.60
高	0.00	0.60	1.35	0.00
			测验的分界分数	10.4

*引用自 Mills,C.N.(1995)。

埃伯方法对试题的两维分类很容易做到，但是不同年度的题目在这两个维度上的分布将影响分界分数的稳定，对一项内容相对稳定的考试来讲，分界分数不能有太大变化。不能今年的及格分数为 65 分，明年就变成 80 分。这就要求每年的题目分布应保持相对稳定。

1.2.1.4 吉杰方法(Jaeger's procedure)

吉杰方法要求专家对每一个题目作出“是”或者“否”的判断，但是需要注意的是，吉杰方法所要求的是专家对全体学生能否答对某道题目作出判断，而不是针对于边缘组学生。吉杰方法操作起来复杂得多：首先在专家的挑选上十分严格，不同的考试内容又可以细分为更小的类型，根据不同的类型再挑选更专业的专家；其次，在判断之前要求专家把要预测的试题自己测试一遍，测试结束后给专家正确的答案，让他们进行改正和思考；最后，它的判断过程是反复多次的，每一轮判断结束后马上对判断结果进行分析汇总，然后把数据反馈给专家，要求专家进行讨论和思考，在此基础上重新再做判断。这个过程一般要进行三次。

1.2.2 以考生为中心的主要方法

1.2.2.1 对照组法(contrasting groups)

这一方法是 Livingston 和 Zieky 在 1982 年首先提出的，其理论假设是根据受试者的知识和技能水平可以将受试者分为达标组和不达标组。若对照组选取恰当，在整个测验分数分布中，获得高分的应多为达标组受试者，随着测验分数的降低，达标组受试者所占比例逐渐减少，不达标组受试者所占比例逐渐增大，在低分范围内不达标组受试者数量应远远超过达标组受试者数量。在操作时首先应选取了解应试者的评判专家，讨论并界定最低可接受的知识与技能范畴，在此基础上将全部被试分成达标组与未达标组。施测后两组被试分数分布的交点即为分界分数，或取达标者中 50% 人数的一点对应的成绩为分界分数。应该说两条分数分布曲线的重叠区间内都有选作分界分数的可能，可由决策者根据实际情况决定。

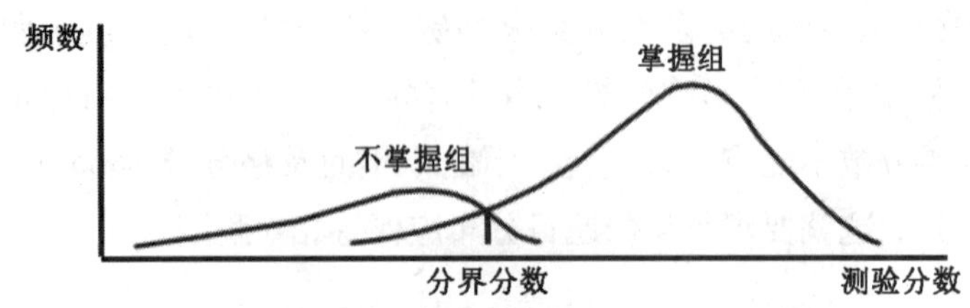

图1 对照组方法示意图

这种方法的优点是与构念有关,分界标准可支持测验效度;局限在于实际操作中也难以实现完全区分,即分界标准是一个区域。如果重叠很多的话,在误差很大的情况下无法确定一个合理的分界标准。

1.2.2.2 边缘组法(borderline group)

本方法确定分界标准的步骤与前一方法大体相同,不同的是将边缘组被试测验分数的均值或者中数直接作为及格线。此方法的关键在于判断边缘组。边缘组的确定包含了主观判断的成分,但不能全靠教师的判断,还必须参照其他信息和资料,如平时的学习成绩。由于评判专家是非常熟悉应试者的教师,所以估计更准确。此外,样本数要足够大。

1.2.3 各个方法之间的比较

1.2.3.1 使用原理比较

表3 各标准确立方法比较

方法名称 / 比较项目	评估对象	评估方法	评估次数
安哥夫方法	边缘组	百分比	可多次
埃伯方法	边缘组	百分比	单次
吉杰方法	整组	是/否	多次
莱德尔斯基方法	边缘组	固定百分比	可多次
对照组法	整组	百分比	单次
边缘组法	边缘组	百分比	单次

1.2.3.2 主要方法的实用性及技术充分性比较

表4 主要方法的实用性及技术充分性比较

比较项目 \ 方法名称		安哥夫	埃伯	边缘组	对照组
技术上的充分性	1. 提供适当分类信息	4	4	4	4
	2. 对被试实际测验成绩敏感	1	1	4	4
	3. 对教学或训练敏感	2	2	3	4
	4. 统计上的可靠性	4	2	3	3
	5. 提供决策效度证据	1	1	1	4
实用性	1. 易于实施	3	2	3	2
	2. 易于计算	4	3	3	3
	3. 易于向非专业人员解释	4	2	4	3
	4. 非专业人员使用的可靠性	4	2	2	2

注:用1、2、3、4四个等级来表示几种分界标准确立方法对满足某种评价标准的程度。"1"表示对满足某一评价标准极其不好;"2"表示不好;"3"表示好;"4"表示极好。

1.2.4 不足与发展

至少三十年的分界标准确立实践研究得出了一个结论:评判者很难被培训得真正可以作出精确的判断。尽管用各种培训可以使评判者在判断时做出相对熟练的判断,但 Shepard(1993)发现,评判者很容易低估容易题的难度而高估难题的难度。被挑选作为评判者的专家在判断题目难度上没有经验,这是一个超出他们普通行为的任务,因此这种以判断者为中心的标准确立方法必须要求评判者有合理的经验基础来作出这样的判断。

1.3 分界标准确立的一般步骤

综合来看,不管采取那种方法来确立分界标准,大体的步骤一般为:

① 根据测验的实际情况选择合适的分界标准确立方法

② 挑选专家组成员

③ 准备所需要各种资料

④ 专家培训

⑤ 实际评判

⑥ 数据处理

⑦ 确定标准

二　验证性研究:方法、过程及结果

2.1　研究方法

从理论上讲,以测验为中心的绝对判断比以考生为中心的相对判断更准确,更符合标准参照考试的性质和目标。但是两种判断都是一种主观估计,误差在所难免,关键是如何控制和减少主观判断带来的决策误差。最好能各取所长,综合利用,减少单一方法的误差和局限,提高合格标准的精确程度。所以本次研究拟以安哥夫方法为主,对照组和边缘组方法为辅来对留学生入系学习的标准进行验证性研究。

2.2　样本

2.2.1　边缘组和对照组学生样本

我们分别从北京、上海、武汉、云南、青岛、西安、浙江、延边等8个地区数十所院校邀请富有经验的对外汉语教师,以他们现在教授的学生的平时表现和成绩为效标选出了567名边缘组学生样本,这些边缘组学生都参加了2003年12月进行的汉语水平考试(初、中等)。这567名学生中初级(掌握简单的日常会话,未能达到进入中国大学理工西医科入系学习的标准)194人,中级(日常会话基本熟练,具备进行专业学习的基础,可以达到进入中国大学理工西医科入系学习的标准)242人,高级(能用汉语进行较复杂的交际活动及学习,可以达到进入中国大学文史、中医科入系学习的标准)131 人。

2.2.2 试题

本次研究安哥夫方法采用 HSK 考试的标准试卷,边缘组和对照组采用 2003 年 12 月份的实考试卷。两份试卷都由 170 道多项选择题构成,分为听力理解(50 题)、语法结构(30 题)、阅读理解(50 题)和综合填空(40 题)四部分,采用(0,1)的二值记分方式,答对得 1 分,答错得 0 分,原始分总分为 170 分。

2.2.3 专家

我们从北京语言大学汉语进修学院挑选了 13 位教学经验都在 10 年以上的老教师作为安哥夫方法的评判专家,其中 5 名以教授理工类科目为主,8 名以教授文史类科目为主,他们将以 HSK 标准试卷为基础分别对留学生进入理工西医和文史中医科大学的入系标准进行评判。

2.3 研究过程

2.3.1 安哥夫方法

此次研究将以安哥夫方法作为主要研究方法,但是将作一定的改进。因为根据先前研究的经验,如果要求专家直接估计一个边缘被试正确回答每道试题的百分比,或者是将此判断转化为估计一组边缘被试正确回答每道试题的人数比例,专家在判断上比较抽象,判断结果误差比较大。而采取安哥夫方法的一种变式,即是从特定的概率值中作出选择,能有效地减小判断误差。为了方便专家判断,我们在表格设计上先让专家大体判断试题的难度,然后根据难度判断边缘组学生答对该题目的概率。为了使专家在判断时分界明确,我们把 9 种概率设定为难(5%、15%、25%);中(40%、50%、60%);易(75%、85%、95%)。这样三种难度之间答对概率的间隔为 15%,同等难度之间间隔答对概率为 10%,使专家更容易作出准确的决定。详见下表:

表5　安哥夫方法用表举例

理工西医科入系标准									
难度	易			中			难		
通过率%	95	85	75	60	50	40	25	15	5
1									
2									
3									
4									
5									

我们集中了13名专家并分为两组。在正式评判之前,我们先向专家介绍了这次评判的目的,即为留学生进入中国大学学习确定入系标准。然后由专家自由讨论可以进入中国大学理工、西医和文史中医科入系学习的留学生应该达到的汉语水平。在各位老师对入系学生的水平基本达成一致后,开始评判培训。

由于大多数专家是第一次参加相关研究,因此在正式评判之前的培训至关重要。培训内容有两个重点,一是要求专家了解并掌握边缘组的概念,二是让专家熟悉评判过程,熟悉表格。我们从HSK样卷中选取四种题型的8道试题作为例题,让专家进行试评判。与正式评判一气呵成有所不同的是,试评判时每道题评判结束后都要求专家进行分析和调整,仔细讨论评判中需要考虑的各种因素。培训结束后开始正式评判。在整个评判过程中,要求专家像考生一样连续评判整套试题,中间不作任何停顿,因此专家同时可以参考到考生的疲劳度等问题。评判结束后给专家公布正确答案,让专家根据答案调整部分评判。实践证明,专家在答题时也会因各种原因出现错误,因此这最后一步看似简单却必不可少。

2.3.2　边缘组方法和对照组方法

边缘组方法和对照组方法都是以考生为中心的标准确立方法,这两个方法的关键都在于边缘组样本的选取。为了保证边缘组学生样本尽可能准确，我们把边缘组的概念以及留学生进入中国大学理工、西医和文史、中医大学应该达到的标准整理成文，由汉语水平考试中心去各地督考的老师发到当地教师的手中，让各位老师详细阅读后把他们现在所教授的学生按照实际水平分类。

2.4 数据处理及结果

2.4.1 安哥夫方法

在专家根据测验中每个题目估计出边缘组考生能够正确作答每个题目的概率后，将专家对测验中所有题目估计的概率值求和，即为此专家估计的分界分数，再将每位专家的分界分数求平均，即为整个测验的最终分界分数。运用 SPSS 中 analyze-descriptive statistics-descriptive 模块对 13 名专家的评判数据进行处理，下面是测验中各分项的分界标准：

表 6 理工西医科听力标准

	N	Minimum	Maximum	Sum	Mean	Std. Deviation
TEACHER1	50	.05	.95	30.30	.6060	.24131
TEACHER2	50	.05	.95	29.35	.5870	.20299
TEACHER3	50	.05	.85	21.90	.4380	.26333
TEACHER4	50	.15	.95	28.65	.5730	.20005
TEACHER5	50	.25	.95	32.75	.6550	.16729
Mean	50	0.11	.93	28.59	.5718	

表 7 文史中医科听力标准

	N	Minimum	Maximum	Sum	Mean	Std. Deviation
TEACHER1	50	.15	.95	30.40	.6080	.22346
TEACHER2	50	.15	.85	31.15	.6230	.17444
TEACHER3	50	.15	.95	33.95	.6790	.24745
TEACHER4	50	.15	.95	34.75	.6950	.19306

（续前表）

TEACHER5	50	.40	.85	32.60	.6520	.13589
TEACHER6	50	.15	.85	25.25	.5050	.19981
TEACHER7	50	.05	.95	24.40	.4880	.27968
TEACHER8	50	.05	.95	30.75	.6150	.22885
Mean	50	.16	.9125	30.41	.6081	

表8　理工西医科语法标准

	N	Minimum	Maximum	Sum	Mean	Std. Deviation
TEACHER1	30	.05	.95	17.10	.5700	.23911
TEACHER2	30	.25	.95	16.70	.5567	.20415
TEACHER3	30	.05	.95	16.65	.5550	.26108
TEACHER4	30	.15	.85	17.30	.5767	.21039
TEACHER5	30	.15	.95	18.80	.6267	.21485
Mean	30	.13	.93	17.31	.5770	

表9　文史中医科语法标准

	N	Minimum	Maximum	Sum	Mean	Std. Deviation
TEACHER1	30	.15	.95	17.55	.5850	.26592
TEACHER2	30	.25	.85	18.65	.6217	.17155
TEACHER3	30	.05	.95	17.25	.5750	.29295
TEACHER4	30	.05	.95	17.85	.5950	.27491
TEACHER5	30	.40	.85	18.50	.6167	.13476
TEACHER6	30	.25	.95	17.55	.5850	.24535
TEACHER7	30	.05	.95	17.85	.5950	.27803
TEACHER8	30	.15	.95	23.10	.7700	.18317
Mean	30	.17	.925	18.54	.6179	

表 10 理工西医科阅读理解标准

	N	Minimum	Maximum	Sum	Mean	Std. Deviation
TEACHER1	50	.05	.95	20.75	.4150	.26035
TEACHER2	50	.05	.95	25.10	.5020	.22632
TEACHER3	50	.05	.95	22.75	.4550	.26501
TEACHER4	50	.05	.95	23.05	.4610	.18191
TEACHER5	50	.05	.95	24.50	.4900	.25294
Mean	50	.05	.95	23.23	.4646	

表 11 文史中医科阅读理解标准

	N	Minimum	Maximum	Sum	Mean	Std. Deviation
TEACHER1	50	.15	.95	23.25	.4650	.24312
TEACHER2	50	.25	.85	26.45	.5290	.17673
TEACHER3	50	.25	.95	34.30	.6860	.22611
TEACHER4	50	.05	.95	23.70	.4740	.28860
TEACHER5	50	.25	.85	27.10	.5420	.12672
TEACHER6	50	.05	.85	21.85	.4370	.19918
TEACHER7	50	.05	.95	26.96	.5392	.27740
TEACHER8	50	.05	.95	29.45	.5890	.29886
Mean	50	.14	.91	26.59	.5243	

表 12 理工西医综合填空标准

	N	Minimum	Maximum	Sum	Mean	Std. Deviation
TEACHER1	40	.05	.95	18.60	.4650	.34179
TEACHER2	40	.05	.85	23.75	.5938	.19650
TEACHER3	39	.05	.95	23.00	.5897	.25500
TEACHER4	40	.15	.75	20.90	.5225	.16445
TEACHER5	40	.15	.95	28.10	.7025	.21242
Mean	39	.09	.89	22.87	.5747	

表 13　文史中医科综合填空标准

	N	Minimum	Maximum	Sum	Mean	Std. Deviation
TEACHER1	40	.15	.85	19.75	.4938	.22309
TEACHER2	40	.25	.85	25.05	.6263	.21779
TEACHER3	40	.25	.95	30.25	.7563	.17585
TEACHER4	40	.15	.95	22.10	.5525	.26359
TEACHER5	40	.05	.95	22.55	.5638	.16525
TEACHER6	40	.40	.95	29.75	.7438	.11886
TEACHER7	40	.05	.95	20.65	.5162	.22372
TEACHER8	40	.05	.95	29.65	.7413	.21776
Mean	40	.17	.89	24.97	.6243	

根据以上数据分析，按照安哥夫方法得到单项原始分界分数（四舍五入）：

表 14　安哥夫分界标准（等值分数）

	听力理解	语法结构	阅读理解	综合填空
理工西医	29	17	23	23
文史中医	31	19	27	25

得到四个单项分界标准的原始等值分数后，首先根据公式：

$$Z=\frac{X-\bar{X}}{\sigma}$$

将原始分数转化成 z 分数，再根据公式：

HSK = 50 + 15 × Z

得到 HSK 分数。最后根据：

HSK 总分 = [（Z 听力 + 0.6 × Z 语法 + Z 阅读 + 0.8 × Z 综合）/3.4] × 60 + 200

得到 HSK 的总分。计算结果见下：

表 15　以安哥夫方法确定的 HSK 分界分数

	听力理解	语法结构	阅读理解	综合填空	HSK 总分
理工西医	51	51	46	57	203
文史中医	54	57	54	62	225

2.4.2　边缘组方法

把从全国筛选出来的边缘组学生样本的 HSK 等值分数整理成表，因为这里的分数是已经和 HSK 标准试卷等值过的，所以可以直接和安哥夫方法确定的分界分数进行比较。运用 SPSS 中 Analyze-descriptive statistics-Frequencies 模块对 241 名中级学生（可以进入中国大学理工西医科入系学习的边缘组学生）样本的 HSK 成绩进行统计：

表 16　边缘组方法理工西医科统计结果

Statitics

		听原	语原	阅原	综原
N	Valid	233	233	233	233
	Missing	9	9	9	9
Mean		36. 5487	20. 5526	33. 6416	25. 0201
Median		37. 6687	20. 2407	34. 0687	26. 0067
Std. Deviation		8. 17428	5. 15075	8. 32756	6. 50287
Minimum		13. 85	5. 96	-1. 40	6. 96
Maximum		50. 37	31. 66	51. 01	38. 71

（注：听原、语原、阅原、综原皆为等值后的原始分数）

运用 SPSS 中 Analyze-descriptive statistics- Frequencies 模块对 131 名高级学生（可以进入中国大学文史中医科入系学习的边缘组学生）样本的 HSK 成绩进行统计：

表 17　边缘组方法文史中医科统计结果

Statitics

		听原	语原	阅原	综原
N	Valid	129	129	129	129
	Missing	2	2	2	2
Mean		42. 4655	23. 6354	38. 5659	29. 1538
Median		44. 5500	24. 3660	40. 9500	30. 6633
Std. Deviation		6. 09407	4. 77643	7. 25035	5. 37172
Minimum		23. 91	10. 09	16. 07	14. 15
Maximum		51. 43	31. 66	48. 89	38. 71

（注：听原、语原、阅原、综原皆为等值后的原始分数）

根据边缘组方法的原理，边缘组学生成绩的均值或者中数即为分界分数。为了避免极端值对数据的影响，这里采用中数作为分界分数。得到：

表 18　边缘组方法原始分分界标准统计结果

	听力理解	语法结构	阅读理解	综合填空
理工西医	38	20	34	26
文史中医	45	24	41	30

根据和安哥夫方法中把 HSK 原始分转化成 HSK 分数的相同方法，得到：

表 19　边缘组方法 HSK 分数分界标准统计结果

	听力理解	语法结构	阅读理解	综合填空	HSK 总分
理工西医	68	60	67	64	261
文史中医	81	73	80	73	310

2. 4. 3　对照组方法

根据对照组方法的原理，首先把边缘组学生的 HSK 原始成绩整理成 4 组，即：

1. 不能进入中国大学理工西医科学习的学生；

2. 可以进入中国大学理工西医科学习，但不能进入中国大学文史中医科学习的学生；

3. 不能进入中国大学文史中医科学习的学生；

4. 可以进入中国大学文史中医科学习的学生。

然后画出这四组学生的 HSK 成绩分布曲线图，一组和二组学生成绩分布图的交点即为可以进入中国大学理工西医科学习的分界标准；三组和四组学生成绩分布图的交点即为进入中国大学文史中医科学习的分界标准。

如果学生样本的数量足够大，学生成绩的分布应该符合正态分布曲线。由于此次取得的学生成绩样本有限，因此在处理方法上做了一些调整，即根据 4 组学生成绩的均值和标准差，然后根据正态分布函数：

$$f(x) = \frac{1}{\sqrt{2\pi} \cdot \sigma} e^{-\frac{(x-u)^2}{2\sigma^2}}$$

绘制出模拟的学生成绩正态分布图，然后求得两线的交点，得出分界标准。具体分析结果见下：

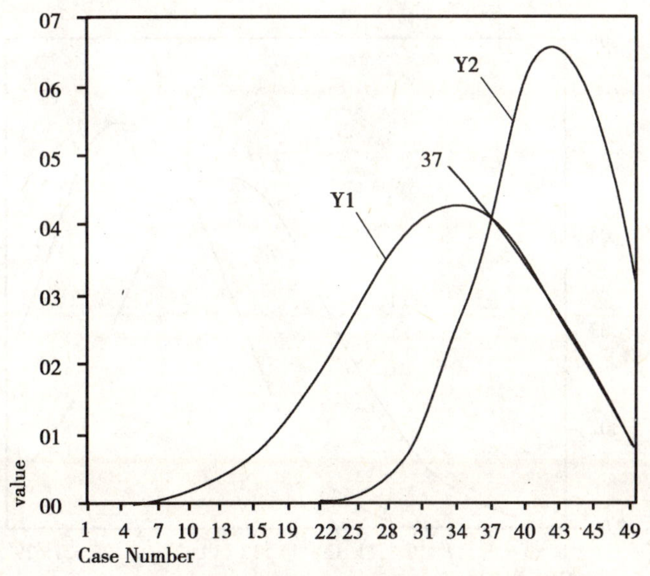

图 2　对照组方法文史中医科听力标准

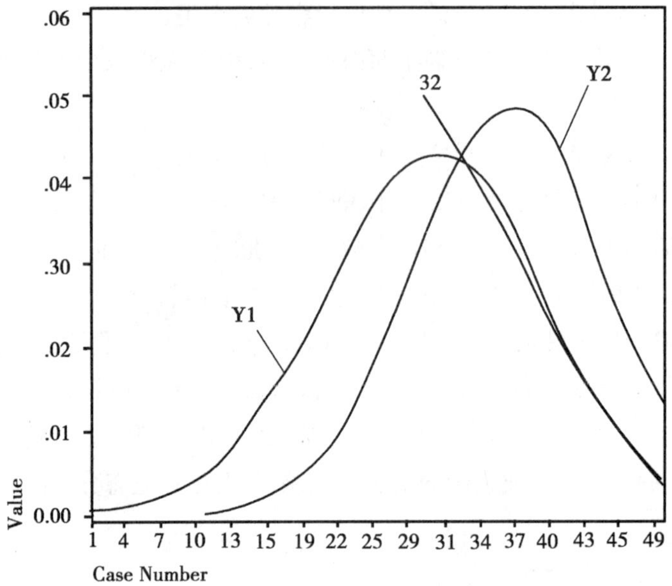

图 3 对照组方法理工西医科听力标准

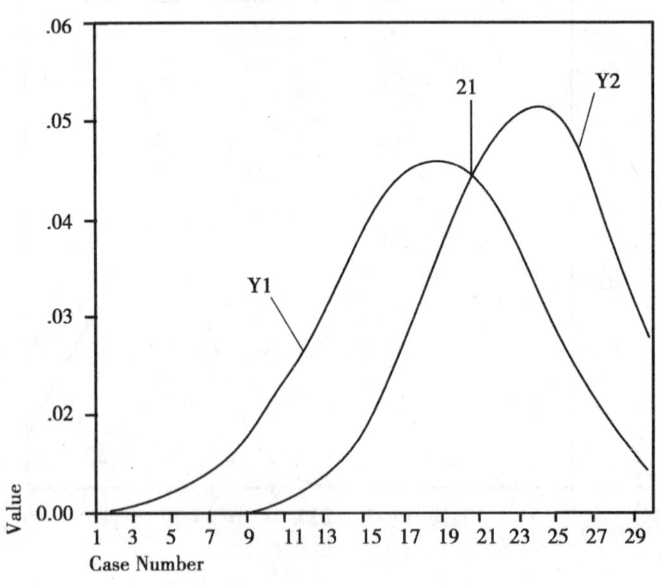

图 4 对照组方法文史中医科语法标准

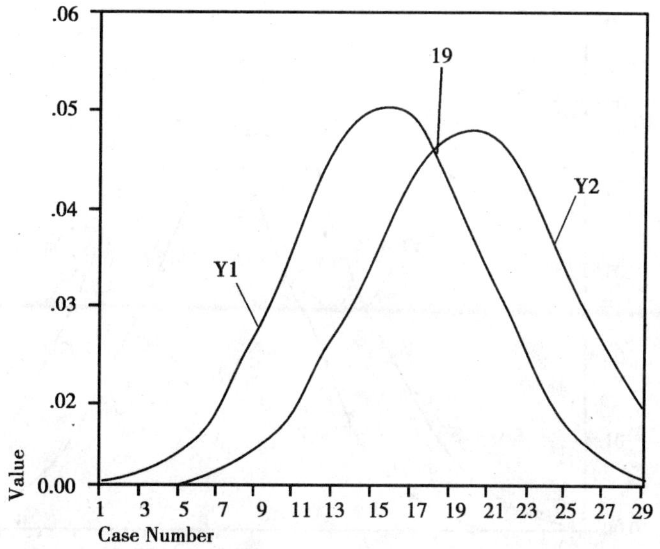

图5 对照组方法理工西医科语法标准

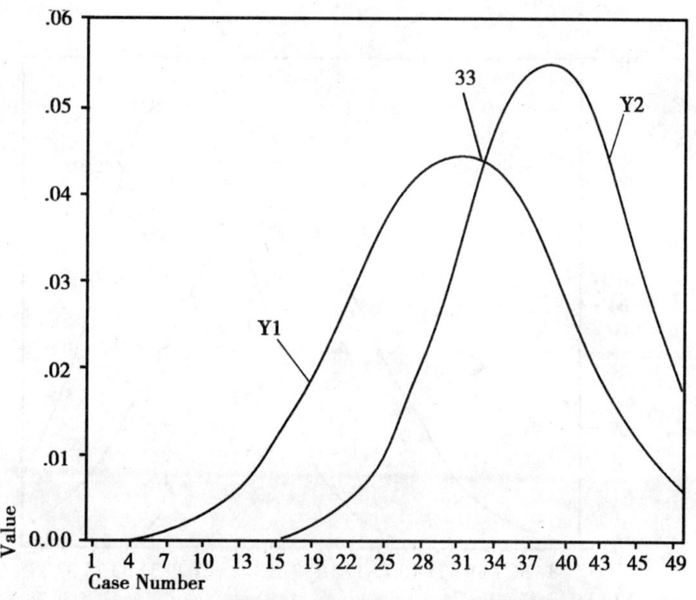

图6 对照组方法文史中医科阅读标准

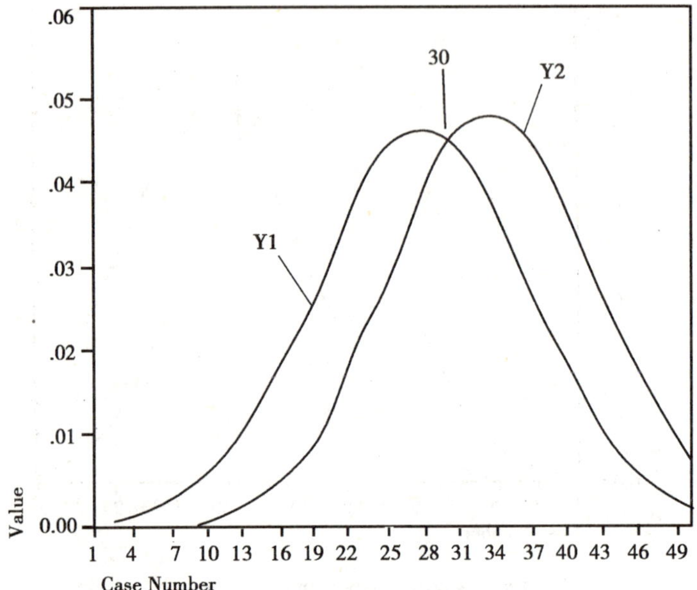

图 7　对照组方法理工西医科阅读标准

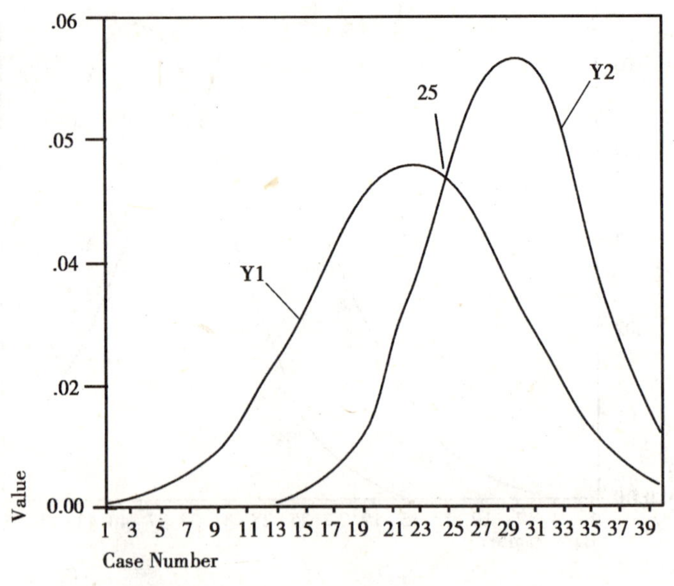

图 8　对照组方法文史中医科综合标准

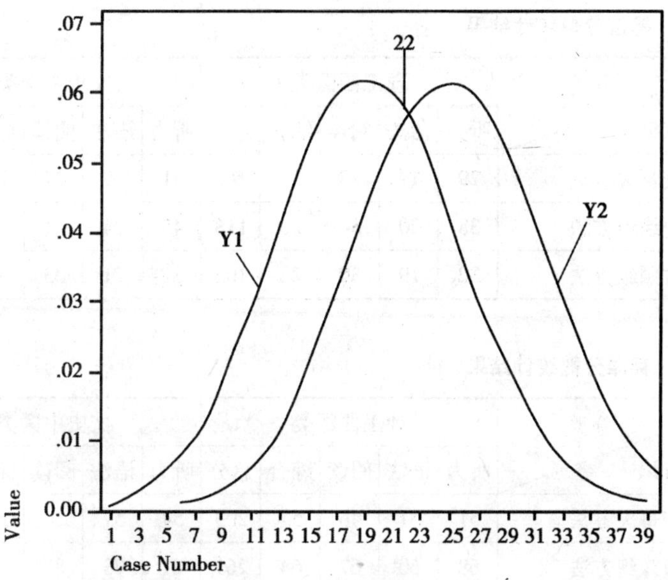

图 9　对照组方法理工西医科综合标准

表 20　对照组方法原始分数分界标准

	听力理解	语法结构	阅读理解	综合填空
理工西医	32	19	30	22
文史中医	37	21	33	25

转化为 HSK 分数：

表 21　对照组方法 HSK 分数分界标准

	听力理解	语法结构	阅读理解	综合填空	HSK 总分
理工西医	56	57	59	55	228
文史中医	66	63	65	62	257

2.5　分界标准统计结果

将专家使用三种方法得到的测验分界分数整理成表。

表22　等值分数统计结果

分类 方法	理工西医类					文史中医类				
	听力	语法	阅读	综合	总分	听力	语法	阅读	综合	总分
安哥夫方法	29	17	23	23	92	31	19	27	25	102
边缘组方法	38	20	34	26	118	45	24	41	30	140
对照组方法	32	19	30	22	103	37	21	33	25	116

表23　标准分数统计结果

分类 方法	理工西医类					文史中医类				
	听力	语法	阅读	综合	总分	听力	语法	阅读	综合	总分
安哥夫方法	51	51	46	57	203	54	57	54	62	225
边缘组方法	68	60	67	64	261	81	73	80	73	310
对照组方法	56	57	59	55	228	66	63	65	62	257

表24　等级统计结果

分类 方法	理工西医类					文史中医类				
	听力	语法	阅读	综合	总分	听力	语法	阅读	综合	总分
安哥夫方法	4	4	3	5	4	4	5	4	5	4
边缘组方法	6	5	6	6	5	7	7	7	7	7
对照组方法	5	5	5	5	5	6	5	5	5	5

三　讨　论

3.1　为什么安哥夫方法确定的分界分数最低？

一般情况下不同的标准确定方法会得到不同的分界分数，但是为什么安哥夫方法得到的分界标准最低呢？

第一，在样本的挑选上。此次参加安哥夫方法评判的13名专家全部

来自北京语言大学汉语进修学院,因此评判时假设的边缘组多以他们现在所教授的学生,这些学生多为国外公司、企业等派来学习或者因为兴趣短期学习汉语,不以应试为目的,因而与以安哥夫方法所要求的最低能力学生有所不同,这也就使评判的数据与实际要求有所出入。

与此相反,边缘组学生样本来自全国8个地区数十所院校,样本选取比较全面,能更好的概括边缘组学生的实际水平。而且,边缘组学生中有一部分是来自中学(北京潞河中学),这部分学生很多从小就在中国学习汉语,因此汉语水平较之在北京语言大学汉语进修学院的学生要高,因此提高了边缘组和对照组的整体成绩。

第二,在方法的操作上。此次参加安哥夫方法的专家都是第一次接触这个方法,因此虽然经过了一定的培训,但是对边缘组概念的掌握还存在一定问题,因此很难假设出完全符合要求的边缘组学生样本并按照既定的意图进行评判。而在边缘组和对照组方法中,只要求老师对他们教授的学生进行分类,这相对的要简单得多,也准确得多。

3.2 此次分界标准确定中三种方法的比较

不同的标准确定方法有不同的优点,适用于不同的标准参照测验,很难找出一种放之四海而皆准的方法,也很难说哪种方法更准确。这次可以总结出以下几点:

第一,操作的可行性。这三种方法在可行性上都比较高,但是仍然有所区别。安哥夫方法操作过程最简单,但是由于实际情况所限,很难确保足够的具有权威性和代表性的专家。安哥夫方法在操作上往往以损失数据的精确性为代价。

边缘组和对照组两种方法在数据收集上比安哥夫方法困难,所以此次实验采取把调查的内容方法先介绍给十几个要去各地督考的老师,再由他们分别收集数据的方法,但这同时也增大了所得数据的误差。

第二,与模型的匹配性。实验过程说明安哥夫方法和边缘组方法是比较符合此次标准确立要求的,但对照组方法却出现了一些问题。因为对照组方法的模型要求两组被试的成绩存在较大的差距,这样才能在尽可能小的范围内确定出及格标准。我们假设进入文史中医科大学学习的学生水平要高于进入理工西医科大学学习的学生水平,因此选用了对照组方法。但是处理数据中发现,两组学生的成绩分布虽然文史类要比理工类稍高,但是两个分布存在很大的交叉区域,也即分界标准的范围很大,这也就降低了分界分数的准确性。

第三,数据处理的难易。只要获得了相应的数据,安哥夫方法和边缘组方法在处理上都比较简单,只需要求得相应的均值或者中数即可,对照组方法则不同,需要找出两组学生成绩分布的交叉点,而这两组成绩分布应该是近似于正态分布的。但在此次实验中,由于样本数量的问题,对照组学生的成绩分布呈锯齿状近似正态分布,很难得到两组成绩的交点,因此只能采取转化成近似正态分布的方法,在操作上远远比其它两种复杂。

3.3 文史中医科的入系标准是否一定高于理工西医科?

我们根据先前的研究结论假设进入文史中医科学习的学生水平要高于进入理工西医科的学生,因此在安哥夫方法时把专家分成两组进行评判,同时采用了对照组方法。当然,在实验过程中我们并没有把这种假设灌输给专家和老师,只是完全根据他们的经验评判。最终三种方法得出的分界标准与假设相反。其中安哥夫方法的分界标准都是4级,对照组方法得出的都是5级,边缘组方法虽然是理工类5级,文史类7级,但是理工类的分界分数261分是5级标准的上限(262),已经接近于6级标准的下限(263),而文史类的分界分数310则接近7级的下限(300),即二者大概只相差一个级别。因此,我们认为,留学生进入文史中医科大学学习的入系标准不一定高于理工西医科的入系标准,二者之间不存在显著差异。

3.4 入系标准究竟定在哪儿?

根据前面的分析, 边缘组方法在此次实验中在与模型的匹配度、数据的准确性等方面都优于其它两种方法,因此以它的结论为主要依据。我们认为5级是留学生进入中国大学入系学习的低标准,7级是高标准。

从研究经验来看，分界标准的最终确定还需要参考其他的因素，比如决定测验目的的决策者的意见。从这个意义上说，应用分界标准确定方法得出的结果，是决策者的最终做出决定可以参考的科学有效的数据信息。因此具体以 HSK 的哪一级成绩作为入系标准还要由各个学校和院系根据实际情况确定。

四 研究结论

根据以上分析，我们认为：

1. 文史中医科的入系标准与理工西医科的入系标准之间不存在显著差异；

2. 现理工西医类大学留学生入系3级标准偏低而文史中医类6级标准基本符合实际要求。

3. 5级是留学生进入中国大学入系学习的低标准，7级是高标准。

五 本研究的不足之处和今后的研究

5.1 不足之处

第一，这次标准确立中一个不足之处就是因为各种条件所限，未能选取足够的专家参加安哥夫方法的评判；同时所选取的专家由于教学范围所限，不能很准确的把握边缘组学生的实际情况。

第二，由于在实验之前假设进入中国大学文史中医科学习的学生比进入理工西医科的学生水平高，因此选用了对照组方法，使得对照组方法得到的数据与原理之间存在一定差距。

5.2 今后的研究

要保证确立的标准公平、合理就必须有恰当的标准确定方法、尽可能完备的操作过程以及精确的数据处理程序，而这一切又是以选取恰当的标准确立方法为前提和基础的。安哥夫方法、边缘组方法等已经是在国外被应用了几十年的老方法了，更新、更合理的方法早已经大量涌现，因此在今后的研究中我们会加快对新方法的吸收和学习，以期用更合理的方法确定出更公平的分界标准。

参考文献

国家汉办 1996《汉语水平等级大纲与语法等级大纲》，高等教育出版社。

刘英林、郭树军、王志芳 1988 汉语水平考试的性质和特点，《世界汉语教学》第 2 期。

彭恒利、柴省三 1995 关于留学生进理工西医科院校入系标准的调研分析，《汉语水平考试研究论文选》，现代出版社。

漆书青 2002《 现代教育与心理测量学原理》，江西教育出版社。

武晓宇、徐　静、赵　月 2003 民族汉考三级分界标准的探索与分析，《汉语学习》第 5 期。

谢小庆 1992 汉语水平考试的分数体系，《首届汉语考试国际学术讨论会论文选》，北京语言学院出版社。

谢小庆 2001 关于 construct 的译法，《心理学探新》第 1 期。

谢小庆 1988《心理测量学讲义》，华中师范大学出版社。

燕娓琴、谢小庆 2003《教育与心理测试标准》，沈阳出版社。

杨德峰 1995 北京大学留学生 HSK 入学考试分班入系分析，《首届汉语考试国际学术讨论会论文选》，北京语言学院出版社。

张厚粲 1986《心理与教育统计学》，北京师范大学出版社。

赵世明 1994《行业资格考试的标准参照测验》，北京师范大学博士论文。

Angoff, W. H. 1971 Scales, Norms, and Equivalent Scores. In R. L. Thorndike (ed.): *Educational Measurement* (2nd ed., 508 – 600). Washington DC: American Council of Education.

Berk, R. A. 1986 A consumer's Guideline to Setting Performance Standards on CRT, *Review of Educational Research*, 56, 137 – 172.

Berk, R. A. 1996 Standard Setting: The Next Generation (where few psychometrics have gone before!). *Applied Measurement in Education*, 9: 215 – 235.

Cohen, A. S., Kane, M. T., & Crooks, T. J. 1999 A Generalized Examinee-centered Method for Setting Standards on Achievement Tests. *Applied Measurement in Education*, 12: 543 – 566.

Dillon, G., Case S., Melnick D. R., and Swanson D. *Setting Standards on the United States Medical Licensing Examination.*

Gregory J. C. 2001 Conjectures on the Rise and Call of Standard Setting: An Introduction to Context and Practice. In Gregory J. C.: *Setting Performance Standards Concepts, Methods, and Perspectives.*

Impara J. C. & Plake, B. S. 1997 Standard Setting: An Alternative Approach. *Journal of Educational Measurement*, 59: 885 – 897.

Jaeger, R. M. 1995 Setting Standards for Complex Performances: An Iterative Judgmental Policy-capturing Strategy. *Educational Measurement: Issues and Practice*, 16 – 20.

Mark D. R. 2001 Innovative Methods for Helping Standard-setting Participants to Perform their Task: The Role of Feedback Regarding Consistency, accuracy, and Impact. In Gregory J. C.: *Setting Performance Standards Concepts, Methods, and Perspectives.*

Mark R. R. & Jerry B. Reid 2001 Who Made Thee a Judge? Selecting and Training Participants for Standard Setting. In Gregory J. C.: *Setting Performance Standards Concepts, Methods, and Perspectives.*

Michael J. Z. 2001 So Much Has Changed: How the Setting of Cut Scores Has Evolved Since 1980s. In Gregory J. C.: *Setting Performance Standards Concepts, Methods, and Perspectives.*

Michael T. Kane 2001 So Much Remains the Same: Conception and Status Validation in Setting Standards. In Gregory J. C.: *Setting Perform-*

ance Standards Concepts, Methods, and Perspectives.

Nedelsky L. 1954 Absolute Grading Practices for Objective Tests. *Educational and Psychological Measurement*, 14, 3 – 19.

Neil M. K., Stuart R. K., Kevin P. S. & Luz Bay 2001 Setting Performance Standard Using the Body of Work Method. In Gregory J. C.: *Setting Performance Standards Concepts, Methods, and Perspectives.*

Shepard, L., Glaser, R., Linn, R., & Bohrnstedt, G. 1993 *Setting Performance Standards for Student Achievement.* Stanford, CA: National Academy of Education.

Stone, G. E. 2001 Understanding Rash Measurement: Objective Standard Setting (or Truth in Advertising). *Journal of Applied Measurement*, 2 (2): 187 – 201.

Zieky, M. J. 1994 *A Historical Perspective on Setting Standards. Paper presented at the Joint Conference on Standard Setting for Large-Scale Assessments*, Washington, DC.

HSK(初、中等)听力部分的分数解释研究

王　洋

■内容提要：通过实证调查，本文对 HSK(初、中等)考生汉语听、说能力的自我评估及 HSK(初、中等)的考试成绩做了相关研究。研究发现：1. 考生的自我评估在一定程度上能够反映他们实际的汉语运用能力；2. HSK(初、中等)考试成绩可以反映考生实际的汉语运用能力；3. 考生的自我评估可以成为分数解释的依据。HSK 不同听力水平等级的考生与具有相同听力水平等级但不同具体级别的考生的听、说能力均存在一定程度的显著差异。HSK(初、中等)考试的听力成绩与考生的实际听、说能力紧密相关，HSK(初、中等)听力部分的等级划分还是比较合理的。文章进一步为 HSK(初、中等)考试的听力部分提供了具体的标准参照性质的分数解释，给不同的汉语听力水平等级做出了描述性的听、说能做解释，为考试使用者提供了与 HSK(初、中等)考试成绩相对应的考生在生活、学习中汉语听、说实际能力的描述，以此作为对 HSK(初、中等)分数解释的有力补充。

■关键词：　分数解释　实际语言运用能力　自我评估　能做描述

Abstract:　This study researches the correlation between listening and speaking Can Do self-assessments of HSK (Elementary & Intermediate) test takers and HSK scores using empirical investigation and research. The research reveals: 1. To a degree, test takers' self-assessments can display their real language abilities; 2. Test takers' scores on HSK (Elementary & Intermediate) can explain their real language abilities; 3. We can explain HSK scores on the basis of test takers' self-assessments. Obvious differences exist among test takers who score in different listening levels and, to a degree, in different sublevels. The listening score of HSK (Elementary & Intermediate) is closely related with test takers' real listening and speaking abilities. Therefore, the division of levels and sublevels for the HSK (Elementary & Intermediate) listening section is comparatively reasonable. Furthermore, this article provides detailed criterion & referenced score interpretation for the HSK (Elementary & Intermediate) listening section. It provides Listening and Speaking Can Do Statements for different Chinese listening level test takers. It describes for all HSK users the test takers' listening and speaking abilities in real-life and academic settings, which correspond to their scores on HSK (Elementary & Intermediate). These descriptions are powerful supplements for HSK (Elementary & Intermediate) score interpretations.

Key words: score interpretation, real language ability, self-assessment, can do statement

零　问题的提出

0.1　选题及研究价值

考试结果最直观的反映就是高低不同的考试分数。考试使用者也正是根据考试分数对考生做出评价。然而，一份 100 分的语文试卷究竟意味着什么？这个考 100 分的学生和另一个考 80 分的学生语文能力的差异又应该如何解释？目前国内的考试普遍缺乏具体的分数解释报告，包括考生、教师、家长、公司负责人在内的考试使用者往往主观地解释分数而造成大量分数的误用，其他国家也不同程度地存在类似问题。现阶段包括 ETS, College Board, ACT 在内的各大考试机构都注意到有必要为考试提供更具体、更详细的分数解释信息，开始为考试设计描述性、诊断性的分数报告。

其实，对于所有考查学生真实能力的考试来说，为实现理想的教育目标，提供与学生能力发展相关的信息，设计一份准确解释考试分数的报告都是自然而然要考虑的一步。经过精心编制和施测的考试分数来之不易，尤其是像 HSK 这种大规模的考试，其分数应该能为考试使用者提供非常丰富的评价信息。然而现有的对 HSK 等级分数的解释是非常简单的，能给有关使用者提供的信息也非常有限。为此，本文试图对 HSK(初、中等)的听力部分提供更具体的分数解释，为考试使用者提供与考生得分相对应的学习和日常生活中具体语言运用能力的描述，作为 HSK 分数解释的有力补充；另一方面，本文将通过对 HSK 分数与考生实际汉语水平的实证性调查研究，为 HSK 的外部效度提供进一步的信息。希望能以本文作为完善 HSK 分数解释体系的开端，将更多统计数据的分析结果报告给学生、家长、教师、学校、教育当局以及各用人单位，帮助他们改进教学，帮助他们更准确地评价考生的汉语水平，并做出正确的决策。

0.2 解题：研究的具体问题

培养学生的汉语交际能力是对外汉语教学的目标和原则，对于这一点已经有众多学者做过很好的论述：语言教学的根本目的是培养学生的语言能力和语言交际能力(吕必松，1996)，对外汉语教学属于第二语言教学，其根本目的是培养学生的语言交际能力(李泉，2001)，对外汉语教学以培养交际能力为目的，已成为教师和学习者的共识(刘珣，2002)。其实，自 20 世纪 70 年代功能法产生后培养语言交际能力就已得到国内外第二语言教学界的普遍重视，也正是因此，当代语言测试的重心正从狭隘的“语言处理能力”(language processing ability)转向广阔的“语言交际运用能力”(language communicative ability)(朱正才、范开泰，2001)。

HSK 作为一个考查第二语言能力的考试，其主要目的是测量考生的汉语水平能否适应在中国学习、生活和交际的需要。HSK 最初的设计思想之一，是以衡量应试者是否具备在中国高等院校入系学习和在中国生活的汉语能力为主要目标的(刘英林，1990)。那么 HSK 究竟能否测出考生的汉语交际能力和实际语言运用能力？获得不同等级证书的考生的实际语言运用能力又是什么？为了给 HSK 考试分数提供能做(can do)解释，本文提出三个基本研究假设：

1)考生的自我评估能够反映他们实际的汉语能力水平

2)HSK(初、中等)考试的成绩可以反映考生实际的汉语能力水平

3)考生的自我评估可以成为分数解释的依据

文章将用教师评估和学生学习汉语的时间验证基本研究假设，如果研究假设得到支持，则用问卷结果解释 HSK(初、中等)听力部分的分数。同时，教师评价、学习时间、问卷结果也将提供对 HSK(初、中等)考试的效度支持。

调查研究还应回答以下两个具体问题，为分数解释中分数段的划分提供依据：

- 未获证书的考生、获初级证书的考生和获中级证书的考生的听、说能力是否存在显著差异
- 获得相同等级证书但不同具体级别的考生的听、说能力是否存在显著差异

这些研究对进一步探讨初、中等等级划分的科学性也有一定的帮助。

本文的研究思路可简要概括为下图：

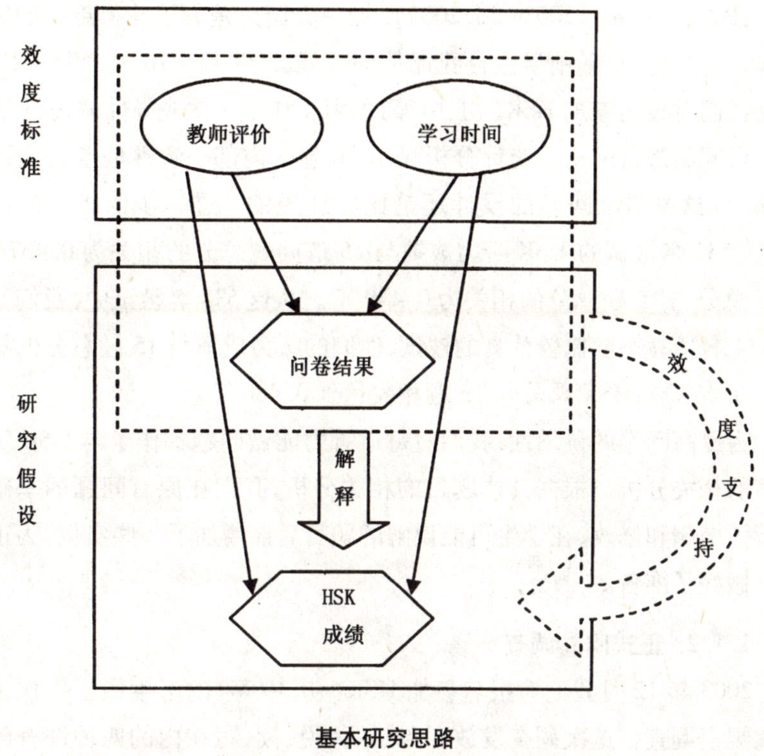

基本研究思路

一 研究方法、过程及结果

1.1 研究方法

1.1.1 先导性调查研究(pilot study)

结合在中国生活、学习和工作对汉语语言运用能力的需要，我们首先设计出一份包括15道听力能做问题的调查问卷。由于涉及具体情境和任务的提问方式比概括笼统的提问方式更为有效(Norris, *et al.*, 2002; Peirce, *et al.*, 1993)，问卷中15道题目均采用了具体情境下的设问方式。问卷采用五度等距量表，1为完全不能做，5为完全能做。一方面，许多研究者都认为自我评估是有效的数据（Bachman, *et al.*, 1989; LeBlanc, *et al.*, 1985, Dickinson, 1988, 见 Oscarson, 1989; Heilenmann, 1990; Ross,

1998;Powers,*et al.*,2003; Li,2003),另一方面也是为了获得更多的统计样本,本次调查只采用学生自我评估的方式。2003 年 10 月 6 日 ~10 日期间我们对报名参加 HSK(初、中等)的考生作了一次先导性调查研究。

对问卷进行的初步统计分析显示,问卷的内部一致性信度(α 系数)为0.95,这说明该问卷的设计还是比较理想的。进一步的相关分析显示,这 535 名被试的 HSK 听力成绩与 15 道问题总分的相关为 0.437**,HSK 总分与 15 题总分的相关为 0.449**。从这 535 名被试中,我们又选出 474 名填写态度比较认真的被试,他们的听力成绩与 15 题总分的相关达到 0.467**,HSK 总分与 15 题相关达到 0.480**。

为提高问卷的科学性,我们对每道听力能做问题都作了与 HSK 听力成绩的相关分析。根据具体题目的相关分析,我们在原有问题的基础上进行了增删和修改,在学生可能误解的题目后面增加了一些实例,为正式调查做好了准备。

1.1.2 正式问卷调查

2003 年 12 月我们对报名参加 HSK(初、中等)的考生做了一次正式的大规模调查。这次调查发放了包括听、说、读、写在内的四种调查问卷共 1200 份,每种调查问卷均由 15 道包含具体任务的能做问题组成,问卷仍采用五度等距量表。为了使考生认真正确地填写问卷,调查的全过程我们都安排了专人负责解释问卷内容,并监督检查每个考生的填写情况,当场记录下不认真填写问卷的考生的名字,这些考生填写的问卷被视为无效问卷,其数据不列入统计范围。

另外,在正式调查中我们还请到 25 名考生的听力、口语、综合等任课教师对学生的听、说、读、写四种能力进行相应评估,这些教师至少已教授了这些学生一个学期的课程,我们认为教师对学生进行一个学期的观察后做出的评估能够较好地反映学生的真实语言运用能力,是较为理想的效标。同时,这 25 名学生均填写了听、说、读、写四份调查问卷,这些数据将为自我评估数据的可信性提供支持。

接下来我们将把所有学生自我评估问卷的结果和教师评估的调查数据与 HSK 成绩结合起来进行相关分析和检验,对前文提出的基本假设进行具体研究，并对 HSK（初、中等）的听力部分提供更具体的标准参照性质的分数解释，为考试使用者提供与 HSK 成绩相对应的考生汉语听、说实际能力的描述。

1.2 统计分析

1.2.1 调查样本基本情况

调查样本全部收回后，我们首先进行有效问卷的整理，删去填写不完整的问卷数据和调查中记录下来的不认真填写的考生的数据。另外，我们发现部分考生 15 道题的选择完全相同，而 25 名认真填写问卷的学生无一人出现这种情况。我们推测全部选择相同选项的考生没有客观地考虑自己的水平，他们只是觉得自己的汉语水平在周围朋友或自己的班级里处于中等。比如，有的考生 15 道题全部选择“能做一部分”。但是考生在“听朋友谈论假期计划”和“听专门的学术讲座”这两道题上的能做程度不应该是完全相同的，很可能考生的真实水平是“能做大部分”和“只能做一点”。因此在数据整理过程中，这类问卷也被视为无效问卷，其数据不列入统计范围。以上的数据整理方法保证了最后进行统计的自我评估问卷基本上是考生认真填写的和有效的。

接下来我们对有效数据进行了统一汇总，表 1 ~ 表 4 是调查样本构成情况的描述性统计：

表 1　样本国别（族别）分布统计

	有效问卷（份）	国别（族别）及人数（人）	
		欧美背景	非欧美背景
先导调查	474	维吾尔族 3，蒙古国 2，美国、英国、加拿大、俄罗斯、瑞典、柯尔克孜族 各 1	韩国 344，日本 98，泰国 9，印度尼西亚 5，越南 3，朝鲜、柬埔寨、马来西亚、中国香港 各 1

（续前表）

正式调查	听力部分	209	哈萨克斯坦 4，美国、蒙古国 、维吾尔族 各 2，英国、德国、挪威、新西兰、爱尔兰、沙特阿拉伯 各 1	韩国 143，日本 33，越南 8，印度尼西亚 7，新加坡、泰国 各 1
	口语部分	180	伊朗、维吾尔族 各 1	韩国 134，日本 27，越南、泰国 各 6，印度尼西亚 、新加坡 各 2，马来西亚 1

表 2　样本性别、学习汉语时间、受教育程度及职业状况统计（单位：人）

		先导调查	正式调查	
			听力部分	口语部分
性别	男	195	87	85
	女	279	122	95
学习汉语的时间	半年以下	41	17	9
	半年到一年	149	66	66
	一年到两年	191	84	65
	两年到三年	54	27	27
	三年以上	39	15	13
受教育程度	高中以下	11	2	10
	高中	105	59	63
	大学	347	146	100
	硕士	11	2	6
	博士	0	0	1
以前的职业状况	学生	405	176	159
	教师	6	3	1
	在政府部门任职	3	3	1
	在公司任职	55	21	16
	其他	5	6	3

表 3　样本获 HSK 证书分布情况（单位:人）

		获中等证书	获初等证书	未获证	总计
正式调查	听力部分	80	108	21	209
	口语部分	92	73	15	180
先导调查		176	242	56	474

本文主要是对 HSK 听力部分进行研究,因此我们特别对调查样本的 HSK 听力等级作了以下统计:

表 4　样本 HSK 听力等级分布情况（单位:人）

		6~8 级	3~5 级	3 级以下	总计
正式调查	听力部分	112	80	17	209
	口语部分	106	64	10	180
先导调查		193	204	77	474

1.2.2　对具体研究问题的分析

1.2.2.1　研究假设一:考生的自我评估可以反映他们实际的汉语运用能力。

我们认为:1. 教师的评估可以反映考生的实际汉语能力。2. 学习汉语时间长的人汉语能力较高。正式调查中我们请到 25 名考生的听力、口语等任课教师对学生的听、说能力进行了评估。这些教师至少已教授了这些学生一个学期的课程,他们对学生进行一个学期的观察后作出的评估能够较好地反映学生真实的听力和口语能力,是较好的效标。同时,我们也收集了学生学习汉语的时间作为另一个主要效标。学生自我评估与教师评估和学习时间的相关见表 5。

表 5 教师评估、学习时间与学生自我评估的相关情况

	教师评估	学习时间
听力 自我评估	.545**	.445**
样本数	25	209
口语 自我评估	.580**	.262**
样本数	25	180

**. Correlation is significant at the 0.01 level (2 – tailed).

教师评估与学生自我评估的相关比较高，在听力和口语两个部分，相关分别达到0.545**和0.580**。学习时间与听力自我评估的相关也达到0.445**。这些相关数据支持了我们的研究假设，学生认真填写的自我评估问卷很大程度上能反映出他们的实际汉语运用能力，个别过于自信或谦虚的学生的数据不会影响整体的数据统计结果。

上表显示的学习时间与口语自我评估的相关较低。我们认为学生的口语水平跟学习动机有比较密切的关系，参加短期班的学生一般都希望迅速提高自己的口语水平，在日常生活和学习中，他们的口语水平未必比学习汉语时间稍长的学生低。另外，有的学生是在本国的大学里学习汉语，有的是在中国专门学习汉语，虽然前者汉语学习的时间较长，但学习汉语的总课时数可能还不如后者，学习环境的差异也会影响学生的口语能力。因此教师评估是衡量学生口语水平最主要的效标。总之，以上数据分析结果支持第一个研究假设，考生的自我评估即调查问卷的结果可以反映他们实际的汉语运用能力。

1.2.2.2 研究假设二：HSK 成绩可以反映考生实际的汉语运用能力。

同样，我们把教师评估和学习时间作为主要效标验证这一假设，具体数据见表6。

表 6　教师评估、学习时间与 HSK 成绩的相关情况

	SK 听力成绩	HSK 总成绩
听力 教师评估	.863**	.802**
样本数	25	25
口语 教师评估	.828**	.820**
样本数	25	25
学习时间	.404**	.404**
样本数	683	683

**. Correlation is significant at the 0.01 level (2 – tailed).

教师评估与 HSK 成绩的相关均在 0.800 以上，学生的学习时间与 HSK 成绩也有较高的相关，这些数据对第二个假设提供了有力支持，HSK 的考试成绩可以反映考生实际的汉语运用能力。

1.2.2.3　研究假设三：考生的自我评估可以成为分数解释的依据。

根据前面的研究结论，考生的自我评估可以反映他们实际的汉语运用能力，HSK 成绩也可以反映考生实际的汉语运用能力。因此我们认为，考生的自我评估可以成为 HSK 分数解释的依据。

在根据考生的自我评估进行分数解释前，我们还进行了以下统计：考生的听力、口语自我评估与 HSK 听力成绩的相关分别达到 0.505** 和 0.498**。将调查样本按照 HSK 听力成绩达到中级水平，初级水平和初级以下水平分为三类，这三类考生自我评估分数的平均数见下表：

表 7　三类考生自我评估平均值分析表

L

LLEVEL	Mean	N	Std. Deviation
0	38.59	17	8.559
1	49.87	80	7.878
2	55.84	112	8.258
Total	52.15	209	9.484

O

LLEVEL	Mean	N	Std. Deviation
0	44.33	9	3.969
1	51.14	65	7.496
2	58.04	106	9.288
Total	54.86	180	9.379

注:L 表为听力部分的统计结果;O 表为口语部分的统计结果;LLEVEL0 为 HSK 听力在初级以下水平的考生;LLEVEL 1 为 HSK 听力为初级水平的考生;LLEVEL 2 为 HSK 听力为中级水平的考生。

三类考生听力能做的均值分别为:38.59, 49.87, 55.84,口语能做的均值分别为:44.33, 51.14, 58.04,平均数差异显著性检验 P = .000。对三类考生听力、口语两部分进行单因素方差分析,差异显著性均为 P = .000。这说明 HSK 听力水平等级为初级以下、初级和中级的考生之间的听、说能力有显著差异。

我们再进一步把相同听力等级的样本细分为 3 级,4 级,5 级,6 级,7 级和 8 级这样小的等级进行单因素方差分析,分析结果见表 8。

表 8

	听力样本	口语样本
6 级,7 级,8 级	.002	.017
3 级,4 级,5 级	.000	.054

这些数据说明,相同听力水平等级但不同具体级别的考生的听、说能力也存在一定程度的显著差异。

根据以上统计结果我们得出以下结论,HSK 听力水平等级不同的考生之间的听、说能力有显著差异,具有相同听力水平等级但不同具体级别的考生之间的听、说能力也存在一定程度的显著差异。HSK(初、中等)考试的听力成绩与考生的实际听说能力紧密相关,HSK(初、中等)听力部分的等级划分还是比较合理的。教师评价、学习时间、问卷结果与 HSK 考试成绩均在一定程度上相关，HSK(初、中等)考试有较高的效度。

前面的研究结果对三个假设均提供了支持，三个假设都在一定程度上得到了验证。基于以上结论，我们将提出 HSK(初、中等)考试听力部分的能做解释。

1.3 HSK（初、中等）听力部分的听、说能做描述(can-do statement)

1.3.1 数据汇总

先导调查、正式调查的听力和口语部分的有效调查问卷分别为 474 份、209 份和 180 份。由于修改前后的听力能做问卷有 8 道题目大体相同，也为了使最终的统计结果更有效和更有说服力，我们把先导调查中的考生数据也加入正式调查的听力部分，共同进行最终的分数解释。

以这八道题为例，我们介绍一下数据汇总的主要步骤，先将 683 个样本按照 HSK 听力成绩分为 0～37 分，38～46 分，47～55 分，56～64 分，65～73 分，74～82 分，83～100 分共七个分数段，这七个分数段分别表示考生的 HSK 听力等级为三级以下，三级，四级，五级，六级，七级和八级。然后在每个分数段中分别统计每道题在每个能做程度上的样本人数。下面的表格是 83～100 分数段的具体汇总情况：

表 9　分数解释数据汇总样例

83～100 分　听力八级　　样本数:45 人

	1	2	3	4	5
N1	0	2	1	13	29
N2	0	1	6	27	11
N3	0	3	13	19	10
N4	0	2	11	22	10
N5	2	7	24	8	4
N6	3	8	25	6	3
N7	1	2	15	18	9
N8	1	1	15	22	6

最后,按照样本选择能做程度的集中情况,归纳出听力、口语能做描述表格。

其他听力能做问题和15道口语能做问题也是用同样的方法汇总。由于篇幅的关系,这里不列出全部汇总过程中的表格。

1.3.2 能做描述

HSK 听力分数 0~37(听力等级:三级以下)

	听　力	口　语
能做但有困难	• 能听懂关于家庭成员、兴趣爱好、假期计划和个人经历等方面的简单介绍 • 在商场,能听懂售货员对商品的种类、价格等相关信息的介绍 • 能听懂关于寒假时间安排,下学期开学时间、地点及注意事项的口头通知	• 介绍简单的个人信息(如,出生地、家庭成员……) • 描述自己的日常生活(如什么时候起床、用餐、锻炼等)
不能做	• 能准确理解对话中表达的数字信息(如,车次、电话)和时间信息(如,钟点、节日) • 能听懂老师布置的作业任务,同学们讨论的关于学习的问题 • 能听懂去某个地方的行车路线 • 能听懂用正常语速讲授的大学基础课程 • 能听懂火车站内关于火车乘坐站台及出发时间的通知 • 能听懂广播中自己喜爱的体育比赛的现场说明(如,足球、篮球) • 能推断出日常生活及社交谈话发生的地点、环境和场景 • 理解与日常生活内容相关的对话中几个人物的身份以及他们的关系 • 能理解对几个不同人物的性格特征(如,热情、冷淡)或几个不同事物优缺点的比较(如,餐厅、城市) • 能从说话人使用的不同语气,推断出说话人的观点、态度、感情倾向	• 在餐厅点菜 • 在自由市场流利地向售货员询问商品价格、质量及讨价还价 • 打电话给老师,解释不能参加班级活动的原因 • 告诉别人来自己家的具体路线 • 打电话给航空公司改变预定的飞机日期及时间 • 和中国人谈论一般话题(如,兴趣爱好、假期计划) • 在交际场合中正确地使用问候语和告别语 • 详细描述一个朋友,包括他的外貌特征和性格特点 • 向朋友描述看过的电影或电视节目的情节,并加入自己的评论 • 在正式场合中(如,开学典礼、公司会议)介绍学习经历或工作职责和今后打算 • 和老师、同学就某一话题进行讨论,并能为自己的观点辩解

（续前表）

	• 能听懂广播中有关天气预报或交通情况的报道 • 理解电视或广播中新闻节目的主要内容 • 理解谈话中使用的成语、俗语、惯用语以及社会流行语和口语词的含义 • 结合社会交际和文化知识理解句子的真正含义或说话人的真实语义 • 能听懂中国人关于某一社会问题的讨论（如，环境保护、太空探索） • 能听懂某一专门学科的学术讲座或正式演讲	• 经过准备就某一感兴趣的话题进行半小时的正式演讲，如怎样学习汉语 • 根据不同听众（如，老师、朋友、孩子）调整演讲，使用不同的词句和风格

注：表格共列能做描述 34 项。其中口语能做描述 15 项，即口语问卷的 15 道能做问题；听力能做描述 19 项，由先导调查与正式调查的能做问题汇总而成。以下表格皆同。

HSK 听力分数 38～46（听力等级：三级）

	听　力	口　语
能做	• 能听懂关于家庭成员、兴趣爱好、假期计划和个人经历等方面的简单介绍 • 在商场，能听懂售货员对商品的种类、价格等相关信息的介绍 • 能听懂老师布置的作业任务，同学们讨论的关于学习的问题	• 介绍简单的个人信息（如，出生地、家庭成员……） • 描述自己的日常生活（如什么时候起床、用餐、锻炼等） • 在自由市场流利地向售货员询问商品价格、质量及讨价还价
能做但有困难	• 能准确理解对话中表达的数字信息（如，车次、电话）和时间信息（如，钟点、节日） • 能听懂关于寒假时间安排，下学期开学时间、地点及注意事项的口头通知 • 能听懂去某个地方的行车路线 • 能听懂火车站内关于火车乘坐站台及出发时间的通知 • 能听懂用正常语速讲授的大学基础课程	• 在餐厅点菜 • 打电话给老师，解释不能参加班级活动的原因 • 告诉别人来自己家的具体路线 • 打电话给航空公司改变预定的飞机日期及时间 • 和中国人谈论一般话题（如，兴趣爱好、假期计划）

（续前表）

	• 能听懂广播中自己喜爱的体育比赛的现场说明（如，足球、篮球） • 能推断出日常生活及社交谈话发生的地点、环境和场景 • 理解与日常生活内容相关的对话中几个人物的身份以及他们的关系 • 能从说话人使用的不同语气，推断出说话人的观点、态度、感情倾向	
不能做	• 能理解对几个不同人物的性格特征（如，热情、冷淡）或几个不同事物优缺点的比较（如，餐厅、城市） • 能听懂广播中有关天气预报或交通情况的报道 • 理解电视或广播中新闻节目的主要内容 • 理解谈话中使用的成语、俗语、惯用语以及社会流行语和口语词的含义 • 结合社会交际和文化知识理解句子的真正含义或说话人的真实语义 • 能听懂中国人关于某一社会问题的讨论（如，环境保护、太空探索） • 能听懂某一专门学科的学术讲座或正式演讲	• 在交际场合中正确地使用问候语和告别语 • 详细描述一个朋友，包括他的外貌特征和性格特点 • 向朋友描述看过的电影或电视节目的情节，并加入自己的评论 • 在正式场合中（如，开学典礼、公司会议）介绍学习经历或工作职责和今后打算 • 和老师、同学就某一话题进行讨论，并能为自己的观点辩解 • 经过准备就某一感兴趣的话题进行半小时的正式演讲，如怎样学习汉语 • 根据不同听众（如，老师、朋友、孩子）调整演讲，使用不同的词句和风格

HSK 听力分数 47～55（听力等级：四级）

	听　力	口　语
能做	• 能听懂关于家庭成员、兴趣爱好、假期计划和个人经历等方面的简单介绍 • 在商场，能听懂售货员对商品的种类、价格等相关信息的介绍 • 能听懂老师布置的作业任务，同学们讨论的关于学习的问题 • 能听懂去某个地方的行车路线	• 介绍简单的个人信息（如，出生地、家庭成员……） • 描述自己的日常生活（如什么时候起床、用餐、锻炼等） • 在自由市场流利地向售货员询问商品价格、质量及讨价还价 • 在餐厅点菜 • 打电话给老师，解释不能参加班级活动的原因

（续前表）

能做但有困难	• 能准确理解对话中表达的数字信息（如，车次、电话）和时间信息（如，钟点、节日） • 能听懂关于寒假时间安排，下学期开学时间、地点及注意事项的口头通知 • 能听懂火车站内关于火车乘坐站台及出发时间的通知 • 能听懂用正常语速讲授的大学基础课程 • 能推断出日常生活及社交谈话发生的地点、环境和场景 • 能听懂广播中自己喜爱的体育比赛的现场说明（如，足球、篮球） • 理解与日常生活内容相关的对话中几个人物的身份以及他们的关系 • 能理解对几个不同人物的性格特征（如，热情、冷淡）或几个不同事物优缺点的比较（如，餐厅、城市） • 能从说话人使用的不同语气，推断出说话人的观点、态度、感情倾向 • 理解电视或广播中新闻节目的主要内容	• 告诉别人来自己家的具体路线 • 打电话给航空公司改变预定的飞机日期及时间 • 和中国人谈论一般话题（如，兴趣爱好、假期计划） • 在交际场合中正确地使用问候语和告别语 • 详细描述一个朋友，包括他的外貌特征和性格特点 • 向朋友描述看过的电影或电视节目的情节，并加入自己的评论
不能做	• 能听懂广播中有关天气预报或交通情况的报道 • 理解谈话中使用的成语、俗语、惯用语以及社会流行语和口语词的含义 • 结合社会交际和文化知识理解句子的真正含义或说话人的真实语义 • 能听懂中国人关于某一社会问题的讨论（如，环境保护、太空探索） • 能听懂某一专门学科的学术讲座或正式演讲	• 在正式场合中（如，开学典礼、公司会议）介绍学习经历或工作职责和今后打算 • 和老师、同学就某一话题进行讨论，并能为自己的观点辩解 • 经过准备就某一感兴趣的话题进行半小时的正式演讲，如怎样学习汉语 • 根据不同听众（如，老师、朋友、孩子）调整演讲，使用不同的词句和风格

HSK 听力分数 56 ~ 64（听力等级：五级）

	听　力	口　语
能做	• 能听懂关于家庭成员、兴趣爱好、假期计划和个人经历等方面的简单介绍 • 在商场，能听懂售货员对商品的种类、价格等相关信息的介绍 • 能准确理解对话中表达的数字信息（如，车次、电话）和时间信息（如，钟点、节日） • 能听懂关于寒假时间安排，下学期开学时间、地点及注意事项的口头通知 • 能听懂老师布置的作业任务，同学们讨论的关于学习的问题 • 能听懂去某个地方的行车路线 • 理解与日常生活内容相关的对话中几个人物的身份以及他们的关系	• 介绍简单的个人信息（如，出生地、家庭成员……） • 描述自己的日常生活（如什么时候起床、用餐、锻炼等） • 在自由市场流利地向售货员询问商品价格、质量及讨价还价 • 在餐厅点菜 • 打电话给老师，解释不能参加班级活动的原因
能做但有困难	• 能听懂火车站内关于火车乘坐站台及出发时间的通知 • 能推断出日常生活及社交谈话发生的地点、环境和场景 • 能听懂广播中自己喜爱的体育比赛的现场说明（如，足球、篮球） • 能听懂用正常语速讲授的大学基础课程 • 能理解对几个不同人物的性格特征（如，热情、冷淡）或几个不同事物优缺点的比较（如，餐厅、城市） • 能从说话人使用的不同语气，推断出说话人的观点、态度、感情倾向 • 能听懂广播中有关天气预报或交通情况的报道 • 理解电视或广播中新闻节目的主要内容	• 告诉别人来自己家的具体路线 • 打电话给航空公司改变预定的飞机日期及时间 • 和中国人谈论一般话题（如，兴趣爱好、假期计划） • 在交际场合中正确地使用问候语和告别语 • 详细描述一个朋友，包括他的外貌特征和性格特点 • 向朋友描述看过的电影或电视节目的情节，并加入自己的评论 • 在正式场合中（如，开学典礼、公司会议）介绍学习经历或工作职责和今后打算 • 和老师、同学就某一话题进行讨论，并能为自己的观点辩解 • 经过准备就某一感兴趣的话题进行半小时的正式演讲，如怎样学习汉语

（续前表）

不能做	• 理解谈话中使用的成语、俗语、惯用语以及社会流行语和口语词的含义 • 结合社会交际和文化知识理解句子的真正含义或说话人的真实语义 • 能听懂中国人关于某一社会问题的讨论（如，环境保护、太空探索） • 能听懂某一专门学科的学术讲座或正式演讲	• 根据不同听众（如，老师、朋友、孩子）调整演讲，使用不同的词句和风格

HSK 听力分数 65～73（听力等级：六级）

	听 力	口 语
能做	• 能听懂关于家庭成员、兴趣爱好、假期计划和个人经历等方面的简单介绍 • 在商场，能听懂售货员对商品的种类、价格等相关信息的介绍 • 能准确理解对话中表达的数字信息（如，车次、电话）和时间信息（如，钟点、节日） • 能听懂关于寒假时间安排，下学期开学时间、地点及注意事项的口头通知 • 能听懂老师布置的作业任务，同学们讨论的关于学习的问题 • 能听懂去某个地方的行车路线 • 能听懂火车站内关于火车乘坐站台及出发时间的通知 • 能推断出日常生活及社交谈话发生的地点、环境和场景 • 理解与日常生活内容相关的对话中几个人物的身份以及他们的关系 • 能理解对几个不同人物的性格特征（如，热情、冷淡）或几个不同事物优缺点的比较（如，餐厅、城市）	• 描述自己的日常生活（如什么时候起床、用餐、锻炼等） • 介绍简单的个人信息（如，出生地、家庭成员……） • 在自由市场流利地向售货员询问商品价格、质量及讨价还价 • 在餐厅点菜 • 打电话给老师，解释不能参加班级活动的原因 • 告诉别人来自己家的具体路线 • 和中国人谈论一般话题（如，兴趣爱好、假期计划）

（续前表）

能做但有困难	• 能听懂广播中自己喜爱的体育比赛的现场说明（如，足球、篮球） • 能听懂用正常语速讲授的大学基础课程 • 能从说话人使用的不同语气，推断出说话人的观点、态度、感情倾向 • 能听懂广播中有关天气预报或交通情况的报道 • 理解电视或广播中新闻节目的主要内容 • 理解谈话中使用的成语、俗语、惯用语以及社会流行语和口语词的含义 • 结合社会交际和文化知识理解句子的真正含义或说话人的真实语义 • 能听懂中国人关于某一社会问题的讨论（如，环境保护、太空探索）	• 打电话给航空公司改变预定的飞机日期及时间 • 在交际场合中正确地使用问候语和告别语 • 详细描述一个朋友，包括他的外貌特征和性格特点 • 向朋友描述看过的电影或电视节目的情节，并加入自己的评论 • 在正式场合中（如，开学典礼、公司会议）介绍学习经历或工作职责和今后打算 • 和老师、同学就某一话题进行讨论，并能为自己的观点辩解 • 经过准备就某一感兴趣的话题进行半小时的正式演讲，如怎样学习汉语 • 根据不同听众（如，老师、朋友、孩子）调整演讲，使用不同的词句和风格
不能做	• 能听懂某一专门学科的学术讲座或正式演讲	

HSK 听力分数 74～82（听力等级：七级）

	听　力	口　语
能做	• 能听懂关于家庭成员、兴趣爱好、假期计划和个人经历等方面的简单介绍 • 在商场，能听懂售货员对商品的种类、价格等相关信息的介绍 • 能准确理解对话中表达的数字信息（如，车次、电话）和时间信息（如，钟点、节日） • 能听懂关于寒假时间安排，下学期开学时间、地点及注意事项的口头通知 • 能听懂老师布置的作业任务，同学们讨论的关于学习的问题 • 能听懂去某个地方的行车路线	• 描述自己的日常生活（如什么时候起床、用餐、锻炼等） • 介绍简单的个人信息（如，出生地、家庭成员……） • 在自由市场流利地向售货员询问商品价格、质量及讨价还价 • 在餐厅点菜 • 打电话给老师，解释不能参加班级活动的原因 • 告诉别人来自己家的具体路线 • 打电话给航空公司改变预定的飞机日期及时间 • 和中国人谈论一般话题（如，兴趣爱好、假期计划）

（续前表）

	• 能听懂火车站内关于火车乘坐站台及出发时间的通知 • 能推断出日常生活及社交谈话发生的地点、环境和场景 • 能听懂用正常语速讲授的大学基础课程 • 能听懂广播中自己喜爱的体育比赛的现场说明（如，足球、篮球） • 理解与日常生活内容相关的对话中几个人物的身份以及他们的关系 • 能理解对几个不同人物的性格特征（如，热情、冷淡）或几个不同事物优缺点的比较（如，餐厅、城市）	
能做但有困难	• 能从说话人使用的不同语气，推断出说话人的观点、态度、感情倾向 • 能听懂广播中有关天气预报或交通情况的报道 • 理解电视或广播中新闻节目的主要内容 • 理解谈话中使用的成语、俗语、惯用语以及社会流行语和口语词的含义 • 结合社会交际和文化知识理解句子的真正含义或说话人的真实语义 • 能听懂中国人关于某一社会问题的讨论（如，环境保护、太空探索） • 能听懂某一专门学科的学术讲座或正式演讲	• 在交际场合中正确地使用问候语和告别语 • 详细描述一个朋友，包括他的外貌特征和性格特点 • 向朋友描述看过的电影或电视节目的情节，并加入自己的评论 • 在正式场合中（如，开学典礼、公司会议）介绍学习经历或工作职责和今后打算 • 和老师、同学就某一话题进行讨论，并能为自己的观点辩解 • 经过准备就某一感兴趣的话题进行半小时的正式演讲，如怎样学习汉语 • 根据不同听众（如，老师、朋友、孩子）调整演讲，使用不同的词句和风格

HSK 听力分数 83～100（听力等级：八级）

	听力	口语
能做	• 能听懂关于家庭成员、兴趣爱好、假期计划和个人经历等方面的简单介绍 • 在商场，能听懂售货员对商品的种类、价格等相关信息的介绍	• 描述自己的日常生活（如什么时候起床、用餐、锻炼等）

（续前表）

	• 能准确理解对话中表达的数字信息（如，车次、电话）和时间信息（如，钟点、节日） • 能听懂关于寒假时间安排，下学期开学时间、地点及注意事项的口头通知 • 能听懂老师布置的作业任务，同学们讨论的关于学习的问题 • 能听懂去某个地方的行车路线 • 能听懂火车站内关于火车乘坐站台及出发时间的通知 • 能推断出日常生活及社交谈话发生的地点、环境和场景 • 能听懂用正常语速讲授的大学基础课程 • 能听懂广播中自己喜爱的体育比赛的现场说明（如，足球、篮球） • 理解与日常生活内容相关的对话中几个人物的身份以及他们的关系 • 能理解对几个不同人物的性格特征（如，热情、冷淡）或几个不同事物优缺点的比较（如，餐厅、城市） • 能从说话人使用的不同语气，推断出说话人的观点、态度、感情倾向 • 能听懂广播中有关天气预报或交通情况的报道	• 介绍简单的个人信息（如，出生地、家庭成员……） • 在自由市场流利地向售货员询问商品价格、质量及讨价还价 • 在餐厅点菜 • 打电话给老师，解释不能参加班级活动的原因 • 告诉别人来自己家的具体路线 • 打电话给航空公司改变预定的飞机日期及时间 • 和中国人谈论一般话题（如，兴趣爱好、假期计划） • 在交际场合中正确地使用问候语和告别语
能做但有困难	• 理解电视或广播中新闻节目的主要内容 • 理解谈话中使用的成语、俗语、惯用语以及社会流行语和口语词的含义 • 结合社会交际和文化知识理解句子的真正含义或说话人的真实语义 • 能听懂中国人关于某一社会问题的讨论（如，环境保护、太空探索） • 能听懂某一专门学科的学术讲座或正式演讲	• 详细描述一个朋友，包括他的外貌特征和性格特点 • 向朋友描述看过的电影或电视节目的情节，并加入自己的评论 • 在正式场合中（如，开学典礼、公司会议）介绍学习经历或工作职责和今后打算 • 和老师、同学就某一话题进行讨论，并能为自己的观点辩解 • 经过准备就某一感兴趣的话题进行半小时的正式演讲，如怎样学习汉语 • 根据不同听众（如，老师、朋友、孩子）调整演讲，使用不同的词句和风格

二 结论

本文为 HSK(初、中等)考试的听力部分提供了具体的标准参照性质的分数解释,给不同的汉语听力水平等级作出了描述性的听、说能做解释,为考试使用者提供了与 HSK(初、中等)听力成绩相对应的考生在生活、学习中汉语听、说实际能力的描述,并以此作为对 HSK(初、中等)分数解释的有力补充。

文章还以教师评估和学习汉语时间为主要效标,对调查问卷和 HSK 考试成绩进行分析,研究结果支持文中提出的 3 个基本研究假设:

1. 考生的自我评估在一定程度上可以反映他们实际的汉语运用能力。

2. HSK(初、中等)考试成绩可以反映考生实际的汉语运用能力。

3. 考生的自我评估可以成为分数解释的依据。

研究还发现,HSK(初、中等)听力水平等级不同和听力水平等级相同但具体级别不同的考生的实际听、说能力均存在一定程度的显著差异。HSK(初、中等)考试的听力成绩与考生的实际听、说能力紧密相关,HSK(初、中等)听力部分的等级划分还是比较合理的。教师评价、学习时间、问卷结果与 HSK 考试成绩均在一定程度上相关,HSK(初、中等)考试有较高的效度。

三 局限及进一步的研究

本次调查研究主要是根据参加 HSK(初、中等)考试考生的自我评估为 HSK (初、中等)考试的听力部分提供描述性的分数解释,对这一研究结论的应用应持谨慎态度。首先,听力和口语的分数解释样本数分别为 683 和 180,样本的数量尤其是口语的样本数量还不是很理想,样本在性别和国别的分布上也不是很均匀,听力和口语的统计样本中女性分别占各部分样本的 58.7% 和 52.8%,韩日两国考生在各部分样本中所占比例均超过90%，这些都有可能对统计结果造成一定的影响。在实际应用中一定要注意统计样本和解释对象的差异，在对来自某一特定国家，特定年龄段或特定教育背景的考生进行分数解释时要格外小心。

调查问卷中能做问题的设计主要集中于日常生活和学习领域，没有涉及工作领域，教师评估主要基于日常学习和生活中对学生的观察。因此，研究得到的HSK分数的能做解释不能推广到职业环境中去。为了对职业环境中的HSK分数做出能做解释，需要调查工作环境中上级对职工的汉语能力评估。调查总样本中85.7%的考生是学生，只有12.6%的考生有过工作经历。样本的构成也限制了本项研究结果的使用范围。对于职业环境中HSK分数的解释，尤其是HSK（高等）、HSK（商务）和HSK（文秘）分数的解释，还有待展开进一步的研究。

给大型标准化考试提供描述性、诊断性的分数解释是当前国际上众多考试机构正在研究的重要课题。ETS现任总裁兼CEO，Kurt Landgraf清楚地表示，“今后10年里，对英语语言能力的评估将成为ETS最大的发展机会之一，利用英语评估巨大的发展潜能，我们必须能够有效地与分布在全球的工作机构和合作伙伴分享研究成果，充分发挥才智，利用我们最佳的实践经验，紧密、协调地合作。这种集中会给我们的竞争提供有利条件”。（ETS，2003）

采用各种心理学及测量学方法为考试进行分数解释的趋势是相当明显的，HSK作为一种大规模、标准化、科学化的考试，一定要进行全面的分数解释研究，HSK考试的分数解释将会给包括考生、教师、教育机构和公司负责人在内的所有考试使用者提供考生汉语水平的丰富、直接而有效的信息。本文作为HSK考试分数解释研究的开端，一定会有很多不够成熟的地方，但作者对分数解释的课题很感兴趣，在今后的科研工作中，还将密切关注这方面的问题，也希望更多的专家学者开始重视分数解释这一课题，投入到这方面的研究中来。

参考文献

桂诗春、宁春岩 1997《语言学方法论》,外语教学与研究出版社。

李　泉 2001 试论对外汉语教学的教学原则,《中国对外汉语教学学会北京分会第二届学术年会论文集》,北京语言大学出版社。

刘　珣 2002《对外汉语教育学引论》,北京语言大学出版社。

刘英林 1990 汉语水平考试(HSK)述略,《中国语文》第4期。

刘英林、郭树军、王志芳 1988 汉语水平考试的性质和特点,《世界汉语教学》第2期。

吕必松 1996《对外汉语教学概论(讲义)》,国家教委对外汉语教师资格审查委员会办公室。

美国教育研究协会、美国心理学协会、全美教育测量学会 2003《教育与心理测试标准》,燕娓琴、谢小庆译,沈阳出版社。

谢小庆 1988《心理测量学讲义》,华中师范大学出版社。

谢小庆 1995 汉语水平考试的分数体系,《首届汉语考试国际学术讨论会论文选》,北京语言学院出版社。

张　凯 2002《标准参照测验理论研究》,北京语言大学出版社。

朱正才、范开泰 2001 语言听力理解能力的认知结构与测试,《语言教学与研究》第3期。

Bachman, L. F., Palmer, A. S. 1989 The Construct Validity of Self-rating of Communicative Language Ability. *Language Testing*, 6(1).

ETS 2003 TOEIC Program Moves Back To ETS. *ETS*: *News & Media*. Princeton, NJ: Educational Testing Service, 见 www.ets.org/news/03012201.html.

Heilenmann, K. L. 1990 Self-assessment of Second Language Ability: The Role of Response Effects. *Language Testing*, 7(2).

Li, Fung-yee. 2003 Implementing Student Self-assessment in a Secondary Four Writing Class of a Local Secondary School. 沙田循道衛理中學廿周年學術特刊. 见 www.stmc.edu.hk.

Norris, M. J., Brown, D. J., Hudson, D. T., Bonk, W. 2002 Examinee

Abilities and Task Difficulty in Task-based Second Language Performance Assessment. *Language Testing*, 19(4).

Oscarson, M. 1989 Self-assessment of Language Proficiency: Rationale and Applications. *Language Testing*, 6(1).

Peirce, N. B., Swain, M., & Hart, D. 1993 Self-assessment, French Immersion and Locus of Control. *Applied Linguistics*, 4(1).

Powers, D., Roever, C., Huff, K. L., & Trapani, C. S. 2003 Validating LanguEdge™ Courseware scores against faculty ratings and student self-assessments. *ETS Research Reports*, RR-03 – 11. 见 www.ets.org.

Ross, D. 1998 Self-assessment in Second Language Testing: a Meta-analysis and Analysis of Experiential Factors. *Language Testing*, 15(1).

作为第二语言的汉语写作能力测验方式的实验研究

赵　亮

■内容提要: 写作能力是语言能力的重要组成部分,写作能力的测量是语言交际能力测量的重要方面。与听力、阅读能力相比,长期以来,写作能力的测量是语言能力测量的难点。直接的"命题作文"的考试方法虽然具有高效度的优点,但很容易受到"题目取样误差"和"评分人误差"的影响。"题目取样误差"是指不同考生对同一题目的熟悉、兴趣、知识背景可能存在很大差异,考试中的表现水平很大程度上可能并不一定是语言能力水平。"评分人误差"是指作文的评分很容易受到评分人个人偏好的影响。间接的"客观性试题"(主要是选择题)方式虽然不容易受到评分人误差的影响,但其考查实际写作能力的效度一直受到质疑。本项研究在第二语言教学领域中,比较了3种不同的写作能力测验方式:1. 40分钟的命题作文,考生需要立意构思;2. 40分钟的给材料写作,考生基本不需要立意构思;3. 40分钟的客观性测验,包括50道选择题。研究对象包括母语非汉语的外国留学生和中国少数民族学生。效度标准(validity criterion)是给学生讲授汉语课的汉语教师对学生能力的主观评价。研究假设是:在汉语作为第二语言的写作能力考查中,与"客观题"和"命题作文"方式相比,"给材料写作"具有更高的效度。

■关键词: 第二语言　汉语　写作　测验　信度　效度

Abstract: Writing proficiency is one of the most important components of language proficiency. People have realized the critical importance of the search for excellence in developing writing assessment instruments that provide the best possible information about student proficiency, which is quite difficult to realize. The direct topic approach has high validity, but while quite typical, this method has a serious drawback: It will be compressed into a smaller score range that might occur if writers were able to find their own level by writing on topics they feel comfortable with. The indirect objective approach (mainly refers to multiple choice) is not easily affected by raters, but the validity of this method has been doubted. In this research, three methods are compared as follows: 1. 40 – minute composition with a topic; 2. 40 – minute composition with some materials; 3. 40 – minute objective test including 50 multiple choices. The research subjects are foreign students and minority students. The hypothesis: Compared with the topic approach and the object approach, the material method has a higher validity in the Chinese as a second language writing assessment.

Key words: second language, Chinese, writing, assessment, reliability, validity

零　问题的提出

写作能力是语言能力的重要组成部分,提高写作能力是语言教学的重要组成部分。写作能力的测量是语言交际能力测量的重要方面。与听力、阅读能力相比,长期以来,写作能力的测量是语言能力测量的难点。

传统的写作评价方式是直接的"命题作文"。这种方式虽然具有高效度的优点,但很容易受到"题目取样误差"和"评分人误差"的影响。间接的"客观性试题"(主要是选择题)方式虽然不容易受到评分人误差的影响,但其考查实际写作能力的效度一直受到质疑。目前国外大型考试的写作部分都采取了不同的测试方式,有主观性的按要求写作文的方式,例如 TWE(the TOEFL Test of Written English)、IELTS(the International English Language Testing System)、GMAT、CLEP(the College-Level Examination Program)、IEA(the International Association for the Evaluation of Educational Achievement)等,从 2003 年开始,GRE 也推出了写作考试,虽形式与单纯的命题作文有所不同,但其实质还有存在的问题是相似的;有客观性的作文测试,主要为选择题,例如 ACT(American College Testing),PSAT;也有主观与客观相结合的方式,例如 GED(General Education Development)的写作测试包括两部分:第一部分是客观性选择题,第二部分是主观性短文写作。SAT(Scholastic Aptitude Test)是美国教育测验服务中心(ETS)最重要的一个考试,根据美国大学委员会的网站报道,ETS 将于 2005 年推出新的 SAT,应用于 2006 年入学的大学新生。新 SAT 将增加一个"写作"部分。在这个部分中,将包括一篇作文和一些考查语法的选择题。

既然写作考试的目的之一就是要反映考生的水平,那么考试自然会显示出考生之间的不同,只不过这种不同应该是由考生的真实写作水平引起的,而不应该由所采用的测试方式所引起。在研究与开发测试的过程中,考试的主要因素——应试者几乎总是被排除在外,然而我们恰恰是要通过这些人才能了解测试当中哪些因素起作用了,哪些没有以及为什么。因此,我们需要找到一种能最有效地反映应试者写作水平的测试方式。

究竟哪一种考试方式能够最有效地反映应试者的写作水平呢?考虑到"命题作文"方式和"客观题"方式各自存在的局限性,在"中国少数民族汉语水平等级考试"(以下简称 MHK,是"民族汉语考试"的汉语拼音缩写)的"书面表达分测验"的开发过程中,开发者采用了"给材料作文"的方式。MHK 三级考试的《考试大纲》明确写明:"本分测验对写作中立意构思和谋篇布局的能力不做重点要求"(中国少数民族汉语水平等级考试课题组,2002:9)。同样的,国家职业汉语能力测试(简称 ZHC,是汉语拼音缩写)的书面表达部分也“不考察‘立意构思’”(中华人民共和国劳动和社会保障部职业技能鉴定中心及北京华美杰尔教育研究所,2004:2,234),而着重考察表达的准确性、流畅性、条理性和得体性。

与“命题作文”相比,“给材料作文”较少受到“题目取样误差”和“评分人误差”的影响。与“客观题”相比,“给材料作文”更直接地考查写作能力,而不是通过答题表现间接地推断考生的写作能力。“给材料作文”是否比其他两种写作能力考查方式具有更高的效度?“客观题”是否可以考查出考生的实际写作能力?本文对此进行了实验研究。

一　文献回顾及理论背景

1.1　写作能力测验方式发展回顾

1.1.1　国外写作能力测验方式发展回顾

主观性作文测试(lengthy essay tests)是美国大学委员会最初采取的测试方式。1926年,他们在原有考试内容的基础上增加了选择题(the multiple-choice SAT),即主观性作文测试与客观性测试共同使用。到1942年,主观性作文测试被取消。当时的大学理事会执行秘书报告说:写论文形式的考试已连续使用了长达41年之久,这种考试的取消标志着委员会新纪元的到来。从50年代开始,美国的考试机构开始大量采用间接的“客观性试题(主要是选择题)”方式考查写作能力。这种方式的优点是不容易受到评分人误差的影响。然而,这种客观方式考查实际写作能力的效度却一直受到质疑。客观性选择题在美国普遍使用的原因是二次大战中缺乏人手,没有足够的评分教师。二战结束后,围绕是否继续使用选择题的问题,美国语文教学界进行过很激烈的争论,尤其是对使用选择题来考查写作能力的争议很大。为此,从1954年起,美国最大的考试研究机构教育测验服务中心(ETS)进行了长达三年的实验研究。ETS对《英文写作水平考试》(English Composition Achievement Test,简称ECT,全部是选择题)、《普通写作测验》(General Composition Test, 简称GCT,两小时的作文考试）和《学习能力倾向测验》（Scholastic Aptitude Test，简称SAT）的言语部分（全部是选择题）等三个考试进行了比较研究。考试的有效性标准是语文教师对学生作文水平一年或一年以上的观察结论。1957年，ETS公布了他们的研究成果：SAT的效度最高，与语文教师基于长期观察对学生写作能力作出的主观评价最一致。其次是由客观性试题组成的ECT，最差的是由作文题目组成的GCT。正是由于这一项研究，才使其后的40年中客观性选择题成为美国语言能力测试的主要题型。但是，从20世纪60年代开始，ETS又陆续在一些考试中增加了主观性作文测试的部分，如ECT。作文测试就这样在主观性测试与客观性测试之间徘徊，发展到今天，国外各种大型考试的作文测试呈现出百花齐放的态势。现存的作为第二语言的英语（English as a second language）写作测试方式主要有以下几种：

（1）快照式（a snapshot approach）

考生在规定的时间内，就某一个题目完成一篇作文，题目应该是考生未事先准备过的，这种测试方式就叫做快照式。这种方式有一个相当典型的缺陷，它使考生的部分写作技能无从施展，这些技能也包括考生的背景及经验。由此产生的一个潜在后果就是学生写作能力的测量会被压缩在一个相对较小的分数范围内，但是如果学生能够得到一个顺手的题目，或者能够有充裕的时间来抒发胸臆和展示写作功底，他们所得的分数应该会在一个更大的范围内。也就是说如果有上面所描述的这种理想状态存在，测试的结果应该会更接近考生的真实写作水平。但这种测试在现实生活中是没有的。对于那些对题目无话可说或是被有限的与题目相关的语言束缚住的学生来说，快照式不可能测出他们的真实水平。

（2）复合渐进式（a growth/multiple competencies approach）

近来，在教育学领域、教育测量学领域，特别是在写作教学领域，人们越来越注重档案的使用（Belanoff & Dickson，1991；McIntyre，1995；Gillette & Nelson，1995；Callahan，1996）。档案被认为是作为第二语言的英语写作能力测量的最佳手段（Valdes，1991；Brookes，Markstein，Price & Withrow，1992）。档案式测量不受写作时间的制约，能够多角度多方面地勾画出学生写作能力的变化模式，但是，这种测试方式提供了大量修订的机会，因此也存在着潜在的负面影响（Hamp-Lyons，1995a；1996）。

（3）读写式（assessing writing as academic literacy）

只有当学生的读和写的能力都能参与学术工作的时候，他们才有可能将工作进行下去。读文章与写好的文章有着紧密的联系。通过写，可以使其他人了解自己的想法并作出回应。通过读，可以获取所需要的知识并获得他人的想法。鉴于读写的密切关系，写作测试的设计者至少应该考虑到将二者相结合，比如提供一段文字作为写作的提示性内容或者将一段相关文字放在一篇文章中最合适的位置。但是使用这种测试方式还需要进行大量的调研工作，确保找到最令人满意的考试形式。

（4）综合式（assessing writing within wider academic competencies）

读和写往往被当做关键性的语言技能，同时，听和说也是非常重要的。因此将所有技能结合起来进行测试的方式也具有明显的效度。学生的学习内容，包括写作课程往往需要他们具备多种技能，而且，在这种学习环境中，说是写必不可少的基础。然而，这种测量方式的评估工作将会相当复杂，同时，这样的考试也就不单纯是对写作能力的测量了。

1.1.2 国内写作能力测验方式发展回顾

中国是考试的发源地，从古至今我们尝试了多种选贤举能的方法，开发运用了各种类型的考试，写作能力测验方式的发展轨迹也可以从这些考试中寻得。

（1）科举考试

科举考试从隋唐开始到明清八股取士有一个发展演变的过程。隋朝主要用策论（根据试题中提出的关于经义及政事等问题写成议论文字）取士，这是用文章进行科举考试的开始。唐代科举考试的科目逐渐增多，但最受重视的是明经、进士两科。这两科考试均用文字，明经考经学，进士考诗赋。但明经考试并不要求写文章，只是背诵填写前人对经书的注释，而且只考所习之经，与明清时代用八股文解释经义的明经考试很不相同。八股文作为科举考试的一种文体，始于宋朝王安石对科举考试的变革，王安石改诗赋取士为经义文章取士，为明清八股取士开辟了道路。自宋至清，八股文的内容一直没变，主要是解释儒家经典义理，所不同的只是在文章的形式上搞了一些花样。八股取士并不是要选拔文学词章之士，而是为朝廷选拔经国治世的政治人才，文章成了士人取得功名地位的敲门砖。

那么，八股文是一种什么样的文章呢？从形式上说，八股文有严格规定。从内容上说，八股文的要求更苛刻。考生写作时，不能发表自己的见解，文章必须要"代圣贤立言"。所谓"代圣贤立言"，有两方面的意思。一是文章内容要体现儒家的思想风范，要用儒家的观点解说"四书"中的"义理"。二是行文要"入口气"，就是要模仿古人的口吻。除了形式和内容的严格限制外，八股文对字数的多少也有规定，不能随意加减。

明清时期的科举考试，八股文不是惟一的考试内容，除了八股之外通常还要考贴诗、策论等，但八股考试是最重要的考试内容。

八股文通常是世人抨击的对象。的确，其影响有消极的一面，但八股文写作的严格训练也为作家进行诗文写作打下了一定的基础，这也是事实。我们现在的写作测试也大可从中借鉴某些东西。规定好一些条条框框，只要适度，未必是坏事，不仅给写作者提供了一个清晰的思路，对评分人来说，尺度也更好把握。

（2）高考

纵观1978年至2003年全国卷的高考作文，我们可以将之分为以下几种题型：

① 命题作文

如1982年的《先天下之忧而忧，后天下之乐而乐》，1988年的《习惯》，1991年的《近墨者黑/近墨者未必黑》及1994年的《尝试》。

② 给材料作文

给材料作文有几种形式，包括缩写（1978年），改写（1979年正题），扩写（1984年副题），读后感（1979年副题，1980年，1981年，1995年）和看图作文（1983年，1996年）。

③ 话题作文

话题作文试题的根本特征有两个：第一，写作范围广，只要和试题所给话题在本质内容上相关,就符合题目的范围要求,相对命题作文来说,可发挥的余地大得多;第二,可以在话题范围内自己拟题,在立意等方面比命题作文更为灵活,可以给考生提供更为广阔更为灵活的发挥空间,使考生更好地展示自己的写作才能。因此近几年高考作文一直都采用这种题型。

(3) HSK

自1993年高等HSK引进作文考试以来,这部分测试采用的都是命题作文的形式。作文的命题一般有两种模式,一种是一般性命题作文,只给题目,不提供相关语料。另一种命题模式是限制性命题作文。它给出作文题目和一段相关语料,要求考生根据提供的语料完成命题作文(李庆本,1998)。如作文样题《一封求职信》,该作文题目后附了一份《精美服装公司招聘启事》,要求考生根据招聘启事限制的范围和规定的应招条件写一封求职信。这样的命题作文就是限制性的作文题。

(4) 民族汉考(MHK)

民族汉考的三、四级考试中包含书面表达。三级考试的书面表达包括两部分,一部分是客观性选择题,一部分是主观性试题(给条件作文)。给条件作文题型分为三类:①句首语写作:除给出题目外,还分出若干段落,并将一些段落的第一句话写出来提供给考生。考生不仅需要通过正确理解题目来确定文章的内容或主题思想,而且需要按照每段句首语的要求组织语段,写出与句首语在意义上顺接、语句上连贯的语段,并使全文各部分上下之间自然成一体;②提示性写作:给出一段生活情景的提示性文字,按照提示的写作要求写出一段语意完整的短文。提示性写作的形式包括:给提纲作文、续写、扩写、读后感、书信体作文;③看图写作:给出一幅或一系列图画,考生根据图中所给出的情景,按照提示的要求,写出前后连贯、相对完整的短文。四级考试的书面表达是读后写。读后写综合考察考生阅读理解和运用汉语言文字进行书面表达的能力,由于民族汉考对考生写作中立意构思和谋篇布局的能力不做重点要求,因此在考试说明中明确指出考生写文章要"以复述为主,不需加入自己的观点"(中国少数民族汉语水平等级考试课题组,2003:32)。

(5) 国家职业汉语能力测试(ZHC)

ZHC 考察的是应试者在实际活动中应用汉语能力的国家级测试,它是一项核心职业技能测试,面向所有就业者。所谓"职业汉语能力"是指人们在职业活动中运用汉语进行交际的能力,运用汉语获得和传递信息的能力。ZHC 书面表达分测验包括 50 道客观性选择题和两篇主观评分的作文题。其中主观作文题一篇为读后写,一篇为应用文。读后写要求考生阅读一篇文章后将其缩写成一篇短文,以复述为主,不需加入自己的观点。

1.2 命题作文方式存在的两大误差

1.2.1 题目取样误差

ETS 专题讨论系列之一——《托福 2000 的写作框架》一文指出:命题作文的题目所具有的重要特征可能也恰恰显示了这种考试方式的难点。这些特征包括:学科背景,与题目相关的知识及考生的个人经历,对题目感兴趣的程度,提供给考生的可选范围,题目的具体程度及精确程度,考生文化背景和所在地区的差异,题目对考生认知方面的要求,题目提供的信息量等等。以上这些特征决定了命题作文方式不可避免地要受到题目取样误差的影响。

"题目取样误差"是指不同考生对同一题目的熟悉程度、兴趣、知识背景可能存在很大差异,考试中的表现水平很大程度上可能并不一定是语言能力水平。

如果说客观性考试中出现有些题目考生不会做的现象是合理而必要的,那么在作文考试中出现这种情况,则说明命题本身是失败的。只有在考试题目的刺激下充分引发应试者的思维反应时,这种刺激才是有效的(李庆本,1998)。汉语作为第二语言的写作考试面对不同国家、地区,不同种族、民族,不同社会、文化、知识背景的考生,那种所有人都感兴趣,都有话可说的题目毕竟是有限的,因此命题就容易受到题目取样误差的影响,有损考试的公平性。例如前文已经提到的 HSK(高等)作文《一封求职信》,与那种只给题目,不给材料的一般性命题作文相比,这种命题方式有明确的限制和具体的规定,减少了命题的随意性,让考生有话可说的同时,也有利于评分的准确客观(陈田顺,1995),但即便是这样的题目,也会受到题目取样误差的影响,这个题目明显地有利于那些有过求职经历和工作经历的考生,对其他考生来说就是不公平的。

1.2.2 评分人误差

"评分人误差"是指作文的评分很容易受到评分人个人偏好及观点的影响。例如,在2002年四川省高考语文阅卷工作中,一篇作文因"与传统观点格格不入",评卷老师只给20分。"将此文提出来与整个阅卷室的数十位评卷教师讨论,结果争议很大,从20多分改成了40多分,最后请示评卷指导委员会,最终被认为是一篇不可多得的佳作,给出了相当高的分数。(满分60)"(单士兵,2002)

值得指出的一点是,评分员对第一语言的作文评价与对第二语言的作文评价标准不同。在英语作为第二语言的写作测试研究中,Sweedler-Brown(1993)就指出,在评价英语为第二语言的学生的作文与评价母语为英语的学生的作文时,没有接受过培训的评分员采取了不同的标准。因此在第二语言写作测试中,更要注意避免评分人误差带来的影响。

为了减少甚至消除评分人误差,研究者们一直试图找到一种最佳的评分方法。现行的作文评分方法主要是整体等级评分(Holistic Rating Scale)和分项等级评分(Analytic Rating Scale),考虑到两种方法各有利弊,在一些考试的作文评分中也有将二者相结合的,如HSK(高等)的作文评分。究竟哪一种评分方法更好,目前尚无定论。

1.2.3 关于"跑题"

跑题这一现象是在题目取样误差和评分人误差的共同影响下产生的,它更易出现在命题作文和话题作文中,因为这两种测试方式除了检验考生语言运用与表达的功力外,对考生在审题方面的要求也很高。但被判定跑题的作文真的"跑题"了吗?其实,有时所谓的"跑题"只是"跑"出了出题人和评分员的框框,却并未"跑"离我们要通过一定形式的作文测试来推测考生的写作水平这一宗旨。

1.3 半客观性试题

既然找到一种既能全面测量学生运用语言的能力，又能客观而准确地评价学生写作水平的评分方法如此之难，我们何不从另一个角度出发呢？那就是从改变作文测试的方式入手。本研究试图找到一种介于客观性与主观性之间的测试方法，找到一种博采众家之长的方法，只有这样的测试才能进一步提高作文测试的信度与效度，而采用半客观性试题就是本研究所要证明的更为有效的方法。

半客观性试题是介于客观性和主观性之间的试题，也叫限制性试题，包括简答题、填空题等。从答题方式来看，这种题型是由考生自己组织和提供答案，因此没有任何猜测因素，似属于主观性试题范围，但这种题型的答案又具有惟一性，从评分的客观性来看，较不受主观因素的影响，因此我们把它叫做半客观性试题。这是刘镰力《HSK（高等）的内容效度与题型开拓》一文中对半客观性试题的说明。HSK（高等）的半客观性试题主要分布在阅读理解和综合部分，但我们完全可以由此及彼地将这种方法应用于作文考试。给材料写作就是这样一种介于主观与客观的半客观性作文测试。相对于主观考试来说，给材料写作给了一个限制，一种范围，内容上并非天马行空。虽然命题作文和话题作文在内容上也有一定的限制，但毕竟宽泛得多，牵连的考生的主观因素也就更多，因此评分的客观性也会受到较大的影响。相对于客观考试来说，给材料写作是直接测量考生的写作能力，考生要自己组织语言，形成一篇文章，因此评分上也会受到主观因素的影响，不可能像客观考试那样客观得纯而又纯。一般说来，客观性试题命题难，评分易。主观性试题命题相对简单，但评分难。半客观性试题则取二者之精华，命题及评分都相对简单。

如前文所列，给材料作文的形式不止一种，到底哪一种形式最好呢？如果我们将主观与客观作为一个轴线的两端，给材料作文的不同形式则是散布在这条轴线上的若干个点，即有的形式主观性更强一点，有的形式客观性更强一点。几种形式当中读后感的主观性最强，缩写、改写和扩写的主观性次之，相比较而言，看图作文的主观性最小，客观性最强。看图作文以特定设计的画面形式为依据，应试者就可以凭借画面内容提供的素材，充分发挥自己的个人观察能力、想像能力、分析能力和语言表达能力，而不致于看不懂题目，写错了内容。看图作文，既能让应试的考生更容易下笔写文章，从而极大限度地避免题目取样误差的影响，又能方便老师把握作文评分的标准和尺度，从而更有效地避免评分人误差的影响，而且它同样可以起到其他命题作文应有的考查作用，可谓一举多得。

所以，只要看图作文题提供的构图好，富有新意，出得灵活，就完全可以考查出应试作文者的语文综合水平。（周子民，2003）

因此，在本研究中采用了“看图作文”这种给材料写作的形式与“客观题”和“命题作文”这两种测试方式相比较。

二　实证研究

2.1　实验材料

一套120分钟的试卷。

本研究欲比较三种不同的写作能力测验方式：1. 40分钟的命题作文，考生需要立意构思；2. 40分钟的给材料写作，写作材料以连环画方式给出，考生基本不需要立意构思；3. 40分钟的客观性测验，包括50道选择题，内容包括连接词、句内的语序调整、将词语填入适当位置、判断词语是否可以省略、找错，等等。

2.2　实验对象

在本项研究中，三种不同的写作能力测验方法分别施测于在北京语言大学、北京外国语大学和东北师范大学三、四年级学习汉语的65名外国留学生以及在中央民族大学预科学习汉语的54名中国少数民族学生。

2.3　实验设计

2.3.1　实验材料的施测方法

2.3.1.1 三项测验同时施测,单独计时

2.3.1.2 试卷采取交叉设计,以抵消疲劳效应

即设计两种顺序的试卷,一种试卷的顺序为:客观性选择题,命题作文,给材料作文;另一种试卷的顺序为:给材料作文,命题作文,客观性选择题。将两种试卷平均分配给被试。

2.3.2 评分方法

2.3.2.1 作文评分方法

两种不同方式的作文评分采取6分制。首先由两名汉语教师独立评分,如果两个人的评分一致,就将该分数作为最后得分。如果两个人的评分差1分,就取两个人的平均分。如果两个人的评分相差2分或2分以上,则请第三个评分人进行评分,取三人中评分最接近的两个人的平均分。

2.3.2.2 任课教师评分方法

请熟悉学生的任课教师对学生的"写作能力"和"一般汉语能力"进行等级评价,评价也采用6分制。其中,"写作能力"的评分标准与作文的评分标准相同,"一般汉语能力"的评分要求教师参照写作能力的评分标准作大致评定。

2.4 效度检验

2.4.1 效标:任课教师对学生写作能力的评价

2.4.2 采用的统计分析方法:相关分析

2.4.3 统计指标

"客观题"是指全部是客观性选择题的测验方式。"作文一"是指以连环画形式呈现的给材料作文。"作文二"是指命题作文。"总分"是指三种不同写作测验的总分。其中两项作文的评分都是先将6分制转换为50分制之后再相加,即三项写作能力的考试以同等权重组合为总分。转换的方法很简单,将作文的评分乘以50再除以6,所得结果保留到小数点后一位。"写作评价"是任课教师对学生写作能力的评价。"一般评

价”是任课教师对学生一般汉语能力的评价。“总评”是“写作能力”和“一般汉语能力”两项评分的和。

2.4.4 分析角度

2.4.4.1 分别计算三种测验方式与教师写作评价的相关,相关系数较高的方法被视为更有效的测验方式;

2.4.4.2 假设“作文一”的效度最高,则比较“作文一”、“总分”与“写作评价”的相关,看增加测验长度对测验效度有何影响;

2.4.4.3 比较“作文一”、“总分”与“一般评价”的相关,看客观题和作文二的“增益效度”如何;

2.4.4.4 分别计算“作文一+客观题”和“作文一+作文二”的效度,比较不同的“增益效度”。

2.5 信度检验

对客观题,计算其 Alpha 系数和区分度,检验其信度;对两种不同方式的作文,分别计算并比较其不同评分者之间的评分一致性,评分一致性较高的方式信度也较高。

三 研究结果

主要研究结果见下面的表格。在表 1 和表 2 中列出了效度检验各项统计指标之间的相关系数。除了前文已经说明的各项基本统计指标外,“作一客”是指作文一的分数加上客观题的分数,是将作文一的评分从 6 分制转换为 50 分制后(转换的方法与前文说明的相同)再与客观题分数相加。“作一二”是指“作文一”和“作文二”两项评分的和。表 3 和表 4 给出了两种不同方式作文的评分员评分的相关系数。“评分员 A1”是指评分员 A 对作文一,即以连环画形式呈现的给材料作文的评分。“评分员 A2”指评分员 A 对作文二,即命题作文的评分。“评分员 B1”是指评分员 B 对作文一的评分。“评分员 B2”指评分员 B 对作文二的评分。在表

5 中给出了客观题的各项信度检验指数。

表 1　留学生组效度检验结果（N=65）

	客观题	作文一	作文二	作一客	作一二	总分	写作评价	一般评价	总评
客观题	1.000	.493**	.438**	.878**	.525**	.745**	.046	-.080	-.019
作文一	.493**	1.000	.576**	.850**	.890**	.820**	.466**	.361**	.419**
作文二	.438**	.576**	1.000	.583**	.886**	.825**	.175	.107	.143
作一客	.878**	.850**	.583**	1.000	.808**	.903**	.285*	.150	.219
作一二	.525**	.890**	.886**	.808**	1.000	.926**	.362**	.265*	.318**
总分	.745**	.820**	.825**	.903**	.926**	1.000	.250*	.138	.196
写作评价	.046	.466**	.175	.285*	.362**	.250*	1.000	.931**	.981**
一般评价	-.080	.361**	.107	.150	.265*	.138	.931**	1.000	.984**
总评	-.019	.419**	.143	.219	.318**	.196	.981**	.984**	1.000

**. 在 0.01 的水平上显著（双尾）

*. 在 0.05 的水平上显著（双尾）

表 2　少数民族组效度检验结果（N=54）

	客观题	作文一	作文二	作一客	作一二	总分	写作评价	一般评价	总评
客观题	1.000	.367**	.110	.793**	.250	.566**	.209	.317*	.268*
作文一	.367**	1.000	.590**	.858**	.862**	.864**	.657**	.707**	.716**
作文二	.110	.590**	1.000	.448**	.918**	.820**	.475**	.563**	.540**
作一客	.793**	.858**	.448**	1.000	.703**	.879**	.546*	.638**	.617**
作一二	.250	.862**	.918**	.703**	1.000	.940**	.622**	.701*	.691**
总分	.566**	.864**	.820**	.879**	.940**	1.000	.603*	.709**	.683**
写作评价	.209	.657**	.475	.546*	.622**	.603**	1.000	.786**	.963**
一般评价	.317*	.707**	.563	.638	.701**	.709**	.786**	1.000	.924**
总评	.268*	.716**	.540	.617	.691**	.683**	.963**	.924**	1.000

**. 在 0.01 的水平上显著（双尾）

*. 在 0.05 的水平上显著（双尾）

表 3　留学生组评分员相关（N=65）

	评分员 A1	评分员 B1	评分员 A2	评分员 B2
评分员 A1	1.000	.627**	.562**	.445**
评分员 B1	.627**	1.000	.402**	.448**

（续前表）

评分员 A2	.562**	.402**	1.000	.579**
评分员 B2	.445**	.448**	.579**	1.000

**. 在 0.01 的水平上显著

表 4　少数民族组评分员相关(N=54)

	评分员 A1	评分员 B1	评分员 A2	评分员 B2
评分员 A1	1.000	.586**	.396**	.594**
评分员 B1	.586**	1.000	.428**	.710**
评分员 A2	.396**	.428**	1.000	.560**
评分员 B2	.594**	.710**	.560**	1.000

**. 在 0.01 的水平上显著

表 5　客观题统计摘要(共 50 题)

	留学生组	少数民族组
人数	65	54
Alpha	0.851	0.770
通过率 P	0.599	0.697
平均点双列相关	0.354	0.282
平均双列相关	0.508	0.418

表 6　留学生组水平描述数据(N=65)

	Minimum	Maximum	Mean	Std. Deviation
总分	45.65	130.30	95.5908	17.6710
总评	2.0	12.0	7.492	2.630

表 7　少数民族组水平描述数据(N=54)

	Minimum	Maximum	Mean	Std. Deviation
总分	66.20	140.45	103.1917	16.2040
总评	1.0	12.0	9.154	2.314

四 讨 论

4.1 效度检验

4.1.1 本论文的研究假设是，在三种作为第二语言的汉语写作能力测验中，不需要考生立意构思的“给材料写作”方式较好。本项研究的结果相当有力地支持了这一假设。根据表1和表2的数据，在留学生组中，“作文一”与“写作评价”之间的相关达到0.466，是三种测试方式中效度最高的。其次是“作文二”，相关系数达到0.175。效度最低的是客观题方式，与“写作评价”的相关只有0.046。在少数民族组中，“作文一”与“写作评价”之间的相关达到0.657，也是三种测试方式中效度最高的。其次是“作文二”，相关系数达到0.475。效度最低的也是客观题方式，与“写作评价”的相关只有0.209。结果显示，无论是留学生组还是少数民族组，“给材料写作”的测试方式的效度都是最好的，而客观题并不是考查考生第二语言写作能力的好方式。

4.1.2 从表1和表2中可以看到，在留学生组中，“作文一”与“写作评价”之间的相关为0.466，“作一二”与“写作评价”的相关为0.362，“作一客”与“写作评价”的相关达到0.285，在少数民族组中，“作文一”与“写作评价”之间的相关达到0.657，“作一二”与“写作评价”的相关为0.622，“作一客”与“写作评价”的相关达到0.546。这些数据说明，在“作文一”的基础上单独增加“客观题”或单独增加“作文二”，并没有提高测验效度，也就是说，在考查考生的写作能力方面，“客观题”和“作文二”并不能带来“增益效度”。

4.1.3 根据统计数据，留学生组的“总分”与“写作评价”的相关只有0.250，低于“作文一”与“写作评价”的相关0.466。少数民族组的“总分”与“写作评价”的相关为0.603，也低于“作文一”与“写作评价”的相关0.657。这说明在“作文一”的基础上同时增加“客观题”和“作文二”这两部分，即增加测验长度，结果并没有提高测验效度。相反，由于“客观题”和“作文二”这两部分的测验内容缺乏效度，反而导致了测验效度的降低。这一点,包括4.1.2的结论都告诉我们,在考查考生的写作水平方面,增加测验长度并不一定会提高测验效度。如果增加的部分缺乏效度,反而会导致原有测验效度的降低。

4.1.4 根据表1和表2,在留学生组中,“作文一”与“一般评价”的相关达到0.361,是三种测试方式中相关最高的。同时,这一相关也高于“作一二”与“一般评价”的相关0.265及“作一客”与“一般评价”的相关0.150。同样,在少数民族组中,“作文一”与“一般评价”的相关为0.707,也是三种测试方式中相关最高的。同时,这一相关也高于“作一二”与“一般评价”的相关0.701及“作一客”与“一般评价”的相关0.638。这说明,在考查考生的一般汉语能力方面,单独的“客观题”或单独的“作文二”都不能带来“增益效度”。

4.1.5 根据4.1.4的结论,在考查考生的一般汉语水平时,单一的“客观题”或“作文二”不能带来“增益效度”。那么,如果“客观题”和“作文二”这两部分同时增加,效度会不会有所增加呢?在少数民族组的数据中我们可以看到,包括三种测验方式的“总分”与“一般评价”的相关达到0.709,与“作文一”和“一般评价”的相关0.707并没有显著差异。这一数据说明,“客观题”和“作文二”这两部分既不能在评价写作能力方面带来“增益效度”,也不能在评价一般汉语能力方面带来“增益效度”。同样,这一结果也在留学生组中出现了。在留学生组中,“总分”与“一般评价”的相关为0.138,低于“作文一”与“一般评价”的相关0.361。

4.1.6 观察表1和表2的数据,我们不难发现“写作评价”和“一般评价”的相关系数相当高,留学生组和少数民族组分别高达0.931和0.786。这说明教师按照评价标准给出的等级评价有很好的稳定性和很高的一致性,也就是说测验的效度标准有很好的稳定性和很高的一致性。

4.1.7 在研究中,留学生组和少数民族组出现了一些不一致的结果,本文对此做了一些粗浅的分析。

4.1.7.1 根据表1,留学生组“客观题”和“一般评价”的相关为-0.080,出现了负相关。在前文有关客观题的分析中,我们已经知道这部分试题具有可以接受的信度，而少数民族组的“客观题”与“一般评价”的相关达到0.317，甚至高于其与“写作评价”的相关0.209，说明这部分试题无论在考查写作水平还是在考查一般汉语水平方面都是有一些效度的，尤其在考查一般汉语水平方面效度应该更好。但是留学生组的“客观题”和“一般汉语水平”之间不仅出现了负相关，其相关更是低于“客观题”与“写作水平”的相关0.046。这样就出现了一种可能性，那就是留学生“客观题”部分的分数在一定程度上失真，也就是说，由于某些测量误差的存在（如考生的态度、考场的环境等因素引起的误差），加上样本容量不够大，导致这些分数并未显现出考生的真实水平，最后导致与“一般评价”之间出现负相关。

4.1.7.2 由表6和表7我们知道，无论是从考生总的得分还是从教师总的评价来看，少数民族组的整体水平都高于留学生组的整体水平。这样又出现了另外一种可能性，那就是在一定的水平范围内，“客观题”和“一般评价”之间存在正相关，而且汉语能力越高的考生，其“客观题”与“一般评价”的相关就越高。留学生组二者之间呈现负相关，可能是由于留学生组的汉语水平不在这个范围内，也就是说测验出现了系统误差。当然，在本研究中，出现这种情况的可能性极小。

以上两点只是一些大致的分析，更具体更深层次的原因还有待今后做进一步的研究。

4.1.8 表3中，留学生组评分员A和评分员B对“作文一”的评分之间的相关为0.627，对“作文二”的评分之间的相关为0.579，均高于评分员A对“作文一”和“作文二”评分之间的相关0.562及评分员B对“作文一”和“作文二”评分之间的相关0.448。这说明同一篇作文两个评分员之间的一致性高于同一个评分员对两篇作文所评分数之间的一致性，显示了本测试两种测验方式的高效度。但是在表4少数民族组中，虽然同一篇作文两个评分员之间的一致性均高于评分员A对两篇作文所评分数之间的一致性，但却均低于评分员B对两篇作文所评分数之间的一致性。

4.2 信度检验

4.2.1 从表5给出的客观题部分的统计摘要可以看到，留学生组和少数民族组的客观题部分的Alpha系数分别达到0.851和0.770。题目的平均区分度也不低，两组的平均点双列相关分别达到0.354和0.282，平均双列相关分别达到0.508和0.418。结果显示，这部分题目具有可以接受的信度和题目区分度，确实可以反映出考生某一方面的汉语能力。

4.2.2 从表3中可以看到，留学生组评分员A和评分员B对“作文一”评分的相关系数为0.627，对“作文二”评分的相关为0.579。在表4中，少数民族组评分员A和评分员B对“作文一”评分的相关为0.586，对“作文二”评分的相关为0.560。分别对留学生组和少数民族组做“作文一”和“作文二”之间的相关系数差异显著性Z检验，结果显示，无论是留学生组还是少数民族组都不显著（留组 $Z=0.417$ $P=0.674$；少组 $Z=0.192$ $P=0.849$）。由此我们可以说，命题作文和看图作文这两种测试方式的信度都不错，但是没有证据可以证明哪一种测试方式具有更高的信度。

4.3 有待进一步研究的问题

本项研究虽然在一定程度上证明了“给材料作文”是三种写作能力测试方式中效度最高的，但是在整体研究中还存在着一些不足之处。主要的方面有：

4.3.1 样本不够大。最初的设想是留学生组和少数民族组的样本容量各为100，种种原因未能找到足够的学生，如果样本够大，统计结果会更精确。

4.3.2 本项研究中“命题作文”的题目是《我的家乡》。这一题目对“立意构思”的要求较低，影响了研究结果。如果采用《谈安乐死》、《谈集体主义和个性解放》这类对立意构思要求较高的题目，则“题目取样误差”和“评分人误差”的程度可能会更高，这样一来，研究结果可能会更说明问题。

4.3.3 施测的方式有待改进。本研究设计的试卷需要的时间过长,学生疲劳可能会影响研究结果。如有可能,应在短期内,即学生汉语水平不会发生级别变化的时间段内,分别对三种测试方式进行考查,结果可能会更好。

4.3.4 整体评分和分项评分的比较研究。

4.3.5 可以选择几个评分人之间差距最大的试卷进行案例分析。探讨"导致评分误差的因素"。

五 结 论

本项研究的假设是:在汉语作为第二语言的写作能力考查中,与"客观题"和"命题作文"方式相比,"给材料作文"具有更高的效度。除了证明这一研究假设外,本论文还研究了"客观题"和"命题作文"在考查学生写作能力方面和一般汉语能力方面存在的"增益效度",以及由此可以说明的测验长度与测验效度之间的关系。

研究结果有力地证明了研究假设,结果总结如下:

第一,在汉语作为第二语言的写作能力考查中,与"客观题"和"命题作文"方式相比,"给材料作文"这种测试方式具有更高的效度。

第二,客观题并不是考查学生第二语言写作能力的好方式。

第三,增加测验长度并不一定会提高测验效度。如果增加的部分缺乏效度,反而会导致原有效度的降低。

参考文献

北京语言大学汉语水平考试中心 1995《汉语水平考试大纲(高等)》,北京语言学院出版社。

北京语言大学汉语水平考试中心 1996《汉语水平考试大纲(初、中等)》,现代出版社。

北京语言大学汉语水平考试中心 1998《汉语水平考试大纲(基础)》,现代出版社。

陈田顺 1995 谈高等 HSK 的主观性考试,《汉语水平考试研究论文选》,现代出版社。

陈小荷、徐 娟、熊文新、高建忠(译) 2000《语言研究中的统计方法》,北京语言大学出版社。

国家教育委员会考试管理中心(主编) 1990《标准化考试》,高等教育出版社。

国家教育委员会考试管理中心(主编) 1990《考试的教育测量学基础》,高等教育出版社。

金克木、张中行、启 功 2000《说八股》,中华书局。

李庆本 1998 作文作为高等汉语水平主观性考试的理论依据及命题原则,《汉语水平测试研究》,北京语言大学出版社。

刘镰力、李 明、宋绍周 1994 汉语水平考试的设计原则和试卷构成,《语言教学与研究》第 1 期。

刘镰力 1998 HSK(高等)的内容效度与题型开拓,《汉语水平测试研究》,北京语言大学出版社。

单士兵 2002 高考作文两次改判背后的幸与不幸,《南方日报》7 月 22 日。

王凯符 2002《八股文概说》,中华书局。

谢小庆 1988《心理测量学讲义》,华中师范大学出版社。

谢小庆 2002 中国少数民族汉语水平等级考试的理论框架,《考试研究文集》,经济科学出版社。

谢小庆 2003 美国 ETS 将于 2005 年推出新 SAT,《中国考试》第 10 期。

谢小庆 2003 对测验效度的一些新认识,科研互动网,http://www.blcu.edu.cn。

燕娓琴、谢小庆(译) 2003《教育与心理测试标准》,沈阳出版社。

张厚粲(主编) 2001《心理与教育统计学》,北京师范大学出版社。

张 凯 2002《语言测验理论与实践》,北京语言大学出版社。

章 熊 1991“高考作文评分误差控制”研究,《中国考试》第 1 期。

章 熊 1992《高考作文指导——高考作文能力要求及评分参照量表》，中国广播电视出版社。

中国少数民族汉语水平等级考试课题组 2002《中国少数民族汉语水平等级考试大纲(三级)》,北京语言大学出版社。

中国少数民族汉语水平等级考试课题组 2003《中国少数民族汉语水平等级考试大纲(四级)》,北京语言大学出版社。

中华人民共和国劳动和社会保障部职业技能鉴定中心及北京华美杰尔教育研究所 2004《国家职业汉语能力测试大纲》,法律出版社。

American Educational Research Association 1999 *Standards for Educational and Psychological Testing.*

Bachman, L . 2000 *Fundamental Considerations Language Testing*, Shanghai: Shanghai Foreign Language Education Press.

Bachman, L., Palmer, A. 2000 *Language Testing in Practice*, Shanghai: Shanghai Foreign Language Education Press.

Belanoff, Dickson 1991 *Porfolios: Process and Product.* Portsmouth, NH: Boynton/Cook Heinemann.

Brookes, Markstein, Price, Withrow 1992 *Porfolio Assessment at Manhattan Community College*, City University of New York.

Callahan, S. 1996 *Porfolio Expections: Possibilities and Limits*, *Assessing Writing*, 2(2), 117 – 151.

Cooper, C. R. 1984 Holistic Evaluation of Writing. In C. R. Cooper and L. Odell, *Evaluating Writing: Describing, Measuring, Judging* , 3 – 32. Urbana, IL: NCTE.

Cumming, A., Kantor, R., Powers, D., Santos T., Taylor, C. 2000 TOEFL 2000 Writing Framework: A Working Paper, *TOEFL Monograph Series*, ETS.

Gillette, S., Nelson, E. 1995 Implementation of Portfolio Assessment in an EAP Program. Paper presented at the 29th *Annual TESOL Convention*, Long Beach , CA.

Hamp-Lyons, L. 1995a Portfolios with ESL writers: What the Research Shows, Paper presented at the 29th *Annual TESOL Convention*, Long Beach , CA.

Hamp-Lyons, L. 1995b Rating Non-native Writing: The Trouble With Holistic Scoring. *TESOL Quarterly*, 29(4)759 -762.

Hamp-Lyons, L. 1996 Applying Ethical Standards to Portfolio Assessment of Writing in English as a Second Language. In M. Milanovich & N. Saville, Studies in Language Testing 3: *Performance Testing, Cognition, and Assessment.* Cambridge: Cambridge University Press.

Hamp-Lyons, L., Kroll, B. 1996 Issues in ESL Writing Assessment: An Overview, *College ESL*, 6(1), 52 -72, the Office of Academic Affairs, City University of New York.

Jacobs, H., Zingraf, S. A., Wormuth, D. R., Hartfiel, V. F., Hughey, J. B. 1981 *Testing ESL Composition: a Practical Approach.* Rowley, MA: Newbury House.

Janopoulos, M. 1992 University Faculty Tolerence of NS and NNS Writing Errors: A Comparison. *Journal of Second Language Writing*, 1(2)109 -121.

McIntyre, K. 1995 Classroom Research: Portfolio Assessment in an ESL Writing Class. Paper presented at the 29th *Annual TESOL Convention*, Long Beach , CA.

Owen, D. 1999 *None of the Above.* , Rowman & Littlefield Publishers, INC, Lanham, 27 -39.

Schulz, E. M. , Wang, L. 2001 The Classification Accuracy of Shortened Versus. Full Length Tests with Number Correct Scoring. The annual Meeting of the National Council on Measurement in Education (Seattle, WA, April).

Silva, T. 1993 Toward an Understanding of the Distinct Nature of L2 Writing: The ESL Research and its Implications, *TESOL Quarterly*, 27(4)

657 –677.

Sweedler-Brown, C. O. 1993 ESL Essay Evaluation: The Influence of Sentence-level and Rhetorical Features, *Journal and Second Language Writing*, 2, 3 –17.

Valdes, G. 1991 *Bilingual Minorities and Language Issues in Writing: Toward Profession-wide Responses to a New Challenge*, Technical Report No. 54. Berkeley, CA: Center for the Study of Writing.

Zak, F., Weaver, Ch. 1998 *The Theory and Practice of Grading Writing Problems and Possibilities*, NY: State University of New York Press.

对第二语言阅读能力和写作能力关系的实证分析

马新芳

内容提要：本文从认知心理学对阅读和写作活动的认识入手，探讨了影响第二语言阅读和写作活动的因素，回顾了国内外关于阅读能力和写作能力关系的研究情况，并采用 HSK（高等）和 MHK（三级）的实际考试数据，对第二语言阅读能力和写作能力的关系进行了实证分析，并对阅读和写作测试提出了一些改进性建议。

根据分析结果得到以下结论：(1)写作能力主要是一种组织能力，语法知识不是影响写作能力的最重要因素。(2)第二语言阅读能力高的人不一定具有较高的第二语言写作能力，第二语言写作能力高的人不一定具有较高的第二语言阅读能力。(3)组织能力是写作能力有别于阅读能力之处。

同时，尝试提出以下建议：(1)阅读测验不能同时考查阅读理解能力和写作能力，应该分别对两种能力进行测试。(2)HSK（初、中等）应该增加写作测试。

关键词： 阅读　写作　组织能力

Abstract: According to the theory on reading and writing in cognitive psychology, we discuss the nature of second-language reading and writing; with the survey on reading-writing relationships and the data from HSK (Advanced) and MHK (3-level), we conduct a quantitative analysis of reading-writing relationships in second language, and mean to make some suggestions on the teaching and measuring of second-language writing.

Based on the quantitative analysis, we can conclude that: (1) Writing is composing and grammar is not the key for writing. (2) The superior reader is not always the superior writer and the superior writer is not always the superior reader in second language. (3) Composing competence is distinct for writing and from reading.

Also, we can make some suggestions: (1) the measurement of reading and writing should be conducted respectively and can't be obtained simultaneously. (2) Writing should be a necessary part in HSK(Elementary & Intermediate).

Key words: reading, writing, composing competence

零　选题的缘起

“读书破万卷,下笔如有神”,唐代大诗人杜甫的这句话不仅盛传当时,而且流传至今。但现实中却不乏满腹经纶而下笔维艰之人。特别是在第二语言学习领域,阅读水平高的人写作水平不一定高,有时甚至很低。看来,有必要对阅读和写作的关系做一认真考察,找到提高写作能力的有效途径。

同时,我们发现,美国教育测验服务中心(ETS)在1979年推出的“托业”考试(TOEIC,Test of English for International Communication),以测量母语非英语的高级职业人员英语交际能力为目的,但试卷内容只有听力和阅读两项。他们的理由是听力和口语、阅读和写作之间存在很高的相关(都为0.83),所以可以用听力水平推断口语水平,用阅读水平推断写作水平。(The Chauncey Group International,1998:8)实证研究是1982年Woodford进行的。他通过对99个日本考生的“托业”成绩和另外的口语和写作测试进行相关分析,得到“托业”阅读和另外的写作测验相关达到0.83,因此,"托业"的阅读成绩可以很好地反映考生用英语写作的水平。"托业"的阅读测试也间接地考查了考生的写作水平。(Woodford,1982:15)

"托业"的这种做法可靠吗? 如果阅读能力和写作能力的相关真的能够达到以此代彼的程度,那将对语言测试做出不小的贡献,因为这样既能保证测试的信度,又避免了对口语和写作进行施测和评分的麻烦,同时关于写作测试的很多争论(如测试形式、评分方法等)也都可以随之消解了。

看来,也有必要对第二语言的阅读和写作关系进行考察,分析有没有必要对写作进行测试。

基于此,本文拟对阅读和写作之间的关系作一梳理和澄清,开展一些实证性研究,并尝试对如何培养和测试写作能力提出一些意见和建议。

一　相关研究

1.1　对阅读活动和写作活动的认识

1.1.1　对阅读活动的理解

Rumelhart(1980)认为,阅读并非单纯自下而上或者自上而下的系列加工,而是在两种加工方式的相互作用下,同时利用语义、句法、词汇和文字等各种信息获得对文章的理解。Rumelhart 的观点能说明阅读过程中的很多现象。(张必隐,1992)

Grabe(1993)认为,阅读过程并不是一个简单的线性发展的系列过程(linear),而是一个螺旋上升的递归过程(recursive)。

图式理论认为,阅读的过程是一个运用大脑中已有的知识图式对书面语言进行解释的过程,是读者和文本不断交互作用的过程,阅读的结果是形成新的图式。(Nunan,1999)

国内比较有代表性的观点认为阅读水平的差异来自三个方面:一是语言知识,二是背景知识,三是阅读技巧或策略。(赵莉,1996;余建华,

2001;陈进封,2001)

所以,阅读能力主要是一种基于文本的理解能力,语言知识、关于文章主题的图式内容、阅读技巧(如何利用上下文信息和语义线索调整图式)是影响阅读能力的主要因素。

1.1.2 第二语言阅读技能的形成

第二语言学习者读、写技能的形成有两个来源:第一语言技能的迁移和第二语言知识的输入。也可以把前者称为语言间技能的迁移(interlangauge transfer),把后者称为语言内技能的迁移(intralanguage transfer)。(Carson 等,1990)

关于阅读技能能否从第一语言向第二语言迁移,学者们有两种看法:

(1)语言间相互依赖假说(Linguistic Interdependence Hypothesis, LIH)。Cummins(1980)认为所有的语言运用活动都以普遍的认知能力为基础,这种潜在的普遍能力(common underlying proficiency)保证了语言技能在不同语言间的迁移。由此提出了语言间相互依赖假说。根据这个假说,"如果一种语言的教学对提高这种语言技能有效,那么在学习另外一种语言时,只要有积极的学习动机,并且有充分的机会运用这种语言,就能把第一语言的水平迁移到第二语言中去。"(p. 29)

但同时,Cummins 又指出,语言技能在语言间的迁移并不是自然发生的,只有具有了一定的语言水平,才可能进行以认知为基础的语言技能的迁移。

(2)语言能力下限假说(Linguistic Threshold Hypothesis, LTH)。

在语言间相互依赖假说提出的同时,有学者发现,尽管第一语言阅读水平高的人通常会具有较高的第二语言阅读能力,但同时必须具有一定的第二语言水平。

Hudson(1988)认为图式理论解释了语言下限假说。如果第二语言水平较低,可能会对文中语义和话语线索进行错误理解,从而找到错误的图式,表现出较低的阅读理解水平。

1.1.3 对写作活动的理解

写作是一种组织过程(composing process),即构思(planning)、转换

(translating)和修改(reviewing)的认知过程(Silva,1993)。构思包括对立意和篇章结构的构思两方面,转换主要是运用书面语言表达技巧把心理过程转换成书面语言,修改既包括语用层面的,也包括语法层面的。(Silva,1993)

图式理论认为,写作的过程是作者根据一定的写作任务,在头脑中产生该任务的图式,并运用一定的策略(构思)和书面话语表达技巧(转换、修改)进行书面交际的过程。(Nunan,1999)

1.1.4 影响第二语言写作能力的因素

组织过程是影响写作水平的主要因素,尤其对于第二语言写作者来说更是如此(Krapels,1990);组织能力是写作能力的重要组成部分,它独立于第二语言水平之外,可以从第一语言进行迁移(Krapels,1990)。第二语言水平对写作水平只起补充和促进作用(Cumming,1989)。

Sasaki & Hirose(1996)提出了一个第二语言写作能力结构图,用来解释以英语作为第二语言的日本学生的写作能力(如下图所示)。在这个模型中,影响第二语言写作能力的因素主要有四个:组织能力、第二语言水平、第二语言元知识和第一语言写作能力。其中,组织能力是较高层次(higher - order)的因素,既影响第二语言写作,也影响第一语言写作,它通过写作时运用写作策略表现出来;第二语言水平影响写作时的流利性;第二语言元知识可以通过第二语言的教育获得,但是教育程度的高低不会引起第二语言阅读和写作关系的变化(Carson 等,1990)。写作训练和写作时的自信心是影响第二语言写作能力的潜在因素。

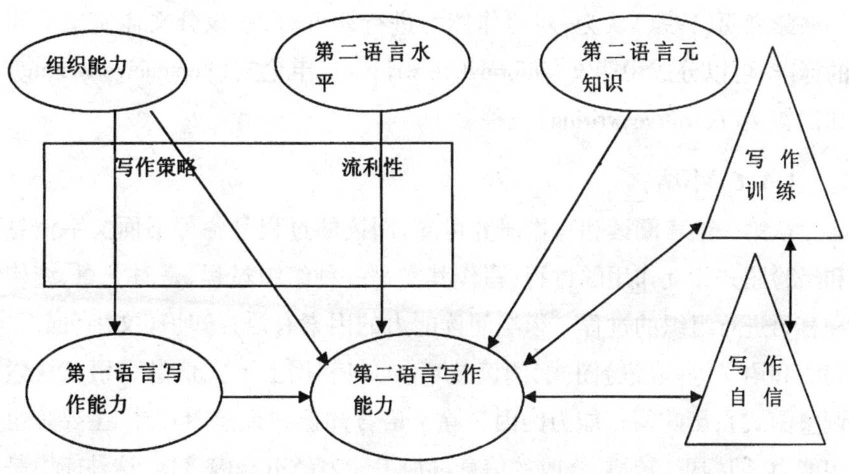

第二语言写作模型

圆形表示不可直接观测的变量,三角形表示可能的背景因素,方形表示可以观察到的变量。单箭头表示单向的因果关系,双箭头表示互相影响。

1.1.5 如何进行写作能力的测试

对于阅读和写作等语言技能的测试,从20世纪60年代初Lado(1961)提倡的"成分—技能"说,到70年代末Oller(1979)的"一元能力假说"(unitary competence hypothesis),再到现在的交际语言能力测试观,表现了"分立式"(discrete)、"综合式"(integrative)和注重"真实性"(authentic)这三种不同的语言测试思想。

1990年,Bachman提出了交际语言能力模型,此后,语言测试的直接性、真实性受到了前所未有的重视,现实性(real-life)成为设计和开发语言测试的一个重要原则。语言测试开始从以语言系统为参照(system-referenced,Baker,1989)向以实际行为为参照(performance-referenced,Baker,1989)转移。交际语言测试观认为,听、说、读、写等语言技能是以共同的语言知识为基础、运用不同的策略能力和心理生理机制形成的既有联系、又有区别的语言运用能力。语言测试要在具体的语言运用情境中分别考查不同的技能,即要通过阅读活动考查阅读能力,通过书面表达活动考查写作能力。

彭森明(1994)认为,对写作能力进行评价时,应该分文体制定不同的标准,可以分成说明文(informative writing),申论文(persuasive writing)和记叙文(narrative writing)三种。

1.1.6 小结

从第一语言阅读和写作研究可知,阅读的过程是各种书面文字信息和经验图式相互作用的过程;写作其实是一种组织过程,是对立意、结构和言语进行组织的过程。影响阅读能力的因素有语言知识(文字、词汇、句法和语义等)、经验图式、阅读技巧(如何利用上下文信息和语义线索调整图式),影响写作能力的因素除了语言知识和经验图式外,主要是组织能力,即构思、转换、修改的信息再加工能力(Silva,1993)。这种能力是以语言知识为基础的。

从第二语言的阅读和写作研究可知,同第一语言阅读能力一样,第二语言阅读能力受语言水平的影响,即受第二语言文字、词汇、句法和语义等语言知识的影响。

第二语言写作能力同第一语言写作能力一样,主要是一种组织能力。要提高第二语言写作能力,主要是提高组织能力,可以通过第一语言写作能力的迁移实现,同时,一定的第二语言水平是顺利进行组织和实现迁移的前提,大量的写作训练是增强写作自信和提高写作能力的保证。大量的阅读活动可以为写作提供语言知识和组织技巧,促进写作能力的提高,但不能从根本上提高写作能力。

1.2 对阅读和写作关系的研究

1.2.1 国外的研究

1.2.1.1 第一语言读写关系的研究

(1)阅读测验和写作测验的关系

虽然大量研究发现:阅读测验成绩高的人写作的成绩一般也高,阅读成绩低的人写作的成绩一般也低,但是,也存在大量阅读成绩高而写作水平低的人和阅读水平低而写作水平高的人,因为写作并不仅仅依赖于阅读，它更多地依赖于心理构思活动（mental planning）。此外，句法的熟练度、词汇的掌握和运用情况（Diederich, 1957）、一般语言水平 、阅读量的大小、阅读面的宽窄以及阅读次数的多少也影响写作水平。（Loban, 1963）

根据这类研究，可以知道：词汇、句法等语言知识是造成阅读和写作正相关的因素之一，写作水平更多地依赖于构思能力。

（2）写作活动会不会影响阅读水平

研究者发现：逻辑思维训练和组句成段训练可以显著提高学生的写作水平，但对阅读提高不大；写作（概括、改写、续写）比单纯的阅读或读后回答问题能更加有效地提高阅读理解能力。（Loban，1963）

根据这类研究，可以知道：a. 言语表达能力和逻辑思维能力（组织能力）是写作不同于阅读之处。b. 从某种意义上说，阅读理解也是一种对文本进行解释的表达活动，解释的结果是形成一个关于文本意义的图式，而不是学会某些词语或得到某些细节信息。但它是一种以理解为基础的表达，要受到文本信息的限制。相比而言，写作活动更加自由。

（3）阅读活动会不会影响写作水平

阅读活动也有两类：为了提高阅读理解能力而进行的阅读训练和为了提高写作水平而进行的阅读训练。结果发现：增加阅读量比增加写作训练和语法训练更能显著提高写作水平，而如果单纯依靠阅读来提高写作，则收效甚微。（Loban，1963）

（4）小结

综上，阅读和写作具有相同的语言知识基础和认知基础，是两个相似的、动态的、相互作用的过程。二者都包含有经验图式的作用、对语篇结构的分析，都有理解和表达的行为。这是造成二者存在一定相关的原因，也是可以通过扩大阅读量提高写作能力的原因。但是，写作水平更多地依赖于构思能力、言语表达能力，同时需要大量的言语表达训练来维持。

1.2.1.2 第二语言读写关系的研究

第二语言领域读写关系的研究从90年代开始。

Carson、Carrell 等人（1990）对第二语言阅读和写作的关系进行了实证研究，同时也考察了语言间读写技能的迁移。该研究的被试是以英语作为第二语言的日本学生和中国学生。结果发现：第二语言读写技能随着第二语言水平的提高而发展，但第一语言写作能力反而随着第二语言水平的提高而下降。这种现象说明，写作能力要靠不断的写作训练来保持。

同时，他们指出，第二语言阅读和写作存在共同的认知基础，在语言形式（forms）、功能（functions）等方面有共同的结构成分，一种能力的提高会带来另一种能力的提高。写作训练并不单纯只用来提高写作能力，阅读活动也并不单纯只用来提高阅读能力。

1.2.2 国内的认识

1.2.2.1 对第一语言读写关系的认识

关于阅读和写作的关系，建国前后，在语文教育界的认识就有很大分歧。20世纪40年代陕甘宁边区就曾争论过这一问题（晁哲夫，《国文必须改造》），老舍先生在1945年《写与读》一文中开篇即说道："要写作，便需读书，读书与著书是不可分离的事。"

20世纪70年代末~80年代初，又掀起了一场关于阅读和写作关系的大讨论，以及在语文教学中如何对待阅读和写作地位的论争。黄光硕（1979）总结了当时语文教育界关于阅读和写作的几种看法：

（1）以"作文为中心组织语文教学"或"以作文为纲"。强调作文训练，阅读训练的目的是为了写作。（周韫玉，1979）

（2）"以读为主"，"以阅读为基础"。只有大量有效的阅读，才能搞好写作。

（3）"读写结合"。读写两者关系密切，不可偏废。

（4）读和写属于两种独立的教学活动，不能强调读写一定要结合，也不能以谁为中心，应该在阅读的基础上，探讨读和写的训练方法，研究语言与思维训练的规律。（顾黄初，1982）

1.2.2.2 对第二语言读写关系的认识

20世纪90年代以来，人们开始关注外语教学界阅读和写作的关系。

谢薇娜（1994）认为阅读和写作是两个相互交融的行为，二者相关相依,不可分割。写作过程是一个受写作者阅读能力影响的过程,也就是模拟读者阅读的过程。同样,阅读是一种受读者写作能力影响的过程,是一种模拟写作的过程,读者在阅读中必须预测、揣摩写作者的意图,身体力行地扮演写作者的角色。她的研究比较可贵的一点是采用了量化的方法,随机抽取了参加英语专业四级考试的 20 名考生,对他们的阅读理解和写作成绩进行相关分析,得到 r = 0.501,因此认为阅读和写作显著相关,应该把阅读教学和写作教学结合起来,"于阅读中学写作,于写作中学阅读"。

黄景(1998)认为阅读和写作无论在认知过程、认知方式(阅读是读者与语篇进行意义和情感交流的过程,是一种写作行为)还是课堂教学等方面都是紧密相关、相互促进的。

可见,国内语文教育界关于读写关系的讨论是对阅读和写作在语文教学中地位的论争,20 世纪 90 年代以来的研究是在国外研究成果的基础上展开的,着眼于阅读和写作的相关性,指出应该读写结合进行教学。

1.3 问题的提出

在前人研究的基础上,本文打算通过分析 HSK(高等)和 MHK(三级)的实际考试数据,对第二语言阅读和写作的关系进行更加全面而深入的考察。具体为:

(1)考察阅读测验和写作测验的关系(相关分析),并进一步分析存在相关的原因,以及阅读能力和写作能力的不平衡现象。

(2)不同读写水平的人,其读写的相关性是否有所不同?

(3)考察写作和口语、阅读和口语的相关,尝试找到写作能力有别于阅读能力之处。

二 实证分析

以 HSK(高等)和 MHK(三级)的阅读理解和写作测试为例,分析阅读理解和写作能力的关系。

HSK(高等)阅读理解由两部分组成。第一部分:考查考生快速阅读查找信息的能力。第二部分:主要考查考生的阅读理解能力。(国家汉语水平考试委员会办公室,1995)

HSK(高等)作文部分命题模式有两种。第一,给出题目和相关语料,要求考生参照限定性语料完成一篇短文。第二,给出题目和相关提示,要求考生按照提示完成限定性短文。两种方式交替使用,每次只写一篇。(刘英林,1995;刘镰力等,1995)

刘镰力(1995)通过对 HSK(高等)的内容效度进行分析,指出"阅读部分确实考查的是阅读理解能力"。王芳(1995)在对 HSK(高等)的信度和效度报告中指出,阅读理解测验能有效地区分阅读理解能力的高低,具有良好的区分效度。陈田顺(1995)在对 HSK(高等)的主观性考试的分析中指出作文考试具有良好的实证效度。

"中国少数民族汉语水平考试(简称"民族汉考",MHK)是专门测试母语非汉语的少数民族汉语学习者汉语水平的国家级标准化考试。民族汉考是一个可靠、有效、因而也是权威的汉语水平评价工具。"

"MHK(三级)阅读理解分测验主要考查考生对阅读材料的理解能力和阅读速度,也考查考生对所学词语的掌握情况。""MHK(三级)书面表达分测验主要考查考生运用汉语语言文字进行书面表达的能力,……对立意构思和谋篇布局的能力不做重点要求。"(教育部民族教育司中国少数民族汉语水平等级考试课题组,2002)

2.1 阅读能力和写作能力关系的分析

基本思路:先考察 HSK(高等)和 MHK(三级)的阅读理解和写作分测验之间的相关,然后通过对 MHK(三级)中阅读和书面表达(一)、写作和书面表达(一)的相关分析,进一步考察造成阅读和写作相关的原因,最后分析阅读能力和写作能力高低的不平衡现象。

2.1.1 阅读测验和写作测验的相关

表1 历年 HSK(高等)的阅读理解和写作分测验的相关

	1993 年	1994 年	1995 年	1997 年	2003 年
皮尔逊相关	0.495	0.267	0.394	0.461	0.335
样本容量	146	137	291	261	2039

表2 MHK(三级)阅读理解和写作分测验的相关

	吉林	青海
皮尔逊相关	0.372	0.579
样本容量	6112	1350

注:2003 年 11 月,吉林;2004 年 1 月,青海。

根据以上两个表格可以看出,阅读和写作相关都不算高。所以,阅读和写作是既有联系又有区别的两种能力。

那么,各个语言成分(词汇、语法等)对阅读和写作的影响是否会有不同呢?

HSK(高等)的综合表达分测验"主要考查考生对语法、词语、长句、语段的理解和运用能力"(国家汉语水平考试委员会办公室,1995),除了对句子层面的语法进行考查外,还包括对语用能力的考查,所以不能用 HSK(高等)考查语法对读写能力的作用。MHK(三级)中的书面表达(一)主要考查"句子层面的书面表达能力"(中国少数民族汉语水平等级考试课题组,2002),可以认为是对语法的间接考查。所以,我们就以 MHK(三级)的书面表达(一)为例,尝试说明语法在读写能力中的作用。

下面分别以吉林和青海为例,考察书面表达(一)和阅读、书面表达(一)和写作之间的关系。相关分析结果见表3。

表3　书面表达(一)、阅读、写作之间的相关

	青海	吉林
书面表达(一)和阅读	0.751	0.540
书面表达(一)和写作	0.554	0.305
阅读和写作	0.579	0.372
样本容量	1350	6112

从表3可以看出,阅读和写作都跟书面表达(一)有一定相关。可见,语法知识是影响阅读和写作的共同因素。

另外,从相关的大小来看,似乎书面表达(一)和阅读的相关更高一些,那么,是否语法对阅读的影响高于其对写作的影响呢?由于样本容量对相关系数的高低会有影响,所以我们再对这两个相关系数进行差异显著性的单侧t检验,结果见表4:

表4　相关系数差异的显著性t检验(单侧)

青海	吉林
t(1349) = 12.237**	t(6111) = 9.648**
P = 0.000	P = 0.000

从表4看出,书面表达(一)和阅读的相关显著高于书面表达(一)和写作的相关,支持了我们的假设,即语法知识对阅读能力的影响高于其对写作能力的影响,语法知识可能不是影响写作能力的最重要因素。

2.1.2　阅读能力和写作能力高低的不平衡现象

将考生按照阅读和写作测验分数的高低分为高、中、低三组,通过组合,得到阅读和写作高低水平不同的九组,分别考察这九组考生在不同水平中所占比重的大小。

先对1997年的高等HSK考试的数据进行分析。首先,根据阅读测验的标准分把考生分为高、中、低三组,达到A级的为高水平组,C级或C级以下的为低水平组,B级为中等水平组。同理,也可以根据写作测验标准分把考生分为写作水平高、中、低三组。如表5~6所示:

表 5

阅读＼写作	高	中	低	总计
高	9(32%)	13(46%)	6(22%)	28(100%)
中	6	19	17	42
低	11(6%)	44(23%)	136(71%)	191(100%)
总计	26	76	159	261

表 6

阅读＼写作	高	中	低	总计
高	9(35%)	13	6(4%)	28
中	6(23%)	19	17(17%)	42
低	11(58%)	44	136(85%)	191
总计	26(100%)	76	159(100%)	261

根据表 5 和表 6 可以清楚地看出,阅读水平低的人相应的写作水平一般也低(71%,表 5),阅读水平高的人写作的水平要滞后于阅读水平,达不到相应的阅读水平的高度;写作水平低的人相应的阅读水平一般也低(85%,表 6),但是写作水平高的 26 人中,有 11 人(58%,表 6)的阅读水平反而很低。

整体来看,阅读和写作的不同水平之间的比例如表 7 所示:

表 7

阅读＼写作	高	中	低	总计
高	9(3%)	13(5%)	6(2%)	28
中	6(2%)	19(7%)	17(6%)	42
低	11(5%)	44(17%)	136(53%)	191
总计	26	76	159	261(100%)

从表 7 可以看出，中间对角线上的比例之和为 63%，即阅读和写作同步发展的考生占考生总数的 63%，其余 37% 的考生在阅读理解和写作的发展上都不平衡，即有 37% 的考生阅读理解成绩高而写作成绩不高、写作成绩高而阅读理解成绩不高。所以，阅读理解和写作并不是两种同步发展的能力，二者在相互联系的基础上又有各自的发展特点。

同时，以青海为例考察 MHK（三级）中阅读理解和写作的不平衡现象，也得到了与 1997 年 HSK（高等）相似的结论。

所以，阅读理解和写作并不是两种同步发展的能力，二者在相互联系的基础上又有各自的发展特点。从上述表格可以看出：阅读水平低的人相应的写作水平一般也比较低，阅读水平高的人写作的水平要滞后于阅读水平，达不到相应的阅读水平的高度；写作水平低的人相应的阅读水平一般也低。

2.2 阅读理解和写作的水平对读写关系的影响

阅读水平的高低是否影响阅读和写作的关系？写作水平的高低是否影响阅读和写作的关系？

根据上面对读写能力高低的分组，先考察阅读高、低分组的阅读和写作的相关，再考察写作高、低分组阅读和写作的相关，然后分别对高、低分组的相关进行差异显著性 Z 检验，根据检验结果，得到阅读和写作水平的高低是否会影响阅读和写作的关系。

仍以 1997 年 HSK（高等）和青海的 MHK（三级）为例进行分析。

根据上面对阅读能力和写作能力的高、低分组结果，分别计算阅读和写作高、低分组的相关，并进一步对高、低分组的相关进行差异显著性 Z 检验，结果见表 8。

表8　1997年HSK(高等)阅读、写作高、低分组的相关及差异显著性检验

		高分组	低分组	Z值	P值
阅读	相关	0.405	0.377	0.159	0.876
	样本量	28	191		
写作	相关	0.178	0.266	0.422	0.674
	样本量	26	159		

根据上表结果,阅读和写作高、低分组的相关没有显著差异(双侧),即阅读和写作水平的高低对读写之间的关系没有影响。

但是,青海MHK(三级)的分析结果却相反(见表9)。

表9　青海MHK(三级)阅读、写作高、低分组的相关及差异显著性检验

		高分组	低分组	Z值	P值
阅读	相关	0.031	0.478	6.002**	0.000
	样本量	180	1008		
写作	相关	0.176	0.403	2.913**	0.004
	样本量	165	877		

根据表7,读写水平低的人阅读和写作之间表现出较强的相关性,所以,我们对表9中低分组和高分组的相关系数做差异显著性单侧Z检验,结果很显著。即读写水平低的人阅读和写作的相关显著大于读写水平高的人。说明阅读和写作水平低的人较易表现出读写的正相关,而阅读和写作水平高的人读写的关系相对较复杂,读写能力的不平衡发展较明显。

为了避免对1997年HSK(高等)的取样误差,我们再以1995年的HSK(高等)数据为例进行分析。

仍然采取同样的方法对阅读和写作进行高、低分组,做相关分析,进行相关系数差异显著性的Z检验,结果见表10。

表 10　1995 年 HSK(高等)阅读、写作高、低分组的相关及差异显著性检验

		高分组	低分组	Z 值	P 值
阅读	相关	0.271	0.384	0.849	0.396
	样本量	83	107		
写作	相关	0.316	0.128	1.32	0.188
	样本量	70	135		

从该表看出,阅读和写作高、低分组的相关没有显著差异(双侧),和 1997 年的分析结果一致,即阅读和写作水平的高低对读写之间的关系没有影响。

综上可以看出,运用 HSK(高等)的分析结果和 MHK(三级)的分析结果是不一致的(具体分析见后文“讨论”部分)。

2.3　对写作能力有别于阅读能力因素的考察

通过考察口语考试和阅读理解、口语考试和写作的相关,并进行相关系数的差异显著性检验,找到写作能力独立于阅读理解的因素。

由于 MHK(三级)还没有进行口语考试,所以只分析 HSK(高等)的数据。

HSK(高等)的口语考试由两部分内容组成:第一部分,“朗读一段 250 字左右的短文,时间约为 2 分钟”;第二部分,“口头回答两个问题,第一个问题是叙述性或介绍性的;第二个问题是说明性或议论性的。每个问题的答题时间约为 3 分钟”。“全部考试时间约为 10 分钟。……口语考试主要考查汉字认读能力和口头表达能力。”(中国汉语水平考试大纲(高等),1995:10)

尽管口头表达和书面表达在表达的媒介上有所不同,但二者都需要进行心理构思和言语表达活动,只是运用口头语言进行表达时的修改较少。正如 Widdowson(1978:62)所言:以听说为媒介的口头表达过程和书面表达过程一样,都可以看成是一种组织过程(composing)。因此,通过考察口语和写作、口语和阅读的相关,尝试发现组织能力在阅读、写作中的不同作用。

分别对1993、1994、1995、1997年的四次HSK(高等)考试的口语、写作、阅读进行相关分析,结果见表11。

表11　HSK(高等)口语、阅读、写作的相关

	1993年	1994年	1995年	1997年
口语和写作	0.557	0.410	0.433	0.677
口语和阅读	0.361	0.293	0.267	0.373
阅读和写作	0.495	0.267	0.394	0.461
样本容量	146	137	291	261

从表11看出,口语和写作的相关大于口语和阅读的相关。所以,再对这两个相关系数进行差异显著性单侧t检验,结果见表12。

表12　口语和写作、口语和阅读的相关系数差异显著性检验(单侧)

1993年	1994年	1995年	1997年
$t(145)=2.828^{**}$	$t(136)=1.254$	$t(290)=2.858^{**}$	$t(260)=6.418^{**}$
$P=0.000$	$P=0.210$	$P=0.000$	$P=0.000$

除了1994年以外,口语和写作的相关都显著大于口语和阅读的相关。这基本上支持了我们的假设,即组织能力(构思和言语表达能力)是写作有别于阅读之处。(至于1994年不显著的原因尚待分析,如果能对试卷和考生情况进行考察,可能会发现问题所在。)

三　讨论及启示

3.1　对阅读测验和写作测验相关结果的讨论

根据我们第一部分的相关分析结果,从1993年到2003年的五次高等HSK考试的阅读理解测验和写作测验的相关都不高(我们只有这五年

的数据)，最低的是 0.267(1994 年，137 人)，最高的是 0.495(1993 年，146 人)；两次 MHK(三级)的阅读理解和写作测验的相关也不高，分别为 0.352(2003 年 12 月，吉林，6112 人)和 0.581(2004 年 1 月，青海，1350 人)。

而 Woodford(1982)对“托业”所做的效度研究报告却指出，“托业”的阅读测验和效标的相关为 0.79，和他自行设计的写作测验的相关高达 0.83，由此他认为“托业”的阅读测验同时考查了阅读能力和写作能力，可以用阅读成绩推断考生的写作水平。他所做的相关结果为什么会和我们的结果不同呢？

可以进一步考察“托业”的阅读理解测验和实验研究中的写作测验。

“托业”的阅读测验包括三部分：(1)完成句子(incomplete sentence)。包括固定词组的搭配、代词的正确使用、时态和语态的正确运用、根据句义和词义选择词语等，共 40 题。(2)挑错(error recognition - underlines)。从一句话的四处划线部分中挑出有错误的一项，主要考查词性、句式的正确运用，共 20 题。(3)短文理解(reading comprehension - passages)。采取多项选择题的方式，测试对不同内容、长短、难度等文章的理解能力，共 40 题。

Woodford 所做的实验研究中，写作任务有三个：(1)组词成句(dehydrated sentences)。给出几个词语，让考生组成时态、语态正确的一句话，满分 50 分。(2)25 ~ 40 词的应用文写作(business letter)，责备厂商对订单的延误，满分 14 分。(3)10 个句子翻译题(sentence translation)，把日语翻译成英语，满分 75 分。最后组合分数时这三部分的权重分别为 0.3、0.5、0.2。

可以看出，“托业”的阅读测验(1)和(2)考查的主要是对词汇、语法知识的掌握(共 60 题)，Woodford 的写作测验中的组词成句测验考的主要也是对词汇、语法知识的运用，句子翻译也只是句子层面语言符号的转换和表达活动，都是对语法的考查(占 50%)。而且，根据前人的研究和我们上文第一部分对 MHK(三级)的阅读和书面表达(一)、写作和书面表达(一)的分析结果，阅读理解和写作活动本身也包括对词汇、语法等语言知识的运用，所以，词汇、语法知识在两个测验中占了很大的比重，是造成这两个测验高相关的原因。并不能说明阅读理解和书面言语表达能力有很高的相关。

所以，两个测验的相关不能认为是阅读理解能力和写作能力的相关，即使得到了很高的相关系数，也不能认为反映了阅读能力和写作能力的关系。

那么，另外一个问题是，阅读测验能否像 Woodford 所说的那样，同时考查阅读理解和书面表达能力呢？

根据交际语言测试的观点，直接性、真实性是语言测试的重要原则，测试阅读理解能力就要通过阅读活动来进行，测试写作能力就要通过书面表达活动来进行。但由于真实语境中各种语言技能的使用不大可能是孤立的，所以，可以在测试语言技能时把理解和表达结合起来。例如，测试对一篇故事的阅读理解能力，可以要求被试做些选择或判断题，也可以要求被试把这个故事表达出来。但测试的目的还是考查阅读理解能力。而且，这种方法在评分时有困难，究竟是理解能力低还是表达水平差，很难区分。所以，不能用一种测试方式同时考查两种技能。

如果承认阅读和写作是两种能力，就应该用两种方式分别对其进行测试。

3.2 阅读理解和写作的水平对读写关系的影响

根据上文，用 HSK（高等）做出的结果显示，阅读和写作水平的高低对阅读和写作的相关性没有影响，并且阅读和写作的相关都不高。用青海 MHK（三级）所做的结果显示，读写水平低的人阅读和写作的相关显著高于读写水平高的人，读写水平高的人阅读和写作的相关很低。

所以，从两次分析中可以得到的共同结果是：阅读和写作水平高的人读写能力的不平衡现象较显著，即对于第二语言学习者来说，阅读水平高的人不一定具有较高的写作能力，写作水平高的人不一定具有较高的阅读能力。

但是，从上文对 HSK（高等）和青海 MHK（三级）的分析中也得到了不一致的结果。HSK(高等)的分析结果显示,阅读和写作水平低的人读写的相关性也较低,而MHK(三级)的结果显示,阅读和写作水平低的人读写的相关性反而高于阅读和写作水平高的人。根据HSK(高等)的结果,可以得出:阅读水平低的人不一定写作水平低,写作水平低的人不一定阅读水平低;根据MHK(三级)的结果,可以得出:阅读水平低的人一般写作的水平也较低,写作水平低的人一般阅读的水平也较低。

造成不同结果的原因是什么呢?进一步考察两种考试的阅读测验会发现,HSK(高等)的阅读理解测验包括两部分:第一部分"考查考生快速阅读查找信息的能力",第二部分"考查考生的阅读理解能力"(国家汉语水平考试委员会办公室,1995)。MHK(三级)的阅读理解测验"主要考查考生对阅读材料的理解能力"(教育部民族教育司,2002)。HSK(高等)阅读理解测验中考查的"快速阅读查找信息的能力"是其不同于MHK(三级)之处。

结合我们对HSK(高等)的分析结果,写作水平低的人不一定阅读水平低,可能和HSK的阅读测验有关。写作水平低的人可以有较快的查找信息的能力,但不一定会有较高的阅读理解能力,所以,写作水平低的人表现出来的阅读能力究竟是查找信息的能力还是阅读理解的能力尚待进一步分析。如果能进一步分别考察HSK(高等)阅读测验的两个部分和写作的关系,可能会发现HSK(高等)和MHK(三级)结果不同的原因所在,同时,也会获得一些关于阅读能力构成的信息。

3.3 对写作教学和写作测试的启示

根据前人的研究成果和我们的分析及讨论,可以得到以下认识:

(一)关于阅读理解能力和写作能力的关系

首先,阅读能力和写作能力有一定的相关性,相互联系并相互促进。二者有共同的语言知识基础和经验图式基础(关于主题、结构的图式)。

其次,二者又是有所区别、不可互相替代的独立能力。虽然阅读和写作有共同的基础,但二者对这个基础进行的加工活动不同,具体表现在:

1. 加工的手段和结果不同。阅读时主要运用一定的阅读技巧,即如何利用语言知识、图式内容和文章信息的共同作用获得对文章的理解，阅读的结果是形成关于文章意义的心理图式；写作主要是一种组织过程，依靠组织能力，即如何运用语言知识进行书面表达、如何以图式内容为基础进行构思的能力，写作的结果是形成新的语篇。

2. 加工的空间不同。阅读理解一定是基于阅读材料的，读者进行解释和表达的空间要受到材料内容的限制，不能脱离阅读材料进行解释，较多理性的控制。而写作不同，作者可以以写作任务为出发点，驰骋想像的空间，自由构思，采取不同的表达方式、不同的语气表达自己的思想，较多感性的表达。

所以，阅读理解能力的高低和写作水平的发展具有不平衡性。阅读理解水平高的人不一定具有较高的写作水平，写作水平高的人不一定具有较高的阅读理解水平。

至于阅读和写作水平低的人阅读和写作的关系究竟如何尚待进一步分析。

（二）关于阅读教学和写作教学

1. 不能以阅读教学取代写作教学。阅读教学中对特定书面表达技巧的训练只能提高相应的个别技巧，不能带来整体写作水平的提高。

2. 读写结合教学不能同时提高阅读理解能力和写作能力。

（三）关于阅读测试和写作测试

综上所述，可以尝试对阅读和写作测试提出一些建议：

1. 写作能力不同于阅读能力，不能以阅读教学取代写作教学，所以，不能以阅读测试取代写作测试。在语言测试（尤其是第二语言测试）中，既不能将读写割裂开来静态考查语言知识，也不能“毕其功于一役”，寻求一种同时考查读写的测试方式，更不能以阅读测试代替写作测试，而应分别对两种能力进行直接考查。

2. 对阅读理解能力的考查应该以对文章大意的把握为主，同时包含对上下文意义的推论和对关键信息的理解。

对写作能力的考查包括语篇特征（准确性、得体性、流利性）、遣词造句、立意、谋篇等方面。但对于不同的测试目的又可以有不同的侧重，以考查第二语言水平为目的的写作测试就不宜将立意、谋篇作为评价标准，因为这种组织能力是可以从第一语言迁移过来的，不能真实反映写作者对第二语言的运用水平。而且立意是写作者心理图式的反映，如果只以考查语言运用水平为目的，也不应将立意作为评价标准。

3. 在设计阅读和写作测试时，要以交际语言测试观为指导，以测试行为和实际语言运用行为的一致性为原则，注重测试任务的真实性和测试方式的直接性，在具体的语境中考查阅读和写作能力，根据各自的特点分别设计题型和要求，提高阅读和写作测试的效度。

4. 建议 HSK（初、中等）增加写作测试。近年来托福、GRE、SAT 等原来不包含写作的考试纷纷增加了写作考试。GRE 从 2002 年 11 月起在中国等亚洲考区加考作文；TOEFL 也越来越重视作文成绩，在 2005 年即将推出的新托福中，作文成为整个考试的一部分，要求考生在 1 小时内写出两篇作文，不再像以前那样只是把作文（TWE）成绩作为参考；美国的大学入学考试（SAT）也打算从 2006 年起，开始加考作文。因为写作能力不仅是一项重要的语言交际能力，而且是留学生在第二语言国家进行专业学习时必备的一种能力，是进行专业性论文写作的基础。而 HSK（初、中等）既是考生实际汉语水平的证明，也是外国留学生能否入中国高等院系进行学习的汉语能力的证明（HSK 考生手册，2003），所以也应该增加写作测试。

四 结 论

1. 写作能力不同于阅读能力。语法知识是阅读和写作相关的原因之一，但语法知识和阅读的相关高于其和写作的相关，写作能力更多地依赖于组织能力，即对立意和结构进行构思的能力和运用语言知识进行书面言语表达的能力。

2. "托业"所做的效度研究报告中（Woodford，1982）得到的关于用阅读测验成绩推测考生写作能力的结论是不具有说服力的。他们自行设计的写作测验主要考查的是句子层面的语法能力，而非具体语境中的言语表达能力。

3. 不能用阅读理解测验同时考查阅读理解能力和写作能力。

4. 第二语言阅读能力高的人不一定具有较高的第二语言写作能力，第二语言写作能力高的人不一定具有较高的第二语言阅读能力。

5. 建议 HSK(初、中等)增加写作测试。

参考文献

陈进封 2001 影响阅读理解的因素，《咸阳师范专科学校学报》第 2 期。

陈田顺 1995 谈高等 HSK 的主观性考试，《汉语水平考试研究论文选》，现代出版社。

韩宝成 2000 语言测试:理论、实践与发展，《外语教学与研究》第 1 期。

李 岩、张良平 1995 语言测试的发展，《清华大学教育研究》增刊。

国家汉语水平考试委员会办公室编制 1995《中国汉语水平考试大纲(高等)》，北京语言学院出版社。

顾黄初 1995《语文教育论稿》，人民教育出版社。

黄光硕 1979 中学语文教材改革的几个问题，《语文教材论》，人民教育出版社，1996。

黄 景 1998 论阅读写作相关性及其教学意义，《湛江师范学院学报》第 9 期。

教育部民族教育司中国少数民族汉语水平等级考试课题组编 2002《中国少数民族汉语水平等级考试大纲》，北京语言大学出版社。

老 舍 1945 写与读，《写与读》，湖南人民出版社，1984 版。

刘镰力、宋绍周、姜德梧 1994 关于高等汉语水平考试的设计，《首届汉语考试国际学术讨论会论文选》，北京语言大学出版社。

刘镰力 1995 HSK(高等)的内容效度与题型开拓，《汉语水平考试研究论文选》，现代出版社。

刘镰力、李 明、宋绍周 1995 高等汉语水平考试的设计原则和试卷构成，

《汉语水平考试研究论文选》,现代出版社。

刘润清、韩宝成 1991《语言测试和它的方法》,外语教学与研究出版社。

刘英林 1995 高等汉语水平考试的总体设计与理论思考,《汉语水平考试研究论文选》,现代出版社。

彭森明 1994 语文能力结构分析及其在教学与评卷之应用,《教育资料与研究》第6期。

王 芳 1995 高等汉语水平考试的信度与效度,《汉语水平考试研究论文选》,现代出版社。

王 甦、汪安圣 1992《认知心理学》,北京大学出版社。

谢薇娜 1994 谈阅读与写作的交融性,《外语教学》第4期。

谢小庆 1995 HSK 在考试科学化方面的探索,《汉语水平考试研究论文选》,现代出版社。

谢小庆 1988《心理测量学讲义》,华中师范大学出版社。

余建华 2001 影响阅读理解因素的探讨,《辽宁教育学院学报》第11期。

张必隐 1992《阅读心理学》,北京师范大学出版社。

张厚粲 1993《心理与教育统计学》,北京师范大学出版社。

赵 莉 1996 图式阅读理论与阅读中的信息处理,《福州大学学报》第7期。

周韫玉 1979"以作文为中心组织整个语文教学"的一点尝试,《中学语文教学经验初编》,上海教育学院出版社。

Bachman, L. F. 1990 *Fundamental Considerations in Language Testing*, London: Oxford University Press.

Bachman, L. F. & A. S. Parmer 1996 *Language Testing in Practice*, London: Oxford University Press.

Baker, David 1989 *Language Testing: A Critical Survey and Practical Guide*, London: Edward Arnold.

Cumming, A. 1989 Writing Expertise and Second-Language Proficiency, *Language Learning*, 39 – 1, 81 – 143.

Cummins, J. 1980 The Crosslingual Dimensions of Language Proficiency: Implications for Bilingual Education and the Optimal Age Issue. *TESOL Quarterly*, 14: 175 - 187.

Hudson, T. 1982 The Effects of Induced Schemata on the Short-circuit in L2 Reading: Non-decoding Factors in L2 Reading Performance. *Language Learning*, 32, 3 - 31.

Hugh, Arthur 1989 *Testing for Language Teachers*, Cambridge: Cambridge University Press.

Lado, R. 1961 *Language*, *Testing*. London: Longman.

Krapels, Alexandra R. 1990 An Overview of Second Language Writing Process Research. In: Kroll, B. (ed.) *Second Language Writing*. Cambridge u. a.: Cambridge University Press, 37 - 56.

Loban, W. 1963 The Language of Elementary School Children: Research report No. 1. Urbana, IL: National Council of Teachers of English.

Nunan, David 1999 *Second Language Teaching and Learning*, 第二语言教与学,[英]纽南(Nunan, D)著;高远导读,外语教学与研究出版社, 2001。

Oller, J 1979 *Language Tests at School*: *A Pragmatic Approach*, London: Longman.

Sasaki & Hirose 1996 Explanatory Variables for EFL Students' Expository Writing, *Language Learning*, 46 - 1, 137 - 174.

Silva, T. 1993 Toward an Understanding of the Distinct Nature of L2 Writing: The ESL Research and Its Implications, *TESOL Quarterly*, 17 - 4, 657 - 675.

Shanahan, T., & Lomax, R. G. 1988 A Developmental Comparison of Three Theoretical Models of the Reading-Writing Relationship. *Research in the Teaching of English*, 22 - 2, 196 - 212.

Stotsky, S. 1983 Research on Reading/Writing Relationships: A Synthesis and Suggested Directions, *Language Arts*, 60 - 5, 627 - 641.

The Chauncey Group International 1998 *TOEIC Examinee Handbook*, Educational Testing Service.

Widdowson, H., G. 1978 *Teaching Language as Communication*, London: Oxford University Press.

Woodford, E. Protase 1982 *An Introduction to TOEIC: The Initial Validity Study*, Educational Testing Service.

后 记

北京语言大学汉语水平考试中心在承担着生产、科研任务的同时，还承担着语言测试专业研究生教学任务。从1996年到2004年，已经培养了15名硕士研究生。从2004年起，开始招收博士研究生。

本书精选了语言测试专业研究生的部分硕士学位论文。由于篇幅所限，对多数论文进行了删节或缩写。这些论文可以折射出汉语水平考试中心研究生教学工作的一些情况。书中有三点值得关注：

第一，本书中的许多研究属于今天世界范围内语言测试和教育心理测量研究的热点问题。例如考试公平性的DIF研究、考试标准建立的及格线研究、测验分数解释的"能做(can do)"研究等，都属于今天国际教育测量学研究领域中的热点问题。

第二，本书中的一些研究已经处于国内同一方向研究的前沿。例如关于DIF的Logistic Regression方法、关于主观评分的Longford方法、关于及格线设定的边缘组方法和对照组方法、关于HSK分数解释的"能做"研究等，都在国内某一研究方向上具有开拓性的意义。

第三，本书中的大部分研究都是紧紧围绕HSK展开的，都可以直接应用到HSK的实践之中，都对HSK的改进和完善具有直接的贡献。

在本书的编辑过程中，黄春霞女士付出了辛勤的劳动，在此表示感谢。

编者

2005年6月